KB141790

이상진의
대담한 통일론

이상진의 대담한 통일론

초판 1쇄 펴낸날 | 2018년 3월 20일

지은이 | 이상진
펴낸이 | 이종근
펴낸곳 | 도서출판 하늘아래

주 소 | 서울특별시 종로구 이화동 27-2 부광빌딩 402호
전 화 | 02 374 3531
팩 스 | 02 374 3532
이메일 | haneulbook@naver.com

등록번호 | 제300-2006-23호

ISBN 979-11-5997-016-0 03340

이상진의
대담한 통일론

이상진 지음

하늘아래

머리말

한반도 분단의 세월이 70년을 넘겼다. 이제 통일은 우리 민족의 염원이라는 차원을 넘어 이 시대에 반드시 해결하지 않으면 안 될 세계사적 과제로 부상했다. 국제질서의 변화 추세로 보면 한반도의 통일이 선결되지 않고는 인류의 궁극적 소망인 세계평화를 기약조차 할 수 없다는 사실이 점차 뚜렷해지고 있기 때문이다.

나는, 말하자면 '반공(反共)세대'이다. 학교 교육을 통해 반공을 체화(體化)한 입장에서 나는 사회에 나와서도 한 명의 민족 구성원으로서 반공 활동을 했다. 실제로 국제승공연합이라는 단체에서 공산주의 이념과 사상을 비판하고 대안을 제시하는 강의를 했다. 국제적으로 반공과 승공 운동이 활발하게 전개되던 시절이었다. 소비에트 공산체제의 붕괴로 냉전시대가 종식된 이후인 1990년대에는 언론사(세계일보)에 근무하면서 9년 동안이나 서울시 민방위 강사로 활동하기도 했다.

나의 이러한 경험은 한반도통일지도자총연합 창립의 바탕이 됐다. 나는 2015년 5월에 한반도통일지도자총연합을 창립한 후 각종 세미나, 포럼 등을 운영하면서 통일 문제에 대해 나름대로 깊이 고민했고 신념도 굳힐 수 있었다. 통일 운동이 성공하여 실제로 통일에 이르게 하려면 무엇을 어떻게 해야 하는가를 스스로에게 묻곤 했다. 나의 이 같은 질문이 바로 이 책을 쓰게 된 동기라고 할 수 있다.

통일에 대한 나의 신념은 우리 민족의 건국 이상인 홍익인간의 정신에 기반한다. 세상을 널리 유익하게 하겠다는 원대한 비전을 실현하기 위해 자유민주주의와 시장경제의 기조위에서 평화적으로 이룩되는 통일이야말로 진정한 대박이며, 인류의 정신사에 금자탑을 이룩할 수 있다는 것이다. 물론 그 비전을 향해 가기 위한 통일의 실현에는 반드시 충족되어야 할 전제조건이 있다. 그것은 완벽한 안보와 과감한 남북 교류다.

여전히 군사적으로 북과 대치하고 있는 우리 입장에서 완벽한 안보란 굳건한 한미동맹, 진정성 있는 4강 외교, 강력하고 현대화된 군대, 향군의 개편(미국처럼 예비역사령부로 새롭게 편성), 사이버전쟁에 대비하기 위한 유능한 사이버전사 양성 등으로 요약된다. 그리고 무엇보다 중요한 것은 제대로 된 통일안보 국민교육이다. 통일부 예산 연 3천억 원 중 탈북민 지원 1,500억 원, 인건비(운영비 포함)를 제외한 통일교육비는 150억 원 정도라 한다. 이래서야 되겠는가?

과감한 교류란 따뜻한 부모의 심정으로 북한을 돕자는 것이다. 300만이 굶어 죽는 고난의 행군 소식을 들어 본 우리 아닌가. 인권 말살의 체제에서 굶주림 때문에 주민의 평균 신장이 150cm정도밖에 안 되는 사회가 오늘날 북한의 현실이다. 같은 언어 같은 역사를 공유하는 같은 민족이 앞으로는 DNA까지도 서로 달라질지 모른다는 우려까지 제기되는 상황을 그대로 방치할 것인가.

우리가 이것저것 따지는 한 북한 주민의 고통은 해소될 길이 없다. 따라서 통 크게 돕는 것이 바람직하다. 이제부터는 의약품, 식량, 기술, 도로, 항만, 전기 등등을 중심으로 과감하게 경제 교류와 인적 교류의 물꼬를 터야 한다. 이것이 내가 이 책에서 서술해 갈 대담한 통일론의 핵심이다. 차가운 머리로 구축한 안보의 토대에서 뜨거운 가슴으로 북한 동포를 돕자는 것이다.

통일은 궁극적으로 우리가 세계 인류국가로의 꿈을 실현하는 길이다. 한반도는 갈등의 축소판이다. 공산주의와 자유민주주의, 유물론과 유신론, 반(反)인권과 인권 우선, 비종교권과 종교권 등이 첨예하게 갈려 대치하고 있는 지역이다. 이처럼 갈라진 땅이 하나되는 통일은 냉전 유산의 마지막 청산이자 세계 평화의 초석이 아니고 무엇이겠는가?

세계는 지금 인공지능과 블록체인기술로 대표되는 산업기술로 인간과 자연과 사물이 총체적으로 융·복합하는 최첨단 4차 산업혁명시대에 접어들고 있다. 이에 우리는 잘 예비되고 훈련되고 준비된 백성으로서 긍지를 드높이고 세계사의 주역이 되겠다는 꿈을 꾸자! 그리하여 우리의 옛 조상들이 예언했듯이 평화의 지팡으로 세계를 지도하는 도덕적이며 이타적이고 만백성을 하늘로 존중하는 홍익민주국가를 만들어 보자.

끝으로, 이 책을 쓰기로 결심하기까지 세 분의 책에 크게 영감을 받았음을 밝힌다. 문현진의 『코리안 드림』, 신창민의 『통일은 대박이다』 이진삼의 『조국을 위하여』가 그것이다. 책 말미에 그 내용을 요약해서 실었다. 통일 문제에 대한 사유에 상당한 도움이 될 수 있는 이 세 권의 책도 우리 통일 지도자들이 필독하셨으면 하는 바람이다.

책이 나오기 까지 수고해준 도서출판 하늘아래 김성수 편집장에게 깊이 감사드리며 표지 디자인을 맡아 애써준 나의 딸 이가영에게 치하의 말을 전한다.

2018년 2월 9일
평창동계올림픽 개막식 날 아침에
서울에서
이상진 씀

목 차

CHAPTER 1

통일이 미래다

1. 우리의 소원은 통일

우리의 소원은 통일
꿈에도 소원은 통일
이 정성 다해서 통일
통일을 이루자

이 겨레 살리는 통일
이 나라 살리는 통일
통일이여 오라
통일이여 오라

일제 강점기에 '천재 예술인'으로 알려진 안석주가 가사를 썼고, 그의 아들이며 당시 서울대학교 음악대학에 재학 중이던 작곡가 안병원이 곡을 붙인 '우리의 소원'이란 노래가 통일을 주제로 한 국민가요가 된 것은 우연이 아니다.

1947년 3월 1일, 그러니까 해방공간에서 발표된 이 노래의 가사는 처음에는 "우리의 소원은 독립 꿈에도 소원은 독립 ……"이었다. 이 노래는 해방 공간에서 남·북한이 미·소 군정을 겪으면서 독립은 되었지만 완전한 독립을 향유하지 못한 약소민족의 설움을 표현하고 있었다.
우리 민족은 미·소 양 대국의 각본대로 통일된 하나의 정부를 수립하지 못한 채 1945년 8월 15일에는 대한민국 정부가, 같은 해 9월 9일에는 조선민주주의인민공화국 정부가 수립됨으로써 분단이 공식화되었다.

‘우리의 소원은 독립’이라고 외쳤던 이 노래는 대한민국 정부가 수립된 후에는 독립의 의미가 없어졌으므로 누군가에 의해 독립이란 단어가 통일로 바뀐 채 초등학교 교과서에 실려 애창되기 시작했다. 분단의 역사가 시작되자마자 통일에 대한 아쉬움, 그리움을 표현하는 데 이 노래보다 더 감동을 준 노래는 없었다.

‘우리의 소원’이라는 곡의 전반부는 애조를 띠고 있지만 후반부는 강한 톤으로 솟아오른다. 전·후반부의 음조가 극명한 대조를 이루는 이 노래를 다시 한 번 불러보자.

우리의 소원은 통일
꿈에도 소원은 통일
이 정성 다해서 통일
통일을 이루자

전반부는 확실히 우리의 소원인 통일을 이루자는 당위성을 분명하게 제시하고 있지 않은가?

이 겨레 살리는 통일
이 나라 살리는 통일
통일이여 오라
통일이여 오라

그러나 후반부는 ‘이 겨레 살리는 통일’에서부터 ‘이 나라 살리는 통일’

까지 고음으로 통일만이 우리가 사는 길임을 열창한 후 '통일이여 오라'를 후렴으로 반복하여 통일을 갈망하는 우리 민족의 심경을 간결하고 명징하게 표현하고 있다.

더구나 남과 북으로 갈라진 이산가족들은 자신들의 혈육을 생각하면서 이 노래를 부를 때 예외 없이 눈물을 떨어뜨리거나 울음이 터져 나와 노래를 잇지 못했다. 어떤 사람들은 이런 현상을 나약하다거나 퇴영적이라고 손가락질한다. 하지만 이런 순수한 감정에 바탕을 두지 않고 이념을 주입시키는 노래가 과연 수명이 길 수 있을까?

대한민국에 사는 거의 모든 국민이 이 노래를 알고 있던 상황에서 '이 노래를 모르면 간첩'이라는 농담이 퍼지기도 했다. 이 농담은 북한이 공산주의를 받아들여 혁명가를 보급하면서 이런 부르조아적이고 서정적인 노래를 배척하던 시기에는 사실과 부합했다.

그러나 1989년 평양에서 열린 청소년축제에 비밀리에 참석한 한국외국어대 학생 임수경이 '우리의 소원은 통일'을 부르고 싶다고 요청하고 북측이 이를 받아들여, 북한 관계자들과 청소년들도 이 노래를 함께 부름으로써 북한 매체에 공식적으로 데뷔하게 되었다. '우리의 소원은 통일'은 비록 청소년 축제에서 불렸지만 남과 북의 통일에 대한 열망을 잇는 가교의 역할을 톡톡히 했다.

그 후 북한 당국은 이 노래를 제한적으로 허용하면서 '이 정성 다해서 통일 통일을 이루자'를 '이 목숨 다 바쳐 통일 통일을 이루자'로 가사를 바꿔서 보다 강력하고 전투적인 느낌을 주도록 했다.

김대중 대통령과 김정일 국방위원장은 2000년 6월 15일 평양에서 6·15 남북공동선언에 서명한 후 수행원들과 손을 잡고 이 노래를 함께 불렀다. 서울과 평양에 동시 중계된 이 노래를 남·북한 동포들이 함께 접하고, 한 목소리로 부름으로써 얼마나 뜨거운 동족애를 확인했던가?

이에 앞서 2000년 5월 서울에서 열린 평양어린이예술단 공연에서 어린이들은 이 노래로 피날레를 장식했다. 어른들이 어린이들의 목소리로 이 노래를 듣거나 함께 부를 때, 이 노래는 70년이 넘도록 흘러가버린 아득한 분단의 세월과 가까이 있지만, 머나먼 이질적인 공간을 얼마나 가슴 아프게 일깨웠던가?

이와는 다른 통일에 관한 노래가 우리나라 젊은 층에 널리 퍼지고 있다. 최준영 작사 작곡으로 조수미, 김건모, 김범수, 박상민, 이효리, 이승철, 올스타 등이 부른 '그날이 오면'이란 노래의 가사는 다음과 같다.

수없이 계절은 바뀌어도 변치 않는 단 하나
그대를 향한 내 그리움 그리워 너무 그리워
우리의 이별은 너무 길다 이젠 만나야만 한다
서운한 마음은 모두 잊자 우리는 하나니까
우리의 소원은 단 하나 다시 만나야만 한다
너와 나 두 손 꼭 잡고서 기쁜 노래를 부르자
모두가 기다리고 있다 우리 다시 만날 그날
기쁨과 행복의 눈물로 세상 가득한 그날을
그리운 백두산 산새 소리 한라산이 춤을 출 때
가슴에 맺혔던 애달픔이 이제야 녹는구나

우리의 소원은 단 하나 다시 만나야만 한다
너와 나 두 손 꼭 잡고서 기쁜 노래를 부르자
통일 노래를 부르자

진보적 지식인들이 즐겨 쓰는 '백두에서 한라까지' 라는 슬로건을 연상시키듯 백두산과 한라산의 이미지를 도입한 가사는 제1절에서 '그대를 향한 내 그리움 그리워 너무 그리워 / 서운한 마음은 모두 잊자 우리는 하나니까' 는 제2절에서 단순한 낱말의 바꿈이 아니라 '그리운 백두산 산새 소리 한라산이 춤을 출 때 / 가슴에 맺혔던 애달픔이 이제야 녹는구나' 로 대칭을 이루면서 슬픔을 기쁨으로 승화시킨다.

더구나 곡은 슬픔보다는 기쁨, 좌절보다는 그리움 쪽으로 기분을 전환시키면서 벅찬 감회를 느끼지 않을 수 없도록 몰아붙인다. 이 노래를 박상민, 이효리, 옥주현, 김종국, 김범수, 휘성, 이승철, 김건모, 올스타, 화요비 등 당대의 젊은 가수들이 불렀다. 이 노래를 부르는 가수나 듣는 청중들은 통일을 갈망하는 마음으로 하나 된다.

특히 우리나라가 배출한 세계적인 소프라노 조수미는 북한 어린이 돕기 프로그램의 일환으로 이 노래를 불렀다. 그녀가 '서운한 마음은 모두 잊자 우리는 하나니까' 와 '가슴에 맺혔던 애달픔이 이제야 녹는구나' 를 하늘을 찌르는 고음으로 열창할 때 듣는 이는 전율을 느낄 정도로 강하게 통일에 대한 염원을 불태운다.

우리 국민은 '우리의 소원' 과 '그날이 오면' 이란 노래를 부르고 들으면서 얼마나 오랜 세월 동안 갈라진 채 서로를 그리워하면 몸부림쳤던가? 이

제 우리는 그리움을 접고 서로 얼싸안을 때가 되지 않았는가? 무엇 때문에 우리가 떨어져 눈물 흘려야 하는가? 본래 하나였던 민족이 다시 하나 되기 위해 무엇을 어떻게 해야 할 것인가?

2. 모든 길은 통일을 향하여

서양 속담에 '뜻이 있는 곳에 길이 있다(Where there's a will there's a way).' 라는 말이 있다. 전지전능한 신께서 모든 것을 알아서 하실 것이므로 인간은 신의 뜻에 따를 뿐 아무런 노력도 하지 않은 채 먹고 놀기만 하면 어떤 일이 일어날 것인가? '일하지 않는 사람은 먹지도 말라.' 고 갈파하신 신은 그에게 굶주림이라는 시련을 주실 것이다.

기독교를 주로 신봉하는 서양인들은 '뜻이 있는 곳에 길이 있다.' 는 속담이 성경의 정신을 함축하고 있다고 믿기 때문에 이것을 즐겨 인용하면서 일상생활에서 뜻을 세우고 실천하는 것을 습관화하고 있다.

『구약성경』에서 모세는 하나님의 말씀을 완전히 신뢰했기 때문에 지도자로서 숱한 어려움을 이겨내면서 백성을 이끌었다. 모세는 출애굽기 3장 10절에서 하나님이 "내가 너를 바로에게 보내어 너로 내 백성 이스라엘 자손을 애굽에서 인도하여 내게 하리라."고 말씀하셨으며, 출애굽기 3장 17절에서 "내가 너희를 애굽의 고난 중에서 인도하여 내어 젖과 꿀이 흐르는 가나안 땅으로 올라가게 하리라."고 말씀하신 것을 철석같이 믿었다.

그리하여 모세는 홍해가 앞을 막고 바로의 군대가 뒤에서 질풍노도와 같이 쳐들어올 때 백성들이 두려워하자 출애굽기 14장 13절과 14절에 표현된 대로 "모세가 백성에게 이르되 너희는 두려워 말고 가만히 서서 여호와께서 오늘날 너희를 위하여 행하시는 구원을 보라. 너희가 오늘 본 애굽 사람을 또 다시는 영원히 보지 못하리라."고 독려했다.

하나님은 모세의 믿음대로 바다를 갈라 길을 내주셨다. 하나님의 권능으로 이스라엘 백성들은 갈라진 홍해의 길을 따라 육지로 건너갔다. 그들이 수루광야에서 사흘을 걸었지만 마실 물을 못 찾아 목이 말라 죽을 지경에 이르렀다. 그들이 한 연못을 발견하고 그 물을 마셨지만 물이 썩어 모두 토하고 말았다. 그러나 모세가 정성으로 기도한 후 성령께서 지시한 나뭇가지를 꺾어서 물에 던지니 썩은 물은 단물로 변하지 않았던가.

또한 『신약성경』 마가복음 2장 1절부터 5절까지의 구절도 뜻이 있는 곳에 길이 있음을 알려주고 있다. 즉, 마가복음이 전하는 "수일 후에 예수께서 다시 가버나움에 들어가시니 집에 계시다는 소문이 들린지라 많은 사람이 모여서 문 앞까지도 들어설 자리가 없게 되었는데 예수께서 그들에게 도를 말씀하시더니 사람들이 한 중풍병자를 네 사람에게 메워 가지고 예수께로 올 새 무리들 때문에 예수께 데려갈 수 없으므로 그 계신 곳의 지붕을 뜯어 구멍을 내고 중풍병자가 누운 상을 달아 내리니 예수께서 그들의 믿음을 보시고 중풍병자에게 이르시되 작은 자야 네 죄 사함을 받았느니라 하시니"라는 말씀은 간절한 뜻에 신이요 완성한 인간이신 예수님의 응답이 있음을 극적으로 전하고 있다.

사람들이 너무 많아 살려야 할 중풍병자를 예수님께 데리고 갈 수 없는 상황에서 중풍병자를 살리고 싶은 네 사람이 그 생각을 포기하고 돌아갔다면 기적은 일어나지 않았을 것이다. 그러나 그들은 예수님이 머무르시던 집의 지붕을 뚫어 구멍을 내서 중풍병자를 예수님께 내려 보내니 예수님은 "그들의 믿음을 보시고" 치유해 주신 것이다. 여기서 그들이란 병자와 그를 구하고자 한 네 명의 착한 이웃을 가리킨다.

성경은 도처에서 적극적으로 주님을 믿고 주님을 찾을 것을 사람들에게 주문하고 있다. 예레미야 33장 3절은 "네가 나를 부르면, 내가 너에게 응답하겠고, 네가 모르는 크고 놀라운 비밀을 너에게 알려 주겠다."는 예수님의 말씀을 명료하게 전하고 있다. 마태복음 6장 9절에서 10절은 "그러므로 너희는 이렇게 기도하라. 하늘에 계신 우리 아버지여 이름이 거룩히 여김을 받으시오며 나라에 임하옵시며 뜻이 하늘에서 이룬 것같이 땅에서도 이루어지이다."라고 주기도문의 요체를 설명하고 있다. 이처럼 하느님의 뜻은 사람이 기도하고 간절한 뜻을 가질 때 땅에서도 이루어진다.

한편 기독교 외에 유교, 불교, 도교 등을 많은 사람이 신봉하는 동양사회에서는 "뜻이 있는 곳에 길이 있다."는 서양의 속담과는 달리 그 이치를 걸어다니는 길로서의 도가 아니라 진리란 의미를 가진 도(道)로 설명한다.

즉, 유교의 고급 경전인 『중용(中庸)』은 '천명지위성(天命之謂性)' 즉 하늘이 명하는 것을 '성(性)'이라 하고, '솔성지위도(率性之謂道)' 즉 하늘이 명한 성을 따르는 것을 '도(道)'라 한다고 설파한다.

불교의 경전 『반야심경(般若心經)』은 "가자. 가자. 피안으로. 피안으로 아주 가자, 영원한 깨달음으로."라고 마음으로 깨달아 다다른 피안을 '도'라고 설명한다. 이것은 '색불이공 공불이색 색즉시공 공즉시색(色不異空 空不異色 色卽是空 空卽是色)' 즉 형체는 빈 것과 다름이 없고 빈 것은 형체와 다름이 없으며, 형체는 빈 것이요, 빈 것은 형체라는 관점에 따라 볼 수 없는 텅 빔 속에서 진리를 찾는다.

도교의 『도덕경(道德經)』은 '도가도비상도 명가명비상명 무명천지지시

유명만물지모(道可道非常道 名可名非常名 無名天地之始 有名萬物之母)' 즉 도가 도라고 부르면 도가 아니고, 이름 붙이는 것은 이름이 아니며, 이름 붙이지 않은 것은 천지의 근원이고, 이름 붙인 것은 만물의 어머니라고 함으로써 부를 수도, 이름 붙일 수도 없는 깊고 그윽한 경지 즉 무위자연(無爲自然)으로 진리를 찾는 사람들을 인도한다.

나는 종교마다 접근 방법은 다르지만 인간이 세운 뜻에 따라 길 또는 진리가 열린다는 점을 공통적으로 제시하고 있다고 믿는다. 이러한 종교는 인간을 고상한 세계로 이끌며 내세에서의 영원한 기쁨과 행복을 강조하고 있다.

뿐만 아니라 우리는 길에 관한 한 역사에서 가장 위대한 '로마의 도로'를 상기하지 않을 수 없다. 고대와 중세에 걸쳐 유럽과 아프리카 그리고 아시아의 일부를 점령하여 제국을 형성한 로마는 세계 최강의 군대가 용이하게 출동하고, 물자의 교역을 촉진하며, 문화 예술 및 종교를 원활하게 전파하기 위해 도로 건설에 착수해 8만km의 포장도로와 40만km의 비포장도로를 냈다. 로마가 절정기에 이르렀을 때 로마시를 중심으로 30개 가까운 군사도로가 사방팔방으로 뻗어나갔다.

로마가 전성기를 이룬 시기를 역사가들은 '팍스 로마나(Pax Romana)'라 칭한다. 로마가 천주교를 모체로 교황의 권위로 각 국가를 통솔하고 황제로서 군사력을 동원해 각국을 지배함은 물론 다른 나라와 교역도 했지만 다른 나라의 보물과 재산을 약탈하는 데도 로마의 길은 큰 역할을 했다. 그리하여 '모든 길은 로마로 통한다.'는 말이 당시에 유행했다.

나는 이상과 같이 주요 종교들이 제시하는 진리로 향하는 길, 거대한 소통의 장으로서의 로마의 도로를 염두에 두고 대한민국의 모든 길은 통일을 향하여 달려야 한다고 역설한다. 통일만이 분단된 민족이 살 길이다. 통일 없이는 세상에 기를 펴고 살기는커녕 업신여김을 받고 손가락질을 당할 뿐이다. 그러므로 우리는 모든 힘을 기울여 통일을 향해 매진해야 한다. 그 이유를 나는 다음과 같이 설명하고자 한다.

첫째, 통일은 십자의 중심이다.

자유민주주의 및 자본주의는 공산주의와 겹치고 맞서면서 한자로 십(十)자를 이루고, 이것을 45도로 뉘면 가위표(×)로 변한다. 이것은 둘이 화합하여 하나로 섞기 전에는 영원히 갈등과 모순을 면치 못할 대결의 구도다.

통일은 십자와 가위표의 중심에서 두 선을 함께 같은 거리로 움직여 일치시키든, 하나를 고정하고 다른 하나를 움직여 일치시키든 움직여야만 하나 되게 하는 역동의 주체가 된다. 누군가가 십자와 가위표를 중심에 고정해 놓고 움직여야 한다. 이를 위해 한 사람의 힘이 부족하면 여러 사람이 나서야 한다. 여러 사람이 부족하면 수십만, 수백만 명이 조직을 해서 나서야 한다.

둘째, 통일은 분열의 통합이다.

분열된 힘은 통합된 힘보다 언제나 약하다. 일찍이 초대 대통령 이승만 박사는 "뭉치면 살고 흩어지면 죽는다."고 역설했다. 이 말은 분단시대에 우리마저 분열되면 통일을 할 가망이 없고, 우리가 일치해서 힘을 강하게 기른 다음에는 남·북한이 힘을 모아야 강대국이 될 수 있다는 의미를 함축한다고 나는 생각한다.

그러나 우리는 일상생활에서 통합보다는 분열이 훨씬 쉽다는 것을 체험을 통해 알고 있다. 가령 우리가 재목을 단단하게 묶어 뗏목을 만든다고 가정해 보자. 우리는 재목을 다듬고 일정한 크기에 맞춰 잘라 질긴 끈으로 동여 매야 한다. 그러나 우리 중의 누군가가 심술을 부리거나 파괴본능을 이기지 못해 만들어진 뗏목의 줄을 끊고 각각의 재목들을 발로 차서 굴리면 순식간에 흩어져 버린다.

따라서 우리는 분열의 유혹을 단호히 끊고, 분열에 길들여진 오랜 습관을 버리며, 통합의 길로 나서야 한다. 남과 북이 하고 싶은 욕설이 있어도 참고, 무력으로 점령하고 싶은 파괴적 본능을 억제하며, 우리끼리 다투고 죽일 힘이 있다면 그것을 고이 간직했다가 통일한국을 이룩한 다음에 정의와 평화를 깨뜨리는 국가를 응징하는 것이 바람직하다.

셋째, 통일은 미래의 희망이다.

대화와 협상을 통해 성취한 통일은 한반도에 희망을 샘솟게 한다. 통일은 상생이요, 풍요요, 기쁨이다. 자본과 기술이 월등하지만 부존자원이 부족한 대한민국은 풍부한 자원과 노동력을 가지고 있지만 자본과 기술이 빈약한 북한과 힘을 합할 때 놀라운 성장 잠재력을 발휘할 수 있다. 정신문화의 경우는 남·북한이 모두 강하므로 이것을 합하면 상상할 수 없는 지혜를 짜낼 수 있다.

우리 민족은 지난날 남북으로 갈라져 충돌하고 동족상잔의 전쟁의 소용돌이에 휘말려 엄청난 사상자를 냈으며, 지금은 통일을 앞두고 슬픔과 좌절을 완전히 청산하지 못하고 있다. 따라서 우리는 통일한국의 찬란하고 아름다운 꿈을 간직하고 펼침으로써 가까운 미래에 통일을 성취해 미국, 일본, 중국, 러시아 등 주변 4대 강국과 겨루는 참신하고도 강력한 국가로 거듭나야 한다.

3. 꿈은 반드시 이뤄진다

나는 2003년 가을에 북한을 방문한 적이 있다. 그해 9월 어느 날 가을 향기가 그윽한 평양시 보통강 변에 있는 보통강 호텔에서 나는 이렇게 적었다.

그토록 보고 싶던 평양 시내 곳곳을 돌아보고 오늘은 8만대장경을 소장하고 있는 보현사와 1,909m 고지의 묘향산 정상을 등반하고 숙소인 보통강 호텔에 도착하여 많은 것을 생각하게 하는 평양의 마지막 밤을 맞는다.

공해 한 점 없는 저 맑고 높은 평양의 하늘은 왜 이리도 조용하기만 한 것인가. 모란봉 산책길 벤치에서 속삭이는 남녀 대학생들은 왜 그리도 청순하고 아름답게만 보이는 것일까. 보통강 호텔에서 일하는 직원들 또한 너무도 친절하고 상냥하였다. 바로 우리 민족 본연의 순수한 원형을 보는 듯하였다.

장구한 역사의 과정에서 숱한 비바람의 폭풍우 속에서도 우리 민족만이 간직하고 지켜온 참으로 숭고하고 지고한 인간 본연의 가치가 숨결치고 있는 것 아닌가.

나는 그날 분단된 조국의 현실을 우리 민족이 극복하고 통일하여 위대한 새 역사를 창조해야 한다는 사명감 때문에 잠을 이루지 못했다. 평양의 밤은 깊어가고 민족의 통일을 위해 무엇인가를 해야 하겠다고 나는 밤하늘의 별을 보면서 다짐했다.

본래 하나인 민족이 외세에 의해 우리의 뜻과는 상관없이 둘로 나뉘어 상극하고 마침내 살육까지 했기에 분단의 아픔은 더 심하고, 아프고 아프다 못해 사활을 걱정해야 할 지경에 이른 사람도 적지 않을 것이다. 그러나 아픔이 크면 클수록 이것을 이겨내는 민족은 더욱 강건해질 수 있다.

세계적인 문호 셰익스피어의 희곡 '햄릿'에 나오는 "사느냐, 죽느냐, 그것이 문제로다."라는 유명한 독백은 아버지 죽음에 대한 진실을 밝히려면 자신의 목숨을 내놓아야 할 정도로 거물을 건드리게 되므로 사는 쪽을 택할 것인가 아니면 목숨을 걸고서라도 진실을 밝힐 것인가의 기로에 서서 토로하는 고민의 농도가 얼마나 진한가를 일깨워준다.

우리는 역사 속에서도 고뇌에 찬 숭고한 결단을 접할 수 있다. 세계 해군사상 그 위업이 길이 남을 충무공 이순신 장군은 1597년 수리한 헌 배 13척만 거느리고 유명한 일자진법으로 왜적의 배 133척을 격파했다.

임진왜란이 발생한 1592년 이순신은 옥포·합포·적진포·사천·당포·당항포·율포해전 등을 거쳐 한산대첩을 정점으로 왜선을 대파해 조선을 구했지만 그를 시기한 자들의 참소로 한양으로 압송돼 투옥되는 비참한 처지가 되었다. 그러나 그는 우의정 정탁의 상소로 출옥해 4월 1일부터 백의종군했다. 후에 삼도수군통제사로 기용된 이순신 앞에는 헌 배 12척만 남아 있었다.

그러나 그는 임금을 향해 "신에게는 아직 열두 척의 배가 있습니다(尙有十二隻)."라는 비장한 각오가 서린 보고를 하고, 사기가 떨어진 부하들을 격려하며 군량미를 확보하는 한편 부서진 배를 수리한다. 수리한 한 척을 더하여 13척의 배로 왜군과 맞서기 전 청사에 길이 남을 '생즉사 사즉생(生卽死 死卽生)' 즉 살려고 하면 죽을 것이요, 죽기를 각오하고 싸우면 살 것이라고 부하들을 격려해 험한 물살 일렁이던 울돌목에서 대승을 거둔 사실을 우리는 꿈에도 잊어서는 안 된다.

이순신 장군은 개인적으로 불행을 겪었지만 좌절하지 않고 반드시 왜적을 물리쳐 위험한 나라를 구해야 한다는 꿈을 간직했으며, 그 꿈을 반드시 전쟁터에서 이루고자 하는 결심을 굳히고 목숨을 걸고 싸워 왜적도 격파하고 나라도 구했다. 이 얼마나 숭고하고 아름다운 삶인가?

모든 꿈은 아름답다. 그중에서도 우리 민족이 70년이 넘는 고통을 받은 후 이루어낼 통일의 꿈은 아름다울 뿐 아니라 위대하다고 말하지 않을 수 없다.

우리는 일제의 잔학한 무단통치 아래서 때로는 와신상담하고, 때로는 결사항전하며 해방의 그날을 꿈꾸며 온 힘을 다해 싸운 후 1945년 8월 15일 해방의 감격에 눈물 흘리면서 삼천리 방방곡곡에서 만세를 부른 민족이다.

우리는 해방 이후 뜻하지 않게 분단이라는 날벼락을 맞았지만 때로는 모진 시련을 견뎌냈고, 일부는 전쟁 중에 비명횡사했으며, 평상시에는 권력의 횡포로 처형되기도 했다. 하지만 끝까지 통일을 염원하고 이러한 방향으로 진력하고 있는 민족이다.

역사에는 우연도 있다. 만일 헐벗고 굶주리며 억압당해온 북한 주민들이 봉기하여 김일성 3대 세습 정권이 무너지거나, 북한 인민군이 다시 전쟁을 일으켜 미국을 비롯한 주요 국가의 재 참전으로 북한 권력이 끝장나면 우리가 기대했던 통일의 꿈을 단번에 실현할 수도 있다.

그러나 우리는 서로 대화를 통해 갈라진 의견을 한 곳으로 수렴하고, 오해와 갈등을 풀며, 상대방의 잘못을 용서하고, 상대방의 장점을 칭찬하면서, 아름답고 기대에 찬 통일의 꿈이 깨질 새라 조심스럽게 통일의 꿈을 키우면 어찌 복을 받지 않을 수 있겠는가?

그러므로 우리는 언제 어떤 상황에서도 통일의 꿈을 간직하고 통일을 성취할 방법을 모색해야 한다. 통일은 '지금 여기'에서 대한민국 국민이 주도해야 할 절체절명의 명제다. 통일은 적소성대(積小成大) 즉 작은 것부터 쌓아 크게 이루는 방향으로 나아갈 단계적 과업이다. 통일은 우리가 긍정적인 마음과 억센 몸으로 부딪쳐서 가까운 미래에 이뤄낼 거창하고 아름답고 가슴 벅찬 꿈이다.

CHAPTER 2
한민족의 특수운명과 부흥주기설

1. 흥망성쇠(興亡盛衰)

역사에는 사람의 일생처럼 사이클이 있다. 물론 이것을 인정하지 않는 역사학자도 있을 것이다. 그러나 사람의 총화로서 이루어지는 역사에 어찌 사람의 생애가 반영되지 않을 수 있겠는가? 우리는 이런 가정을 염두에 두고 역사를 살필 필요가 있다.

동양의 전통적인 사상가들이 표현하는 바에 의하면 사람은 '포태양생욕대관왕쇠병사장(胞胎養生浴帶冠旺衰病死藏)'이라는 12단계를 거친다고 한다. '포'란 세포, '태'란 정자와 난자가 수태된 것, '양'이란 어머니의 태 안에서 자라는 것, '생'은 태어난 것, '욕'이란 태어난 직후 목욕하는 것, '대'란 결혼하는 것, '관'은 벼슬하는 것, '왕'이란 왕성하게 생을 꾸리는 것, '쇠'란 쇠퇴하는 것, '병'이란 병드는 것, 사란 죽는 것, '장'이란 묻히는 것을 의미한다.

그러나 사람의 인생을 이렇게 자세히 구분하는 것도 일리는 있겠지만 이것을 큰 테두리로 압축하면 이해하기가 더 쉽다. 나는 그것을 두 가지로 줄일 수 있다고 생각한다. 즉 그것은 흥하고 성하는 것과 망하고 쇠하는 것으로 대별된다. 이것을 한 낱말로 표현하면 흥망성쇠(興亡盛衰)라고 부를 수 있다.

천하의 영웅 나폴레옹도 흥할 때는 "내 사전에는 패배가 없다."고 호언하면서 영토를 확장하고 이름을 세상에 떨쳤다. 그러나 그가 쇠할 때는 가을바람에 휘날리는 낙엽의 신세가 되어 세인트 헬레나 섬에서 쓸쓸하게 생애를 마쳤다.

세계의 영웅 칭기즈칸도 그 이름을 세계사에 떨치면서 동서양을 아우른 최대의 영토를 누렸다. 아시아와 유럽에 이른 그의 영토는 실크로드를 바탕으로 아름답게 피어났다. 그러나 천하의 칭기즈칸도 육체가 쇠진함에 따라 아들에게 권력을 넘기고 고요히 생을 마감했다.

위대한 작곡가 베토벤은 시대와 장소를 초월하여 감동적인 작품을 남겼다. 그러나 그도 말년에는 청력이 손상되어 음악 전문가로서는 치명적인 육체적 손실을 겪으면서 차츰 비극의 심연으로 빠져들었다.

역사에 이름을 화려하게 남기지는 않았지만 한 때 스포츠 계를 떠들썩하게 했던 권투선수나 레슬링선수들이 전성기를 지나 현역에서 은퇴한 후 육체가 망가지는 병에 걸리거나 술 또는 마약에 빠져 교도소를 빈번하게 출입하거나 취생몽사 상태로 안쓰럽게 삶을 끝내는 경우도 흔하다.

흥망성쇠라는 공식을 인간이 아닌 국가에 적용하면 어떨까? 국가도 개인과 마찬가지로 영원한 흥성을 누리는 나라는 없다. 국민의 결집체인 국가 또한 흥망성쇠에서 자유로울 수 없는 것은 자연의 이치라 아니할 수 없다.

어떤 국가가 흥할 때는 국민들에게 온갖 혜택과 풍요로운 생활을 보장한다. 그리고 흥한 국가는 으레 주변 국가들을 침공해 약소국 국민들에게 형언할 수 없는 피해를 남긴다. 그래서 한 나라의 흥왕의 역사는 주변 국가들의 고통의 역사를 의미하기도 한다.

그러나 어떤 국가가 망할 때는 흥했을 때의 번영은 한 순간에 잿더미로 변하고 주변 국가들의 비웃음과 실소를 받으면서 고통의 과정을 겪거나 아예 역사 속에서 그 존재를 상실하고 만 경우도 있다. 참으로 변화무쌍한 것이 국가의 운명이다.

미국은 1776년 피 흘리는 독립전쟁을 통해 영국으로부터 독립했다. 이어서 미국은 서부개척시대라는 에너지 넘치는 역사의 과정을 거친 후 1945년 제2차 세계대전에서 승리함으로써 채무국에서 채권국으로 전환했다. 그리고 미국은 20세기 중후반에는 세계의 중심축으로 우뚝 서고 세계 최강의 나라로 군림했다.

그러나 미국은 세계를 지배하는 이면에서 제국주의적 속성을 드러내고 광범한 반미운동을 촉발하는 동시에 아랍권 폭력집단의 집중적인 공격 목표가 되고 있다. 여전히 위세를 떨치고는 있지만 내적으로는 고전을 면치 못하고 있는 것이다. 미국이 21세기 중반에 추락할 것으로 예상하는 사람도 있다.

일본은 침략주의 기질을 유감없이 발휘하여 조선을 병탄하고, 중일전쟁, 러일전쟁에서 파격적인 승리를 거두었지만 제2차 세계대전에서 패배하고 강대국의 감시체제로 쇠락의 길을 걸었다.

그러나 일본은 1950년 한국전쟁을 통해 경제도약의 발판을 마련한 후 베트남전쟁 시기에 초고속 성장을 한 데 이어 1980년대의 호경기의 물결을 타고 경제대국의 위상을 굳혔다. 그럼에도 불구하고 일본은 20세기 후반의 경기침체를 거쳐 잦은 지진과 해일로 21세기 초중반에 큰 재앙을 맞을 것이라고 예언하는 사람도 있다.

중국은 20세기 초중반에 청일전쟁에서 일본에게 패배하여 쇠퇴의 길을 걷다가 20세기 중반에 공산국가를 건설하여 20세기 후반에 개혁정책을 통해 경제성장의 기초를 마련한 후 개방정책으로 21세기 초중반에 경제 강국이 되었다. 그러나 중국은 소수민족의 불만이 팽배하고 미국과의 체제경쟁을 거치면서 21세기 중후반에 쇠락할 것으로 예측된다.

러시아는 1917년 볼셰비키 혁명을 통해 전 세계에서 가장 충격적인 체제변환을 하면서 20세기 중후반까지 미국과 쌍벽을 이루면서 냉전시대의 한 축을 강고하게 유지했다. 그러나 러시아는 1987년 공산주의 70년의 역사에 마침표를 찍고 연방을 해체하기에 이르렀다. 이것은 공산주의운동사의 종언을 의미한다. 그 이후 러시아는 경제난을 겪으면서 국력이 볼셰비키 혁명 이전의 상태로 후퇴하고 말았다.

2. 한민족의 역사 개관

한민족은 파란만장한 역사의 주역이다. 그러나 한민족은 대한민국의 국가인 애국가의 가사처럼 하느님(개신교에서는 하나님이라고 부른다)의 특별한 보호를 받는 민족이다. 즉 "동해물과 백두산이 마르고 닳도록 하느님이 보우하사 우리나라 만세"가 그것이다.

여기서 하느님은 두말할 필요 없이 신(神)을 뜻한다. 그러나 동학교도나 천도교 신자들은 하느님의 개념을 한울님이라고 표현하고, 강증산 교도들은 상제라고 표현한다. 이 점을 종합하면 전통적인 기독교 신자들은 물론이고 비기독교 신자들이라 할지라도 신을 부정하는 공산주의자들을 제외하고는 그 이름을 하느님이라고 하든, 한울님이라고 하든, 상제라고 하든, 하나님이라고 하든 간에 특별한 권위를 가진 존재가 우리 민족을 돌본다는 의미로 받아들이고 있다.

특별히 위대하고 고매한 존재가 보살피는 힘을 에너지, 운, 기운, 운명 등으로 호칭하기도 한다. 혹자는 기운이나 운명을 미신으로 몰아붙이기도 한다. 그러나 하느님 또는 하나님이 절대적이고 완전하다면 인간이나 국가의 일생을 좌우할 수 있다는 점에서 그 이름을 운, 기운, 운명이라 부른들 무슨 하자가 있겠는가?

한민족의 운명은 기(氣)의 종합적인 반영이다. 토지, 지형, 기후, 공기, 인간, 동식물 또는 영적 배경 등의 영향으로 잠재해 있던 무형의 영적 세계의 에너지가 주변 환경에 의해서 결집돼 나타나는 보이지 않는 막강한 힘

그것이 기다. 이 기를 타고 한민족은 역사를 형성해오고 있다.

한민족은 고조선으로부터 시작해 삼국시대, 통일신라시대, 고려시대를 거쳐 조선시대로 접어들면서 강력한 국가체제를 갖추고 인의예지신에 바탕을 둔 도덕과 독창적인 문화·예술·과학의 지평을 넓히고, 실학이라는 실용적인 학문도 깊이 파고드는 등 융성의 길을 밟았다.

이를 구체적으로 살피면 다음과 같다.

고조선시대는 부족국가의 형태로 한반도의 역사의 기틀을 잡았다. 이 가운데 단군왕검의 홍익인간(弘益人間) 이념은 빼어난 인류문화의 유산이요, 통치철학의 정수였다.

삼국시대는 고구려, 백제, 신라로 이루어졌다. 삼국은 우리 민족의 젖줄인 한강을 차지하기 위해 영토 확장을 위한 쟁탈전을 끊임없이 계속한 시기라고 요약할 수 있다. 그들은 서로를 견제하기 위해 동맹의 형태로 협조하기도 했다(신라와 백제의 나제동맹, 고구려와 백제의 여제동맹). 그들은 상대국에게 문화를 전달하고 백제의 경우 일본에도 문화를 전하는 등 웅대한 스케일을 보여주기도 했다. 또한 백제의 근초고왕은 중국의 일부를 점령하는 등 강건한 기개를 과시하기도 했다.

통일신라시대는 신라가 당나라와 동맹을 맺어 제1차로 백제를, 제2차로 고구려를 침공했다. 그 결과 신라는 당나라와 협력하여 삼국통일을 이루었다. 그 후 신라는 백제와 고구려의 유민들의 힘을 빌려 당나라와 전쟁을 벌였다. 통일신라시대에 장보고는 청해진을 설치하여 동북아의 해상 왕국을 건설하는 등 불후의 업적을 남겼다.

　고려시대는 통일신라가 쇠퇴기에 이르러 혼란에 빠지고 지방의 호족들이 득세하면서 조직력이 약화되고 후삼국시대라는 과도기를 거쳐 왕건에 의해 고려를 건국함으로써 불교를 기반으로 한 강력한 체제를 형성했다. 그러나 고려시대는 몽고가 8차나 침입하여 국토를 유린하고 인명을 살상하며 재산들을 약탈하면서 쇠퇴기로 들어섰다. 이에 따라 지도층도 분열하여 국가가 위기에 빠졌다.

　조선시대는 이성계의 위화도 회군으로 조선을 건국함으로써 유교에 기반을 둔 중앙집권시대를 열었다. 조선시대는 태종에 의해 권력 기반을 다지고, 세종대왕에 의해 문화의 융성을 극대화했다. 그러나 조선시대는 사색당파 싸움으로 국력을 소진하고, 대원군이 시대착오적 쇄국정책을 고수하는가 하면, 일본이 침투해 합병당하고 말았다.

　일제 강점기는 우리나라 역사에서 암흑기로 표현된다. 국권이 강탈당한 채 국민들은 일본어를 국어로 사용해야 했으며, 집회와 시위의 자유를 박탈당한 채 문물을 강탈당했다. 일제는 이 시기에 착취를 목적으로 산업철도를 건설하고, 강제 징용을 계속했으며, 종군 위안부로 처녀들을 끌어갔고, 독립운동을 가혹하게 탄압했다. 그러나 국내외에서 우리 민족은 끊임없이 독립투쟁을 벌였다. 3·1운동, 광주학생사건, 청산리전투 등은 이 시기에 빛났다.

　대한민국시대는 해방 후의 미소 강대국에 의한 한반도 점령, 극심한 이념대결을 거쳐 남과 북이 독자적인 정부를 수립하면서 남쪽에서 1948년 8월 15일에 대한민국 정부를 수립하는 것으로 출발되었다.

대한민국은 이승만 정권, 4·19혁명, 장면 정권, 5·16혁명, 박정희 정권, 10·26사태, 전두환 정권, 노태우 정권, 김영삼 정권, 김대중 정권, 노무현 정권, 이명박 정권, 박근혜 정권에 이어 문재인 정권을 거치고 있다.

대한민국 시대는 눈부신 경제성장으로 선진국 반열에 올라서는 단계에 있지만 남북분단시대의 필연적인 부산물인 극심한 이념대립으로 편안한 날이 드물 정도다. 그러므로 대한민국은 민족통일이라는 과업을 성취함으로써만 민족의 융성과 무한한 발전을 기대할 수 있다.

3. 한민족 300년 부흥주기설(1)

나는 한민족의 역사를 관찰하면서 300년을 주기로 화려한 역사의 열매를 맺은 사실을 주목하고 이를 '한민족 300년 부흥주기설'이라고 호칭하고 있다. 나는 역사학계가 이것을 통설로 받아들이고 있지 않다 하더라도 확실한 논점을 짚어 이를 공론화하려 한다.

첫째, 한국 역사상 최고의 르네상스를 이룬 시기는 성군(聖君)으로 칭송받는 세종대왕이 통치한 15세기였다.

세종대왕은 도덕, 문자, 학문, 예술, 과학, 경제, 국방 등 모든 분야에서 탁월한 업적을 남겼다. 세종 앞에 세종 없고, 세종 뒤에 세종 없다. 그는 조선을 최초로 국가다운 국가의 반열에 올린 유일무이한 왕이었다.

태조 이성계는 조선을 건국하여 500년 가까운 정권의 토대를 구축했고, 태종은 정적들을 제거하여 피를 많이 흘렸으나 왕조의 왕권을 견고하게 다졌으며, 세종대왕은 인애와 덕과 민생과 국방의 거의 전 분야에 걸쳐 주도면밀한 대책으로 불후의 업적을 남겼다. 태조에서 세종대왕까지 심혈을 기울인 3명의 왕이 있었기에 조선은 뻗어갈 수 있었다.

세종대왕이 백성들을 사랑하고 학문을 장려하며 백성들의 생활 안정과 국가 안보에 쏟은 노력으로 중국의 고대사회에서 성군으로 칭송받는 요와 순에 비견할 만하다 하여 해동요순(海東堯舜)으로 불린 것은 과장이 아니다. 중국과 같은 거대한 나라도 아니요, 동북아시아의 한 작은 반도에서 이러한 인물이 배출되었다는 것은 하늘의 축복이 아닐 수 없다.

세종대왕은 학문을 좋아하고 겸손했다. 그는 즉위하자마자 매일 새벽 새 옷으로 갈아입고 아침에 조회를 끝내고 단정한 자세로 정사에 임했으며, 다음에 경연(經筵)에 나갔다. 이러한 과정에서 학문의 중요성을 인식해 집현전(集賢殿)을 설치했다. 세종대왕은 역사서와 경서를 읽을 때는 만면에 화색이 돌았다.

세종대왕의 업적 가운데 으뜸가는 것은 훈민정음 즉 한글의 창제였다. 당시 사대부들이 아침저녁으로 읽던 사서삼경을 비롯한 경서와 역사서들은 한자로 적혀 있어서 공부를 하지 못한 백성들은 까막눈이 되어 있었다. 백성들이 말을 하고, 사고하되, 글로 표현하지 못하는 현실은 불쌍하기 짝이 없었다.

그리하여 세종대왕은 무지한 백성들이 배우고 깨치기에 편한 표음문자인 훈민정음 즉 한글을 만들어 널리 반포함으로써 백성들의 열화와 같은 환영을 받았다. 백성들은 자음과 모음이 정교하게 배치되어 익히기 쉽고 무궁무진한 표현력을 지닌 한글을 접할 때마다 환희와 보람에 젖었다. 그 이후 백성들의 삶을 주제로 한 문학과 예술이 만발했고, 백성들 자신도 문학인과 예술인으로 대거 등장했다.

한글은 세계의 언어학자들은 물론 지성인들의 칭찬의 대상이 되고 있다. 저명한 과학 잡지 『디스커버리(Discovery)』는 1994년 6월호에서 한글을 소개하면서 '세계에서 가장 합리적인 문자(the world's most rational alphabet)'라고 극찬했다. 이것은 한글이 과학적으로 분석할 때도 합리성을 획득하고 있다는 증거다.

특히 단순명쾌한 한글은 기계화시대의 총아로 그 입지를 굳히고 있다. 당대에 표의문자로서 영어와 함께 세계를 석권하다시피 한 한자는 오늘날 기계화시대에 거추장스러운 존재로 손꼽히고 있으며, 중국이 간자로 간편화하고 있는 현실을 볼 때 세종대왕의 선견지명은 신에 가깝다 할 것이다.

당대의 정상급 학자 정인지가 훈민정음 서문에서 다음과 같이 말한 것은 과장이 아니다.

"삼가 생각하옵건대, 우리 전하께서는 천종지성(天縱之聖) 즉 하늘이 내리신 성인으로서 제도와 시설이 백대(百代)의 제왕보다 뛰어나시어, 정음의 제작은 전대의 것을 본받은 바도 없이 자연적으로 이루어졌으니, 그 지극한 이치가 있지 않은 곳이 없으므로 인간 행위의 사심(私心)으로 된 것이 아니다."

세종대왕은 박연을 독려하여 음악을 정리하고 새로운 악기를 개발했으며, 동양 최고의 악보인 정간보(井間譜)를 창안했다. 그리고 세종대왕은 서민경제의 안정을 위해 『속육전』, 『등록』 등의 법전을 편찬하고 정리했다. 나아가서 그는 조선 풍토에 맞는 농업서인 『농사직설』의 편찬을 명했다.

세종대왕은 과학 기술에도 관심을 보여 해시계인 '앙부일구', 물시계인 '자격루'와 세계 최초의 강우량 측정기인 '측우기' 등을 발명했다. 그는 집현전 학자 김예몽, 유성원 등에게 명해 『의방유취 초본』을 만들게 하였고 1445년에 365권으로 이루어진 조선 최대의 의학백과사전 『의방유취』

를 편찬케 했다. 이어서 그는 한성을 기준으로 한 역법,『칠정산』의 편찬하여 뛰어난 과학적 안목을 입증했다.

세종대왕은 문무를 겸전한 왕이었다. 그는 김종서, 최윤덕 장군으로 하여금 4군 6진을 개척케 했다. 이것은 우리나라의 북방 영토 개척에 획기적인 분수령을 이룬다. 아울러서 그는 상왕인 태종과 함께 이종무 장군으로 하여금 대마도를 정벌케 했다.

오늘날 대마도는 일본의 영토에 속한다. 그러나 이 섬에는 우리나라의 풍속이 거의 그대로 남아 있다. 따라서 대마도를 정벌하고 거기서 우리 백성을 오래도록 살게 한 세종대왕에게 대한민국에 사는 후손들은 큰 빚을 지고 있는 셈이다.

이밖에 세종대왕은 총통, 신기전, 화거를 비롯한 각종 화약무기를 개발함으로써 무력을 증강했다.

4. 한민족 300년 부흥주기설(2)

둘째, 세종대왕 이후 300년이 지난 18세기 영조와 정조가 통치한 시기에 태평성세를 이루었다.

이 시기를 사람들은 '조선의 르네상스기'라고 부른다. 조선 21대 왕 영조(英祖, 1694~1776)는 조선왕조 역대 임금 중 재위기간이 가장 긴 왕이다. 1724년부터 1776년까지 52년간 왕위를 지켰던 그는 손자 정조와 함께 18세기 조선을 중흥기로 이끌었다. 조선의 르네상스는 조선의 암세포와 마찬가지였던 피의 사색당파 싸움을 극복하려던 영조의 눈물겨운 결단에 대한 하늘의 보답이었다.

영조가 즉위할 무렵은 노론과 소론의 정치적 대립이 극에 달했던 시기다. 당파 간에 서로 죽고 죽이는 싸움을 벌인 혼란기, 정권이 바뀔 때마다 숙청이 반복됐고, 마침내 서로를 역적으로 지목하면서 정의로운 세상을 위해선 너희들이 말살돼야 한다고 주장하고 실제로 상대방을 죽이는 살벌한 풍토가 조선 중기에 조성되고 있었다.

영조의 선왕인 경종은 영조의 이복형이요, 유명한 장희빈의 아들이다. 영조의 어머니는 가난한 집안 출신 궁녀였다. 동병상련의 아픔을 지닌 경종과 영조는 소년 시절에는 서로를 위로하고 격려하는 사이였다. 하지만 소론은 경종을 지지하고, 노론은 영조를 지지함으로써 두 사람은 사색당파 싸움의 와중으로 몰리게 되었다.

다수당이었던 노론은 경종이 즉위했을 때 영조를 왕세제로 책봉하게 했다. 그들은 여기서 그치지 않고, 일선에서 후퇴하고 영조에게 대리청정을 맡기라고까지 요구했다. 참다못한 경종은 기습적으로 대숙청을 단행했다. 노론은 큰 타격을 입었고, 경종과 소론의 공세가 계속되면서 마침내 숙청의 칼날이 영조에게까지 닥쳤다.

보다 못해 대비까지 나서서 경종과 영조를 함께 앉혀놓고, "두 사람은 숙종의 유일한 혈육이다. 피를 나눈 형제이니 서로를 보호해야 하지 않겠느냐?"고 당부한다. 대비의 중재 덕분에 영조의 수명은 약간은 연장되지만, '별다른 일'이 없었다면, 결국은 영조도 체포되고 말았을 것이다. 하지만 여기서 경종이 갑자기 별세하는 '별다른 일'이 일어난다.

드디어 영조는 왕으로 즉위한다. 노론이 피의 복수를 벌일 게 당연했다. 영조 앞에서 정말로 노론은 기세등등했고, 영조에게 가서 "전하가 왕위에 오른 것은 저희들의 힘이 컸습니다. 저희들의 원한을 풀어주십시오."라고 읍소했다.

그러나 영조는 "나는 노론의 왕도, 소론의 왕도 아니다."라고 대답한다. 즉 조선과 만백성의 왕으로, 내가 할 일은 당파의 이익을 대변하는 게 아니라 병들고 위험에 빠진 조선을 구하는 일이라고 영조는 확신했다.

영조는 조선왕조 임금 중 경연(임금이 신하들과 유교의 경서와 역사를 공부하는 자리)을 가장 부지런히 한 임금이다. 왕이 중심이 되는 탕탕평평의 왕도정치를 펼치려면 임금이 신하들보다 한 수 위가 되어야 한다고 생각한 영조는 공부와 강론을 게을리하지 않았다.

그는 학문을 숭상하였기에, 학자들을 우대하고, 새로운 학풍을 진작시켜 이 시기 실학의 기틀을 마련했다. 영조의 이러한 학문 우대 정책에 힘입어 인쇄술이 개량되고 많은 책이 간행, 보급되어 학문과 문화의 부흥기를 맞이하였다.

그러나 영조에게도 불행은 왔다. 정성왕후가 죽은 뒤 60대의 영조가 노론이 주축을 이룬 경주 김 씨 가문에서 새로 맞아들인 왕비 정순왕후는 영조의 아들 사도세자의 입지를 더욱 불리하게 만들었다. 노론의 사주를 받은 정순왕후는 세자의 실행을 영조에게 과대 포장하여 무고함으로써 아들과 아버지 사이를 이간질했다.

이 와중에 노론은 세자를 폐위하고자 세자의 비행을 알리는 10조목의 글을 영조에게 올렸다. 세자를 불러들인 영조는 분노 속에서 아들에게 자결을 명하였지만, 세자가 이에 응하지 않자 서인으로 강등시켰다. 그리고 한여름, 뒤주 속에 가두어 8일 만에 굶어 죽게 하였다. 이것이야말로 붕당 간의 정쟁이 불러온 왕실의 참혹한 비극이 아니고 무엇인가?

영조는 세자가 비참하게 죽은 뒤 후회하고 그에게 사도라는 시호를 내렸고 노론들의 방해공작에도 불구하고 끝내 왕위를 사도세자의 장자 정조에게 물려줌으로써 아들을 죽인 아버지의 회한을 조금이나마 덜었다. 이미 저 세상으로 간 사도세자는 아들 정조가 즉위하면서 장헌세자로 추존되었고 1899년에는 장조로 추존되었다.

정조는 즉위 첫 해인 1776년에 역대 선왕의 친필과 서화 등을 관리하기 위해 규장각(奎章閣)을 설립했다. 규장각은 겉보기에는 왕실 도서관에 지나지 않았지만, 실제로는 젊고 유능한 인재들이 나선 개혁 정책의 산실이었다. 이때 채제공, 이가환, 정약용 등이 중용되었으며, 서자 출신이라 관직에 나올 수 없었던 이덕무, 유득공, 박제가 등의 실학자들도 과감하게 등용되었다.

정조는 오랜 세월 조선의 정치를 혼란하게 했던 붕당 정치의 근원이었던 서원(書院)을 더 이상 짓지 못하게 했다. 그는 이와 같은 맥락에서 같은 당파에 속한 집안끼리의 혼인도 금하였다. 이것은 탕평책의 일환으로 인맥을 통해 만들어지는 붕당을 원천 봉쇄하려는 고육책이었다.

정조는 백성들의 공포의 대상이었던 형벌제도를 전격적으로 개혁했다. 그 주요 내용은 사형의 처분을 받은 죄인도 세 번까지 조사를 받을 수 있도록 했다. 그는 또한 백성들을 두려움에 떨게 했던 가혹한 형벌들을 모두 폐지했으며, 연산군 때 폐지되었던 신문고 제도를 다시 부활했다.

그는 또한 모든 백성들에게 세금으로 베를 한 필만 내게 했다. 무엇보다도 그는 균역법(均役法)을 실시하여 부족해진 세금을 어전세, 염세, 선세 등으로 보충했다. 이 모든 것은 신설된 균역청에서 담당했다.

정조는 홍수와 기근을 잘 다스리는 왕이 백성의 벗이라는 기준에 합당하게 1760년 2월 18일에 시작해 4월 15일에 끝난 57일간의 준설공사에는 약 21만 5,000여 명의 백성들이 동원되었다. 특히 청계천 준설에는 앞이 보이지 않는 맹인들도 참여하기를 바랄 정도로 백성들의 참여가 눈부셨다. 또한 정조는 직접 공사 현장에 나와 백성들을 격려하기도 했다.

당파 싸움으로 인해 생명의 위협을 받고 자랐으며, 자신을 지키기 위하여 호위 부대가 절실했던 정조는 당시 중앙군이었던 5군영과는 별개로 국왕 호위부대 성격의 '장용영'이라는 군대를 설치했다.

영조의 탕평책을 이어받아 개혁 정치의 실현에 심혈을 기울인 정조는 당파에 물들지 않은 새로운 인재를 조정으로 불러들여 나랏일을 맡김으로써 당파 싸움의 기세를 꺾었다. 그러나 그가 재위 24년인 1800년에 갑자기 별세한 것을 계기로 수많은 개혁의 성과는 순조 때 대부분 사라지고 말았다.

5. 한민족 300년 부흥주기설(3)

셋째, 대한민국이 정부 수립 이후 남북대립과 국가 내부에서의 정치적 격랑을 헤치고 세계사를 주도할 세력으로 우뚝 서는 21세기다.

그러나 세 번째 부흥기는 순탄하게 오지 않았다. 우리 민족은 대한민국 5천 년 역사 이래 가장 암흑기라고 말할 수 있는 일제 강점기와, 분단시대, 그리고 민족상잔의 6·25전쟁이라는 모진 시련이 몰아닥친 태풍을 이겨내고 동북아시아에서 뿐 아니라 세계적으로 웅비할 발판을 21세기에 마련하고 있다.

영조와 정조 시대에 꽃피웠던 한국의 르네상스는 다시 등장한 사색당파와 대원군의 쇄국정책, 열강의 각축전, 그리고 고종의 무능과 친러 친일파의 대립 등으로 쇠잔일로의 길을 걸었다. 일제는 흐느적거리던 구한말의 등에 비수를 꽂았다. 이것이 1905년 을사보호조약에 이은 1910년 경술합방이었다.

그 후 일제 강점기 36년은 국권을 찬탈당한 가장 고된 시련기였다. 일제 강점기는 일제의 통치의 성격에 따라 무단 통치기(1910~19년), 민족 분열기(1919~31년), 민족 말살기(1931~45년)로 나눌 수 있다.

무단 통치기는 한일합방 이후 3·1운동이 일어나기 전까지 일본의 헌병 경찰이 강압적으로 통치한 시기다.

민족 분열기는 일제가 3 · 1운동 이후 1931년 만주사변을 일으키기 전까지 한편으로는 독립 운동 참가자들을 탄압하면서 다른 한편으로는 민족을 이간질시켜 민족의 에너지를 약화 또는 탕진시킨 시기다.

민족 말살기는 일제가 만주사변을 일으킨 후 대륙으로 영토를 확장하는 과정에서 한민족을 극도로 수탈하고 창씨개명까지 강요하는 등 민족의 씨를 말리려고 책동하던 시기다.

첫째, 일제는 강제 합병 직후 천황에 직속된 조선총독을 임명하고 조선총독부를 꾸렸다. 조선총독은 입법권 · 사법권 · 행정권 및 군대 통솔권까지 장악한 무소불위의 통치자였다. 조선총독부는 1910년 9월에 헌병 경찰을 창설하여 이른바 무단 통치에 돌입했다. 무단 통치란 헌병이 일반 경찰의 행정까지 담당하면서, 언론 · 집회 · 출판 · 결사의 자유를 박탈하고, 즉결 처분권 등을 갖는 것을 말한다.

둘째, 일제는 1919년 3 · 1운동이 일어나 전국적으로 저항하자 종래의 강압적 통치만으로는 한계가 있다고 판단해 조선총독에 사이토 마코토를 임명해 한민족을 회유하기 시작했다. 사이토 마코토는 단체 활동을 부분적으로 허용했고, 동아일보, 조선일보 등 한국인이 신문을 만들어 읽도록 허가했으며, 친일파들을 대거 양성하여 민족의 분열을 촉진하여 그 에너지를 약화시키는 행위를 서슴없이 자행했다. 사이토 총독의 '조선 민족운동에 대한 대책'은 이 점을 명확히 드러내고 있다. 그 내용은 다음과 같다.

1. 핵심적 친일 인물을 골라 그 인물로 하여금 귀족, 양반, 유림, 부호, 교육가, 종교가에 침투하여 계급과 사정을 참작하여 각종 친일 단체를 조직하게 한다.

2. 각종 종교 단체도 중앙 집권화해서 그 최고 지도자에 친일파를 앉히고 고문을 붙여 어용화한다.
3. 조선 문제 해결의 성공 여부는 친일 인물을 많이 얻는 데에 있으므로 친일 민간인에게 편의와 원조를 주어 수재 교육의 이름 아래 많은 친일 지식인을 긴 안목으로 키운다.
4. 양반 유생 가운데 직업이 없는 자에게 생활 방도를 주는 대가로 이들을 온갖 선전과 민정 염탐에 이용한다. 조선인 부호 자본가에 대해 일·선 자본가 연계를 추진한다.
5. 농민들을 통제 조정하기 위해 민간 유지가 이끄는 친일 단체인 교풍회(矯風會), 진흥회(振興會)를 두게 하고, 이들에게 국유림의 일부를 불하해 주고 입회권을 주어 회유, 이용한다.

셋째, 일제는 1931년 만주사변을 계기로 민족 말살정책을 노골적으로 실시했다. 만주사변이란 일제가 대륙 침략을 본격화한 신호탄이었다. 일제는 한반도를 일본의 중국 대륙 진출의 전진기지로 삼고, 이에 따라 일본의 경제적 지배 정책도 병참 기지화로 선회하였다.

이어서 그들은 1937년 중일전쟁, 1940년 태평양전쟁을 일으키는 동안 국가총동원령을 내리고 조선 사상범 보호 관찰령 등을 공포하여 사상 통제를 강화했다. 그들은 또 일선동조론과 같은 역사 날조를 자행하는가 하면, 미곡과 전쟁 물자를 수탈하고, 조선의 처녀들을 종군 위안부로 끌어가며, 창씨개명을 강요해 한민족의 뿌리를 자르려는 만행을 가속화했다.

우리 민족은 국내외에서 끊임없이 해방을 외쳤으며, 연합군의 도움으로 1945년 8월 15일 해방의 기쁨을 맛보았다. 그러나 우리 민족은 이념적으로 대립하고 미·소의 군정을 거친 해방공간에서 자주적인 역량을 발휘할 수 없었다. 그리고 남북 간에 민족분단을 고착화한 단독정부의 수립을 거쳐 북한의 남침으로 인한 6·25전쟁을 통해 민족상잔의 비극을 체험했다 (자세한 내용은 3. 남북분단의 비극 참조).

그럼에도 불구하고 우리 민족은 오뚝이나 불사조처럼 일어섰다. 군사분계선을 사이에 두고 동족끼리 총부리를 겨누며 크고 작은 충돌을 끊임없이 벌여온 우리 민족이 20세기를 마감할 무렵인 1985년 8월 15일 남·북의 연예인들이 판문점을 넘어 서울과 평양을 방문하는 감격을 누렸다. 이것은 우리 민족이 적대관계를 넘어 상생의 관계로 돌아서는 작은 실마리였다.

그리고 21세기로 들어서면서 더욱 놀라운 일이 벌여졌다. 그 일을 김대중 대통령이 해냈다. 김 대통령은 2000년 6월 15일 평양을 방문해 김정일 국방위원장을 만나 정상회담을 함으로써 우리나라의 300년 부흥주기설을 입증하는 동시에 한민족으로 하여금 21세기에 도약할 발판을 마련했다. 그후에 그가 탄 노벨평화상은 우리 민족에 대한 격려요 축복이었다. 이날 두 사람은 다음과 같은 내용의 공동선언을 했다.

1. 남과 북은 나라의 통일문제를 그 주인인 우리 민족끼리 서로 힘을 합쳐 자주적으로 해결해 나가기로 하였다.
2. 남과 북은 나라의 통일을 위한 남측의 연합제안과 북측의 낮은 단계의 연방 제안이 서로 공통성이 있다고 인정하고 앞으로 이 방향에서 통일을 지향시켜 나가기로 하였다.
3. 남과 북은 올해 8·15에 즈음하여 흩어진 가족, 친척방문단을 교환하며 비전향 장기수 문제를 해결하는 등 인도적 문제를 조속히 풀어 나가기로 하였다.

4. 남과 북은 경제협력을 통하여 민족경제를 균형적으로 발전시키고 사회·
   문화·체육·보건·환경 등 제반 분야의 협력과 교류를 활성화하여 서로
   의 신뢰를 다져 나가기로 하였다.
5. 남과 북은 이상과 같은 합의사항을 조속히 실천에 옮기기 위하여 이른 시
   일 안에 당국 사이의 대화를 개최하기로 하였다.

김대중 대통령은 김정일 국방위원장이 서울을 방문하도록 정중히 초청
하였으며 김정일 국방위원장은 앞으로 적절한 시기에 서울을 방문하기로
하였다.

김대중 대통령의 평양 방문을 계기로 분단시대를 마감해야 할 우리 민족
은 300년 부흥주기의 세 번째 단계로 나아갈 기대와 희망을 키우기 시작했
다. 남·북한 이산가족 상봉, 금강산관광 실시, 개성공단 운영 등은 남·북
한이 하나 되기 위한 가시적 보폭의 몇 가지 예에 지나지 않는다. 어찌 한
술밥에 배가 부르랴만 백 리 길도 한 걸음부터라는 속담이 일리가 있음을
우리는 믿는다.

과연 남·북한은 이제 원하든 원하지 않든 간에 대망의 통일시기에 돌입
했다. 북한은 미국에 대해 불가침조약을 요구하고 미국은 북한에 대해 핵
을 포기하라고 한다. 북한이 핵을 소유하면 일본, 대만, 대한민국이 핵을
소유할 명분을 얻는다. 그러므로 북한은 대량살상무기인 핵무기의 생산을
즉각 중단하고 기존의 핵무기와 핵시설을 폐기하는 것이 바람직하다.

김대중 대통령의 방북 후 미국, 중국, 러시아, 일본, 대한민국, 그리고
북한 등으로 이루어진 6자회담은 진통을 거듭하다가 잠정적으로 중단되고
있다. 그러나 민족의 통일을 열망하는 한민족의 기대가 워낙 큰 만큼 일시

적 장애는 민족 통일이라는 본질을 훼손하지는 못할 것이다.

분단 40년사를 통해 이질화된 정치, 경제, 사회, 문화, 종교 등의 벽을 넘어 오직 민족 동질성 회복이라는 숭고한 명제로 접근하는 우리 민족의 노력은 결코 중단될 수 없다.

우리는 남북 화해 · 교류 · 협력 사업을 확대해야 한다. 우리는 경제교류를 더욱 활발히 전개해야 한다. 우리는 스포츠도 활발하게 교류해야 한다. 우리는 사회 문화적 교류도 증진해야 한다. 하늘은 스스로 돕는 자를 돕는다는 말이 있다. 이 말이야말로 민족 통일을 위해 진력해야 하는 우리 민족에게 커다란 격려가 아닐 수 없다.

CHAPTER 3
남북 분단의 비극

1. 미·소 양군의 한반도 진주(1)

우리 민족은 일제 강점기 36년 동안 독립을 위한 투쟁을 치열하게 전개했다. 국내에서 전개된 3·1운동과 6·10만세운동, 광주학생독립운동, 그리고 해외에서 전개된 무장 독립투쟁과 중국에 근거를 둔 상해임시정부의 활동은 일제의 간담을 서늘케 했다. 이 시기에 희생된 호국영령들과 목숨을 걸고 싸우다 투옥되고 병들고 가산을 탕진한 유·무명 투사들의 피와 땀은 해방의 원동력이 되었다.

한편 세계의 강대국들도 한반도 문제의 해결을 위해 노력했다. 연합국의 지도자들은 독일, 이탈리아, 일본 등을 패망시키고 한반도를 점령한 일제로부터 조선을 독립시키는 방법과 시기에 관한 논의를 계속했다. 1940년대 초반 세계대전의 전황이 연합국 쪽에 유리하게 진전되자 조선의 독립 문제는 구체적 안건으로 떠올랐다.

세계열강의 지도자들은 카이로선언, 포츠담선언 등을 통해 외형적으로는 조선의 독립을 위해 발 벗고 나섰지만 강대국 특유의 기득권이나 이권을 개입시켜 유리한 고지를 점하기 위해 줄다리기를 계속하는 양상을 띠었다. 국제정치학이 강대국의 협상 또는 투쟁의 원인, 경과와 그 결과를 주요 분석 대상으로 삼는 이유는 여기에 있다.

카이로선언은 1943년 11월 27일 이집트의 카이로에서 미국 대통령 루즈벨트, 영국 수상 처칠, 중국 총통 장개석 등이 모여 한반도 문제를 논의한 후 대일 전쟁 수행, 전후 처리, 한국을 노예상태에서 적당한 시기에 적당한 방법으로 독립시킬 것을 주요 내용으로 채택한 선언이다.

포츠담선언은 1945년 7월 26일 독일의 베를린 교외 포츠담에서 미국 대통령 트루먼, 영국 수상 처칠(후에 애트리로 바뀜), 소련 수상 스탈린, 중국 총통 장개석(회의에는 불참하고 동의 서명을 함) 등이 모여 군국주의자 추방, 군대 무장해제와 평화산업 복귀, 전쟁 범죄자 처벌과 민주주의 부활, 평화산업의 부흥과 세계 무역 복귀, 위의 목적 달성을 위한 연합군의 일본 점령 등을 주요 내용으로 발표한 선언이다.

미국과 소련은 전쟁 범죄국 가운데 유럽에 있는 독일과 이탈리아가 일시적으로 침공한 나라는 많지만 식민지로 지배한 나라는 없었지만 일본은 조선을 식민지로 거느리면서 많은 패악을 저지른 데다가 독립하게 될 한반도가 대륙과 해양으로 진출하는 데 긴요한 교두보란 점에서 서로 눈독을 들이고 있었다.

특히 소련은 미국이 막대한 군사비를 들여 제2차 세계대전에서 국제연합군을 주도하고 이를 근거로 한반도에서 영향력을 확대하려고 하는 것으로 분석하고 비록 국제연합군으로 참여하지는 않았지만 종전이 임박할 무렵에 참전하는 형식을 취하면서 독립한 조선을 미국과 함께 분할 점령한다는 방침을 굳혔다. 이에 소련은 1945년 8월 9일에야 일본에 대해 선전포고를 한 후 이를 계기로 한반도의 북쪽으로 물밀듯이 밀고 내려왔다. 이것은 매우 경제적인 군사전략이라고 평가하지 않을 수 없다.

그러나 일본의 패망에 치명타를 가한 나라는 미국이었다. 제2차 세계대전 기간 동안 유럽에서의 전황이 연합군에게 유리하게 조성되고 소련군이 극동 아시아 지역으로 영향력을 확대할 것을 우려한 트루먼 대통령은 핵무기로 일본을 공격해 전쟁을 빨리 끝내는 동시에 소련으로 하여금 핵무기의 위력을 절감하여 함부로 준동하지 못하게 하려는 의도에서 원자폭탄 투하를 승인한 바 있다.

1945년 8월 6일 오전 폴 티베츠 중령이 조종하는 B29 폭격기가 동료 비행기 2대의 엄호를 받으며 나타나 히로시마 상공 9,750m에서 원자폭탄 리틀 보이(Little Boy)를 투하했다. 폭탄이 자동 폭발 고도에 도달하기까지는 57초가 걸렸다. 원폭 투하로 인해 폭발 지점을 중심으로 반경 1.6㎞ 이내의 모든 건물이 완전히 파괴되고 당시 히로시마에 거주한 25만 5,000명 중 7만 명이 초기 폭발로 사망하고 이후 방사능 피폭으로 다시 7만 명이 사망하는 대참사를 당했다. 미국은 이어 8월 9일에 나가사키에 원자폭탄 패트 맨(Fat Man)을 투하했다. 이 가공할 폭탄으로 나가사키 시민 7만 2,000명이 죽거나 실종됐다.

1945년 2월 8일 미국의 루즈벨트와 영국의 처칠은 소련을 참전시키기 위한 이권을 보장하기 위해 소련의 스탈린을 불러들여 얄타에서 비밀회담을 가졌다. 루즈벨트와 처칠은 첫째, 외몽골과 외몽골인의 현재 상태 보호, 둘째, 1904년 전의 러시아의 모든 권리 회복(남 사할린과 그 부속 도서의 반환, 홍콩과 대련의 자유항, 여순의 소련 군항으로 환부 등), 셋째, 쿠릴열도의 소련 할양 등을 합의했다. 루즈벨트와 처칠은 또 한반도 신탁통치 안에 대한 비공식 승인을 스탈린으로부터 받았다.

그러므로 소련은 전쟁에 참여함으로써 얻을 막대한 이권을 계산하면서 히로시마와 나가사키에 대한 미국의 원자폭탄 투하로 일제가 전의를 상실한 1945년 8월 9일에야 일본에 대해 선전포고를 한 후 한반도에서 가장 동북쪽에 있는 웅기를 폭격하고 경흥을 거쳐 8월 13일 청진에 이르렀다.

미국의 트루먼은 8월 13일 한반도를 38도선에서 분단키로 결정하고, 이러한 방침을 영국, 소련, 중국에 연락하고 8월 15일 마닐라에 머무르고 있던 태평양지역 연합군 최고사령부에게 이러한 방침을 담은 일반명령 제1호를 하달했다.

일제는 히로시마에 이어 나가사키에 잇따라 참화가 일어나면서 온 나라가 공포에 휩싸이자 8월 15일 무조건 항복한다고 선언했다. 일본 히로히토 천황이 힘없는 모습으로 항복 선언문을 낭독하던 순간 일본 국민들은 통곡했지만 식민지에서 해방되는 조선 민족은 만세를 부르며 기뻐했다.

그러나 일제로부터의 해방은 미 · 소 양국이 한반도에서의 일본군의 무장 해제라는 명분으로 서로 영향력을 확대하기 위해 경쟁 내지 적대하는 관계로 들어갔으며, 미국과 소련이 한반도를 분단하기로 결정함으로써 두 강대국의 간섭이나 지배를 받을 수밖에 없는 족쇄를 한민족이 다시 차는 결과를 빚고 말았다.

2. 미·소 양군의 한반도 진주(2)

소련군은 1945년 8월 24일 평양을 접수하고, 건국준비위원회를 결성하고 일본인의 안전을 책임지면서 치안을 유지하던 여운형의 제의에 따라, 평안남도 도민위원회 위원장 조만식을 도와 북한 전역에 인민위원회를 결성하는 데 주력했다. 그러나 소련군은 조만식을 인민위원회를 결성하는 도구로 활용했을 뿐 실권을 주진 않았다. 이 무렵부터 소련군정이 시작된다.

당시 소련군정의 조직은 당서기장, 내각 수상, 군 최고사령관 스탈린을 정점으로 극동군 총사령부와 국방성 군사회의 2원체제로 구성됐다. 전자는 야전군 사령부요, 후자는 점령지에서 통치를 주관하는 공산당 정치국의 성격을 띤 기구였다. 이 둘이 유기적 관계를 유지하면서 군정을 수행했다.

극동군 총사령부는 제1전선 군사령부 휘하에 제25군 사령부(사령관 치스차코프 대장), 그 아래 민정관리총국 즉 민정사령부(사령부 로마넨코 소장), 그 아래 정치국, 정치담당관, 사법지도부, 보안지도부, 신문보도부, 출판지도부, 교육문화지도부, 재경지도부, 보건위생지도부 등을 두었다.

국방성 군사회의 산하의 극동군 군사회의는 그 아래 연해주 군사회의를 두고 군사정치위원으로 스티코프 상장을 앉히고 그 아래 제25군 군사회의 즉 정치사령부(사령관 레베데프 소장), 정치고문회의(수석 위원 발라사노프)로 진을 짰다. 특히 스티코프는 1946년 3월 미소공동위원회 소련 측 수석대표, 1948년 9월 북한 주재 소련 초대 대사를 역임하는 등 분단시대의 상징적인 인물이다.

소련군정은 10월 8일 5도 임시인민위원회를 결성하고 이 위원회 아래 군과 면에 이르기까지 피라미드형 권력을 구축했다. 이 과정에서 소련군은 소비에트 체제를 확립하기까지 첫째, 국내 민족주의 세력과 순수형 연립단계, 둘째, 민족주의 세력을 제거한 후 친공세력 및 중간파와 제휴하되 실권은 공산당이 장악하는 사이비 연립단계, 셋째, 공산당의 단일정권 수립단계를 밟으면서 조직을 확대했다.

그러나 소련군정은 소련군 대위 계급장을 달고 들어온 김일성을 조선의 지도자로 키우기로 내부 방침을 세운 터였다. 그들은 10월 14일 평양 공설운동장에서 '김일성 장군 환영 평양시민대회'를 열었다. 주석단에는 소련 제25군 사령관 치스차코프 대장, 정치사령관 레베데프 소장, 민정사령관 로마넨코 소장 등과 환영대회 준비위원장 조만식 등이 자리를 잡았다. 이 대회에서 33살의 김일성은 소련군이 써준 원고를 낭독하는 것으로 소련군이 세운 지도자로서 공식 등장했다.

소련군정은 조선 인민들에게 조선을 해방시킨 소련군의 존재를 부각시켜 감사하는 마음을 유도하는 소련군 환영 군중대회로 긍정적인 반응을 굳히면서도 그들이 육성한 김일성을 내세워 '위대한 항일 애국투사 김일성 장군'을 공식화하기 위한 다목적 포석으로서 이 대회를 개최한 것이다.

정치사령관 레베데프 소장은 후에 중앙일보 취재진에게 "우리는 김일성의 본명이 김성주였음을 알고 있었다. 그러나 북한 인민들에게 잘 알려진 위대한 반(半) 전설의 애국 영웅 김일성 장군을 상징하기 위해 김일성과 그의 부하, 그리고 북한 내 공산주의자들과 상의해 '김일성 장군'으로 소개했다."고 증언했다.

김일성은 1945년 10월 11일 서북 5도당 책임자 및 열성자 대회에서, 국내파가 일제에 협력했던 모든 자본가와 지주는 새 국가 건설에 참여할 수 없다고 주장한 데 대해, 민족 반역자를 제외하고는 동참시켜야 한다고 역설했다. 이어 13일에 끝난 이 대회는 조선공산당 북조선 분국을 설치하기로 결정했다.

조선공산당 서울 중앙은 10월 23일 북조선 분국을 승인했다. 그러나 김일성 세력이 주도한 북조선 분국은 조선공산당 중앙국이란 이름으로 지방에 공문을 보냄으로써 서울중앙의 존재를 무시했다. 이로써 김일성은 서울 중앙 책임비서로서 입북한 박헌영과의 세력 대결에서 주도권을 장악하는 계기를 만들었다.

이어서 1945년 12월 18일 북조선 분국의 비밀회의는 김일성을 책임비서로 선출했다. 이 회의에서 '북조선 공산당의 착오와 결점에 대하여' 라는 보고를 통해 회의 분위기를 잡은 김일성은 책임비서가 되자마자 북조선공산당으로 자처했다. 이때 서울 중앙은 미군정의 탄압을 받으면서 북조선 분국을 지도할 여력이 없었다. 이로써 김일성은 박헌영을 압도하고 명실공히 북한에서 권력을 장악했다.

이로써 소련은 스탈린—스티코프—김일성으로 이어지는 권력구도 속에서 조선의 북쪽을 완전무결하게 통치하여 한반도를 공산화하는 교두보로 삼는 계획을 차질 없이 진행했다. 소련은 제2차 세계대전의 막바지에 참여하여 북한에서 일본군을 몰아내고 김일성을 통해 소비에트 체제를 구축하는 데 전광석화와 같이 움직였다.

이에 비해 미군은 소련군보다 늦은 1945년 9월 8일 서울에 진주해 군정을 실시했다. 미군은 해방 직후의 인재 부족을 이유로 일본의 식민행정체제를 잠정적으로 유지하여 조선총독부에서 근무했던 관리들을 군정에 참여시켰다. 그리고 군정의 지휘 계통을 일원화하기 위해 여운형 중심으로 조선총독부의 양해 아래 전국적으로 급속하게 조직을 확대하고 있던 건국준비위원회 및 좌익들 중심으로 조직된 조선인민공화국이나 상해 임시정부를 조직으로 인정하지 않았다.

이승만은 10월 16일 미국으로부터 개인 자격으로 귀국했다. 이 무렵 미군정에 등록된 정당은 16개, 정치·사회단체는 30여 개나 되었다. 이승만에게는 좌우익으로부터 지도자로 추대한다는 제의가 쏟아졌다. 그러나 이승만은 이런 제의를 모두 거절하고 10월 26일 정당과 단체 대표 200여 명과 모임을 갖고 독립촉성중앙협의회를 조직하여 정당과 단체의 통합작업에 나섰다. 이 시기에 이승만과 우익인 한민당이 제휴했다.

이승만과 함께 국민들의 이목을 받고 있던 상해 임시정부 주석 김구와 부주석 김규식 등 20여 명은 두 차례에 걸쳐 환국했다. 그러나 그들은 미군정에 의해 임시정부로서의 정체성을 인정받지 못한 채 개인 자격으로 쓸쓸히 고국 땅을 밟았다. 김구는 서대문구 경교장에 머물면서 국내에서의 조직을 확대하는 한편 물밀듯이 밀어닥치는 내방객들을 만나기 시작했다.
세상 사람들은 이승만과 김구가 정치 노선이 다르기 때문에 반목했으며 서로를 인정하지 않은 것으로 아는 경우가 있다. 그러나 두 사람은 미군정에 의해 정통성을 인정받지 못한 채 동병상련으로 힘을 합칠 때는 합치면서 각개 약진을 해야 할 입장이었다. 상해 임정 시절부터 김구가 이승만을 '형님'으로 모셨고 이승만도 김구에게 깍듯한 예우를 하는 등 건설적인 경쟁

관계에 있었다고 두 사람을 잘 아는 사람들이 공통적으로 증언하고 있다.

미군정은 1945년 12월 16일부터 모스크바에서 미·영·소 3개국 외상회의를 통해 결정된 한국 문제에 관한 모스크바협정을 12월 27일 발표했다. 이 발표는 미국과 소련이 공동위원회를 설치하고 한반도를 신탁통치를 한다는 것을 주요 내용으로 하고 있었다.

루즈벨트 미 대통령이 주도하고 관심을 기울인 신탁통치는, 한반도 구성원들의 역량이 부족하고 분열이 심하므로 미국과 소련의 지도를 받아 의식이 성숙한 다음 독립국가를 형성해야 한다는 의미를 함축하고 있었다. 소련의 영향력이 막강했던 조선공산당과 좌익은 신탁통치안을 이론의 여지 없이 받아들였지만, 우익 정치인과 평범한 국민들은 민족의 자존심을 짓밟는 신탁통치에 반대하는 데모를 전국에 걸쳐서 전개했다.

미소공동위원회는 우여곡절을 겪으면서 서울 덕수궁에서 진행(제1차 1946. 3. 20~5. 8. 제2차 1947. 5. 21~8. 12.)됐지만 한반도에서 서로 우세한 영향력을 행사하려던 미·소의 대립으로 결렬되고 말았다. 미소공동위원회의 결렬은 38선으로 이미 사실상 분단된 한반도에서 미국과 소련이 분단을 더욱 고착시켜 화동할 수 없는 단계에서 남쪽에서 민주국가를, 북쪽에서 공산국가를 세우겠다는 결의 외의 아무것도 아니다.

3. 남·북의 단독정부 수립 과정

신탁통치를 골간으로 논의를 진행하던 미소공동위원회가 결렬되는 과정에서 미국의 투르먼 대통령은 전임 대통령들이 소련과의 대화 또는 협력을 통해 국제질서를 형성하려 했던 노선에서 탈피해 대소 강경정책을 기조로 한 냉전구도로 질서를 개편했다. 신탁통치는 투르먼에게는 번거로운 장애물일 뿐이었다.

미국 점령지역 담당 국무차관보 힐드링은 한국 문제에 관한 토의석상에서 "미국과 소련 간에 행한 교섭은 절망상태이므로 미국은 점령지역 안에서 독자적 조치를 취하지 않으면 안 된다."고 말함으로써 신탁통치를 파기할 것을 예고했다. 한 연구에 따르면 힐드링은 대한민국에 단독 정부를 수립하겠다는 구상을 견지하면서 이 무렵 워싱턴에 들른 이승만의 구상을 지지했다.

미국은 제2차 미소공동위원회가 결렬된 후 1947년 8월 26일 국무장관 대리 로버트 로베트의 명의로 정체상태에 빠진 한국 통일임시정부의 수립을 촉진하기 위해 미·영·중·소 4대국이 9월 8일 워싱턴에서 회담할 것을 제안했다. 그는 회담의 주요 의제를 '통일 조선을 위한 임시정부를 수립하기 위해 서울에서 회합할 입법의원을 구성할 대표를 양 지역에서 동시에 선출할 것'을 제시했다. 여기에 영국과 중국은 찬성했지만 소련은 반대했다.

이에 미국은 1947년 9월 17일 제3차 유엔총회에 한국 문제를 유엔에 이

관하는 안건을 제출했다. 국무장관 마샬은 유엔총회에서 "한국 문제가 유엔총회에 상정됨에 따라 신탁통치를 거치지 않고 한국을 독립시키는 수단이 강구되기를 바란다."고 연설했다. 당시 미국은 유엔총회에서 자신에게 유리한 회원국을 다수 확보하고 있었다.

이에 맞서 유엔총회의 소련 수석대표 비신스키는 한국 문제의 유엔총회 상정은 미·소 간의 협정에 위배된다고 지적하고 "한국 문제가 총회 석상에서 토의될 근거가 없고, 소련, 영국, 미국 등 3국 간의 협정에 의해서만 해결되어야 하며, 최선의 해결책은 미·소 양군이 철수한 후 자신들의 손으로 한국의 장래 문제를 해결토록 하는 것"이라고 주장했다.

그러나 유엔 일반위원회는 12대 2로, 유엔총회는 41대 6(기권 7)으로 한국 문제를 유엔 정치위원회에 회부하기로 결정했다. 정치위원회에서 소련은 미·소 양군의 즉각적인 동시 철군과 총회의 토론 과정에 남·북한 대표를 참석시킬 것을 제안했다. 미국은 먼저 정부를 수립한 다음 외국군을 철수해야 하며, 한국 대표의 참가를 용이하게 추진하되 유엔 한국통일부흥위원회(UNCURK)를 설치할 것을 제안했다.

유엔 정치위원회는 유엔 한국통일부흥위원회 설치 안건을 수정을 거쳐 통과시켰다. 유엔총회는 1947년 11월 14일 43대 9(기권 6)라는 압도적 다수로 통과시켰다. 총회가 채택한 '유엔 한국통일부흥위원회 설치와 총선거에 관한 결의'는 한국의 공정한 선거를 감시하기 위해 호주, 캐나다, 중국, 엘살바도르, 프랑스, 인도, 필리핀, 시리아, 우크라이나 등 9개국으로 구성된 유엔 한국통일부흥위원회를 설치하여 1948년 3월 21일 이전에 이 위원회의 감시 하에 인구 비례에 의한 총선거를 실시하고, 선거 후 가능한 한

빨리 국회를 구성하며, 가능한 한 90일 이내에 점령군이 완전히 철수한다는 것을 주요 내용으로 하고 있다.

유엔 한국통일부흥위원회는 1948년 1월 8일 서울에 와 활동을 시작했다. 그러나 소련은 북한 지역으로의 이들의 입북을 불허했고, 유엔 한국통일부흥위원회는 이를 유엔에 보고했다. 유엔총회의 임시위원회는 2월 26일 한국통일부흥위원회가 업무를 계속하고 '위원회가 활동 가능한 지역'에서 선거를 감시할 것을 32대 2(기권 11)로 가결했다. 유엔 한국통일부흥위원회는 1948년 5월 10일 이내에 남한에서 총선거를 실시하기로 결정했다.

그리하여 역사적인 5·10선거가 실시돼 198명의 제헌국회의원이 뽑혔고, 5월 31일 국회가 개원됐다. 1936년 안익태가 베를린에서 스코틀랜드 민요 '올드랭사인'을 토대로 구한말부터 내려오는 "동해물과 백두산이…"를 가사로 하여 작곡한 애국가가 연주됐다. 국회는 이승만을 의장으로 선출했다.

국회는 국호를 대한민국, 고려공화국, 조선 등을 놓고 두 달 동안 지루한 논란을 벌인 후 7월 17일 대한민국으로 결정하고 이날 대한민국 헌법과 함께 온 세상에 공표했다. 역사적인 대한민국 헌법 전문은 다음과 같다.

유구한 역사와 전통에 빛나는 우리 대한민국은 기미 3·1운동으로 대한민국을 건립하여 세계에 선포한 위대한 독립정신을 계승하여 이제 민주독립 국가를 재건함에 있어서 정의, 인도와 동포애로써 민족단결을 공고히 하며, 모든 사회적 폐습을 타파하고 민주주의제도를 수립하며 정치, 경제, 사회, 문화의 모든 영역에 있어서 각인의 기회를 균등히 하고 능력을 최고도로 발휘케 하며, 각인의 책임과 의무를 완수케 하여 안으로는 국민생활의 균등한 향상을 기하고, 밖으로는 항구적인 국제평화의 유지에 노력하여 우리들과 우리들의 자손의 안전과 자유와 행복을 영원히 확보할 것을 결의하고, 우리들의 정당하게 또 자유로이 선거된 대표로 구성된 국회에서 단기 4281년 7월 12일 이 헌법을 제정했다.

4. 이승만과 김일성

국회는 7월 20일 대통령에 이승만, 부통령에 이시영을 선출했다. 이승만은 초대 국무총리에 이범석을 임명했다. 국회는 8월 4일 의장에 신익희, 부의장에 김약수를 선출했다. 이어서 8월 15일 역사적인 대한민국 정부가 수립되었다. 1945년 8월 15일 일제로부터 독립한 우리나라는 3년만인 1948년 8월 15일에 대한민국 정부를 수립함으로써 해방공간에서의 미군정에서 탈피하고 명실공히 자주국가로서 세계에 등장한 것이다.

한편 유엔 한국통일부흥위원회의 입북을 가로막은 소련은 38선 이북에 김일성을 전면에 내세운 공산주의 정권을 수립하기 위해 미국보다 빠른 속도로 조직을 결집하고 있었다. 소련과 김일성은 남·북한 공동정권을 수립할 구상도, 방안도 가진 적 없이 오로지 한반도 전체에서 공산정권을 수립하면 좋겠지만 현실의 벽에 부딪치면 38선 이북에서라도 완전무결한 공산정권을 수립하기 위해 분발했다.

이 과정에서 단독정부의 수립을 반대하고 남·북한이 대화로 공동정권을 수립해야 한다는 신념을 굳힌 김구, 김규식 등은, 북한 공산주의자들에게 이용만 당할 것이라면서 반대한 민주진영 인사들의 간곡한 조언을 외면한 채 1948년 2월 3일 평양의 공산 지도자들과 통일민주정부 수립을 위한 제반 조치들을 토의하기 위해 남북 정치지도자 회담을 제의했다. 북한 지도자들은 이를 환영했다. 그러면서도 그들은 1948년 2월 8일 6만 명으로 조선인민군을 창설하고 조선민주주의인민공화국 임시헌법 초안을 마련하는 등 공산정권을 수립할 계획을 착착 진행했다.

4월 14일 평양에서 남북대표자 연석회의가 열렸다. 공산주의자들은 중도 우파로 분류되는 김구, 김규식 등을 활용해 민족통일의 방해세력인 미군의 철수, 전 조선인민의 정치회의, 남북 임시정부 수립, 총선 실시, 제헌의회 구성, 통일정부 수립 등 민족통일 방안을 구체적으로 제시했다. 그러나 이 회의는 아무런 결론도 얻지 못한 채 김구, 김규식 등이 38선을 넘어옴으로써 실패로 끝났다.

북한은 8월 25일 조선최고인민회의 대의원 572명을 뽑는 선거를 실시했다. 조선최고인민회의는 9월 3일 조선민주주의인민공화국 헌법을 채택했다. 그들은 이 헌법에 따라 태극기 대신 인공기를 사용하고 애국가를 없앴다.

조선민주주의인민공화국은 1948년 9월 9일 수립되었다. 수상은 김일성, 부수상은 박헌영, 홍명희, 김책이 맡게 되었다. 김일성 정권은 내각과 인민회의, 당·군의 간부들을 김일성의 만주파를 중심으로 남로당계, 연안파, 갑산파 등의 세력들을 고루 참여시켰다.

5. 민족상잔의 비극 6·25전쟁

김일성은 한반도 전체를 공산화하려는 소련의 구상을 충족시키기 위해 남한에 대한 무력통일을 본격적으로 준비하기 시작했다. 소련은 1948년 2월 8일 창설된 조선인민군의 각 부대에 소련 고문관과 정치장교를 배치해 훈련, 장비 운용 및 사상 무장을 지도했다.

소련군과 김일성은 군대와 별도로 평양에 강동정치학원을 설립했다. 이 학원은 성분이 좋은 공산당원 자제와 남한 출신 공산 유격대원을 입학시켜 사상 무장과 군사 훈련을 병행시킨 최고 엘리트 양성 기구였다. 김일성 정권에서 김일성종합대학을 졸업한 젊은이들도 엄격한 입학 심사를 거쳐 이 학원을 거쳐 당의 핵심 간부로 활약한 경우가 많았다.

김일성은 1948년 12월에 이어 1949년 3월에 모스크바를 방문해 스탈린에게 남침 계획을 설명하고 남침에 필요한 장비를 획득했다. 흐루시초프는 후일 회고록에서 다음과 같이 말하고 있다.

1949년 김일성은 남한을 공격하기 위한 구체적인 계획을 가지고 모스크바에 왔다. 나는 회의에 참석했지만 세부적인 토의에는 참석하지 않았다. 아마 그들은 참모본부와 회담했을 것이다. 김일성은 조선 인민들이 전쟁을 기대하고 있으며, 모든 준비는 끝났다고 말하면서 남침의 절대적인 성공을 확신하고 있었다. 김일성은 스탈린으로부터 원하는 모든 것을 얻어냈으며, 한반도를 통일하기 위해 그가 행동할 날이 확정되었다.

소련으로부터 무기를 대폭 도입한 북한의 군사력은 1950년 4월 현재 병력 20만 명, 전차 300대, 전투기 200대, 포 1,500문에 달했다. 그러나 당시 대한민국은 병력 10만 명, 장갑차 27대, 비무장 연습기 10대, 포 200문에 불과했다. 군인과 장비 면에서 상대가 되지 않을 만큼 우세한 군사력을 보유한 북한은 남침 전 고등학생과 대학생들에게도 군사훈련을 시켰다.

대한민국 국군은 여러 경로를 통해 인민군의 수상한 동향에 관한 첩보를 입수하고 상부에 보고했다. 그러나 자만과 아첨에만 능했던 이승만 정권 하의 고관들은 이 첩보의 중요성을 무시했다. 그들 중 일부는 이승만 대통령에게 북침하여 통일하자고 건의하는 촌극을 벌이기도 했다.

김일성의 명령을 받은 인민군은 신록이 우거진 1950년 6월 25일 새벽 4시 장병들이 잠들고, 육군본부의 장교들은 휴가를 나간 사이 38선을 넘어 불법 남침을 감행했다. 소련제 탱크로 중무장한 인민군 포병과 보병들은 방심과 부족한 병력, 허술한 장비 등으로 당황한 국군을 밀어붙여 3일 만에 수도 서울을 함락하고, 물밀듯이 남으로 진격해 7월 말에는 대한민국 영토의 90% 가량을 점령했다.

국군은 적의 공격을 조금이라도 늦추기 위해 한강 인도교를 폭파하여 수많은 피난민들의 인명을 희생시키는 등 고육책을 썼지만 오랫동안 남침을 준비하고 맹렬히 훈련해온 인민군을 당해낼 수 없었다. 후퇴하는 국군, 줄을 이어 피난하는 국민으로 인해 아수라장이 되었다.

인민군은 점령지역에서 전시동원령을 내려 19~39세까지의 청년들은 보이는 대로 '의용군'으로 징집하여 강제로 전선에 투입했다. 그들은 심지어

중학생들도 강제로 '지원' 시켜 '의용군'으로 끌고 갔다. 그들에게 끌려간 우리나라의 젊은이들이 30만 명에 이르렀다.

유엔 안전보장이사회는 인민군의 남침을 불법 침략으로 규정하고 유엔군을 파병하기로 결정했다. 미국을 비롯한 16개국의 참전으로 국군은 비로소 고립에서 벗어날 수 있었다. 국군과 유엔군은 적을 향해 사투했지만 대전과 추풍령을 지나 부산까지 후퇴하고 낙동강에 최후 방어선을 치고 적을 몰아내기 위해 진력했다.

전세를 역전하는 데 결정적인 공을 남긴 사람은 유엔군 총사령관 맥아더 장군이었다. 그는 미국 해병대와 한국 해병대를 거느리고 9월 15일 미명에 적이 장악하고 있던 인천항으로 접근해 성공적으로 상륙함으로써 적을 혼비백산케 한 후 결사적으로 진격하여 적을 패퇴시킴으로써 9월 28일 서울을 탈환했다. 이것은 전쟁사에 길이 남을 쾌거였다.

국군과 유엔군은 쫓겨 달아나는 인민군을 격퇴하면서 38선 이북으로 파도처럼 밀고 올라가 10월 10일 원산, 10월 19일 평양을 점령했다. 국군과 유엔군은 더욱 북진하여 혜산진, 태천, 운산으로 치고 올라가 압록강에 이름으로써 전세를 뒤집음은 물론 대망의 북진 통일 직전의 단계에 이르렀다.

적은 대한민국을 점령했을 때는 대한민국 내의 좌익세력과 동조자들을 끌어 모아 인민위원회를 조직하고 사회안전부 요원들이 그들을 지휘하면서 친일, 친미 반동세력을 숙청한다는 명분으로 우익 인사, 공무원, 지주, 종교인 등을 색출해 현장에서 즉결처분하거나 인민재판을 열어 대부분 죽창으로 찔러 죽이거나 북으로 납치해 갔다.

이러한 적에게 공포에 질린 양민들이 일부 편의를 제공해 준 경우도 있었다. 적이 인민군 주둔 지역에서 밥을 해달라거나 빨래를 빨아 달라거나 재물을 내놓으라거나 하는 경우 이것을 거절할 수 있는 사람은 없었다.

적이 쫓겨 달아난 지역을 회복한 우익계열의 청년들은 적에게 부역했다는 혐의를 양민들에게 뒤집어씌워 곳곳에서 총살하거나 적과 비슷할 정도로 잔인하게 죽여 곳곳을 피로 물들였다. 6·25전쟁을 '동족상잔의 전쟁'이라고 표현하는 까닭이 여기에 있다.

마찬가지로 인민군은 후퇴하기 전에 감금했던 우익인사, 종교인, 자본가들을 대부분 살해했으며, 감옥 안에 있던 우익인사들도 학살했다. 그들은 38선 이북에서 살면서 성분이 불량하다고 생각한 사람들을 대대적으로 죽였다. 그 대표적인 사례가 황해도 선천 학살사건과 함경남도 고원 학살사건이다.

그러나 1950년 10월 압록강 변의 강계로 숨어든 김일성은 소련과 중국에 애원하여 중공군의 출병이라는 최대의 협조를 얻어낸다. 지원병 형식으로 편성된 중공군은 항미원조(抗美援朝) 즉 미국에 대항해 조선을 도와준다는 명분으로 11월 27일 인해전술(人海戰術)을 도입하여 대대적으로 참전했다.

국군과 유엔군은 끊임없이 밀어닥치는 중공군에게 밀리면서도 일진일퇴하다가 1951년 1월 4일 서울을 다시 내주고 남쪽으로 후퇴했다. 국군과 유엔군은 중부전선에서 다시 반격해 1월 15일 오산을 탈환한 데 이어 수원을 회복하는 한편 동부전선에서 원주를 되찾고 1월 15일 영월까지 차지했다.

유엔은 1951년 2월 1일 중공군을 침략자로 규정하고 유엔군을 증원하여 국군과 함께 3월 16일 서울을 재탈환하고 38선 이북으로 진격했다. 패색이 짙던 인민군과 중공군은 마지막 힘을 모아 4월 22일, 5월 17일 춘계공세(春季攻勢)를 폈지만 오히려 대패했다.

국가기록원이 집계한 6·25 전쟁 기간 중 피해 상황은 한국군 전사 13만 7,899명, 부상 45만 742명, 실종 및 포로 3만 2,838명, 유엔군 전사 4만 670명, 부상 10만 4,280명, 실종 및 포로 9만 9,031명, 인민군 사망 50만 8,797명, 실종 및 포로 9만 8,599명, 중공군 사망 14만 8,600명, 부상 79만 8,400명, 실종 및 포로 2만 5,600명이고 한국인은 사망 24만 4,663명, 부상 22만 9,625명에 이른다.

전세가 불리하고 장기전이 계속되면 막대한 인명 피해를 낼 것이 확실해진 상황에서 유엔 소련 대표 말리크는 1951년 6월 25일 휴전을 요청했다. 그리하여 이 해 7월 10일 휴전회담이 개성에서 열렸다. 회담이 열리는 중에도 전투는 계속됐다. 공산 측과 자유민주 측은 이 해 11월 판문점으로 장소를 옮겨 회담을 이었다.

그러나 이러한 회담과는 상관없이 치열한 전투가 전개되어 백마고지는 높이가 몇 m나 깎일 정도로 포탄이 쏟아지고 아군과 적군이 흘린 피로 계곡이 붉은 피로 물들 정도가 됐다. 전쟁은 피아 간에 무수한 인명 피해와 재산 피해를 내는 비극의 전형이 아닐 수 없다.

휴전회담은 1953년 4월 11일 재개됐다. 이승만 대통령은 6월 18일 2만 7,000명에 달하는 반공포로를 석방해 기선을 제압했다. 휴전협정은 1953

년 7월 27일 조인됐다. 8월 5일 이후 한 달 간 1만 2,941명의 유엔군 포로와 7만 5,797명의 공산군 포로가 판문점에서 교환 석방됐다.

1954년 2월 21일 포로송환위원단은 해산됐다. 그 후 4월 26일 스위스의 제네바에서 유엔 참전국 16개국과 공산 측 참전국 3개국이 모여 한국 통일 문제를 논의했지만 공산 측의 무성의와 반대로 이 회담은 6월 15일 결렬되고 말았다. 그 이후 한반도는 휴전상태에서도 휴전선을 사이에 두고 끊임없는 충돌과 유혈이 이어지고 있다.

CHAPTER 4
남 · 북한의 통일론 분석

1. 빛을 보지 못한 이상론자들

대한민국과 북한은 각각 단독 정부를 수립한 이래 분단을 고착화하고 정치, 경제, 사회, 문화의 모든 영역에서 적대관계를 이루어, 짧은 기간 동안 화해 분위기를 조성한 경우를 제외하면 살벌한 분위기를 조성해온 것이 사실이다. 이것은 비록 휴전은 되었지만 언제든지 전쟁이 다시 일어날 수 있는 긴장이 한반도에 상존해 있음을 의미한다. 한반도가 화약고로 불리는 이유는 여기에 있다.

국제정치의 역학관계로 볼 때 이미 분단을 기정사실로 받아들이고 남북에 각각 군정을 실시한 미국과 소련이 막강한 힘을 발휘하는 한 남·북한에서 민족주의자들이 권력을 잡을 가능성은 없었다. 백범 김구, 몽양 여운형과 같이 민족 통일의 염원을 가졌던 중도 좌우파들이 단독정부의 수립을 반대하면서 좌우 합작을 논의했지만 빛을 발할 수 없는 이유는 여기에 있었다.

단독정부의 수립을 결사적으로 반대한 백범 김구의 노선은 현실 정치에서는 영향력을 발휘할 수 없었지만 당시 뜻있는 국민들로부터 열광적인 환영을 받았음을 상기할 때 아쉬운 느낌이 불쑥 솟는 것은 숨길 수 없다. 이제는 역사의 자료로만 남아 있는 1948년 2월 10일 백범의 '삼천만 동포에게 읍고(泣告 : 눈물로써 외침)함' 이란 글은 이렇다.

> 통일하면 살고 분열하면 죽는다는 것은 고금의 철칙이온데, 자파세력의 연장을 위해서 민족분단의 연장을 획책하는 것은 온 민족을 죽음의 구렁 속에 빠뜨리는 극악무도한 짓이노라.

독립이 원칙인 이상, 그것이 당장엔 가망 없다고 해서 자치를 주장할 수 없는 것은 왜정 하에서 온 민족이 뼈저리게 인식한 바 있거니와, 지금 독립정부의 수립이 당장에 가망 없다고 해서 단독정부를 세울 수는 없는 것이다.

삼천만 동포 자매형제여, 지금 나의 하나뿐인 염원은 삼천만 동포와 손잡고 통일정부를 세우는 일에 공동 분투하는 일이다.

조국이 원한다면 당장에라도 이 한 목숨 통일제단에 바치겠노라. 나는 통일정부를 세우려다가 38선을 베고 쓰러질지언정 일신의 구차한 안위를 위해서 단독 정부를 세우는 일에는 가담하지 않겠노라.

고요한 밤에 홀로 앉으면 남북의 헐벗고 굶주린 동포들의 원망스러운 용모가 눈앞에 어릿거린다. 붓이 여기에 이름에 가슴이 막히고 눈물이 앞을 가려 말을 잇지 못하겠노라.

그러나 한반도를 무대로 한 정치의 현장은 국제정치의 역학관계상 강대국의 방침을 뛰어넘을 수 없었기에 백범의 순수한 외침을 대세로 받아들이지 않았다. 분단이라는 운명은 분단을 막아야 한다는 이상론의 저항을 밀어 넘어뜨리고 미국과 소련의 뜻대로 한반도의 지형을 고착화시켰다.

백범은 민족주의자요, 이상론자였다. 같은 민족주의자라 할지라도 한민당 계열의 인사들은 단독정부 수립에 가담했다. 이런 점에서 그들은 현실주의자였다. 그러나 백범은 당시의 상황으로는 실패할 것이 틀림없는 남북 지도자회의에 참석하기 위해 선우진 비서를 대동한 채 38선을 넘어 평양으로 갔지만 회의가 아무런 결론도 없이 끝나자 헛수고만 한 채 되돌아와야 했다. 이것이 민족주의자 중 이상론자의 비극이다.

그러나 우리는 이상론자가 뜻을 이루지 못했다고 해도 비판만 할 수는 없다. 이상론자는 그 뜻이 옳은 한 비록 현실에서 실패했다고 해서 존재 의의를 상실하지는 않는다. 이상론과 현실론이 때로는 상반된다 할지라도 이상론이 있기에 사람들은 현실의 문제점을 시정하고 더 나은 방향으로 정책을 가다듬을 수 있다. 이러한 의미에서 백범은 실패한 이상론자가 아니라 비운의 이상론자였다고 평가할 수 있다.

2. 대한민국의 통일 방안

대한민국의 역대 정권의 통일방안을 일별해 보자. 지면관계상 그 개요만 살핀다.

첫째, 제1공화국 즉 1950년대의 이승만 정권
이승만 대통령은 오직 반공(북한 정치체제 불인정, 평화공존과 공동협력 배제)을 내세우고 통일 수정안을 제시(1954. 5. 22)하는 한편 체제 병합 통일론을 제시했다.

둘째, 제2공화국 즉 1960년대 초의 장면 정권
1960년 4 · 19혁명으로 등장한 장면 총리는 자주적 통일론, 전민족적인 초당외교(남북 교류와 협상 선언)를 지향했다. 장 정권은 민족과 계급의 모순을 해결하기 위해 노력했다. 그들은 선 건설, 후 통일을 표방함으로써 통일 역량을 배양하려는 정책을 짰다.

셋째, 제3공화국 즉 1960년대의 박정희 정권 초기
1961년 5 · 16혁명으로 집권한 박정희 대통령은 유엔헌장 준수, 반공체제 강화, 성급한 통일 논의 배제, 경제개발 5개년계획을 통한 자립경제 확립, 민주역량의 배양을 내세웠다. 이것을 한마디로 말하면 선 건설, 선 평화, 후 통일론이라고 요약할 수 있다.
넷째, 제4공화국 즉 1970년대 즉 박정희 정권 중 · 후기
박정희 대통령은 북한 정권의 실체를 인정했다. 그는 1970년 8월 15일 체계적인 통일정책을 발표했다(기능주의론, 평화공존론, 교류협력론). 그

는 선의의 경쟁을 유도하고 획기적 통일정책을 마련했으며 남북적십자회담을 제의했다.

다섯째, 제6공화국 즉 노태우 정권 후기

노태우 대통령은 1989년 9월 11일 민족화합민족민주통일방안을 발표했다. 이것은 최초의 국가연합 통일안이다. 자주, 평화, 민주를 3대 원칙으로 한다. 그는 이를 위해 통일이 될 때까지 남북 관계를 이끌어갈 수 있는 규칙인 민족공동체헌장을 채택하고, 이 헌장에 근거하여 남북정상회의와 실행기구인 남북각료회의, 남북평의회 등의 과도 기구를 설치하며, 남북평의회에서 마련한 통일헌법을 바탕으로 총선거를 실시해 통일국회와 통일정부를 구성하자고 제안했다.

여섯째, 제7공화국 즉 김영삼 정권

김영삼 대통령은 민족공동체통일방안을 발표했다. 이것은 선 교류, 후 통일의 원칙 아래 화해협력 단계, 남북연합 단계, 통일국가 완성 단계를 거쳐 민족통일을 이루자고 주장했다.

일곱째, 제8공화국 즉 김대중 정권

김대중 대통령은 1980년대부터 자주, 평화, 민주를 통일의 3대 원칙으로 하는 3단계 통일론을 주장해 왔다. 김영삼 정부의 민족공동체통일방안을 계승, 보완하고 있다. 이것을 공화국연방제통일방안이라고도 한다.

3. 북한의 통일 방안

3대에 걸친 김일성 가문으로 이루어진 북한 정권은 시종일관 공산화 통일을 국가의 최고 목표로 삼고 이러한 기조 위에서 통일정책을 수립했다.

첫째, 건국 헌법
북한은 1948년 조선민주주의인민공화국 수립 당시 제정한 건국 헌법으로 사회주의 정부수립을 정당화한 내각 중심제 형식의 독재를 못 박았다.

둘째, 김일성 헌법
북한은 1972년 12월 27일 김일성 사회주의를 정당화한 헌법으로 개정했다.

셋째, 김일성 초기 즉 1950년대 정권
북한은 대한민국 정부를 인정하지 않았다. 그들은 외형적으로는 외세의 간섭 없는 통일을 강조했다. 대한민국을 미제의 앞잡이로 격하했다. 그들은 전쟁의 승리를 위하여 모든 힘을 결집하고 1950년 6월 25일 남침을 단행했다. 이것은 무력으로 공산화 통일을 하겠다는 의지의 발현이었다.

넷째, 김일성 후기 즉 1980년대 정권
김일성은 고려민주연방제(1민족, 1국가, 2체제)를 통한 통일방안을 표방했다. 강력하게 성장한 인민군과 체제를 유지하기 위해 철저히 통제한 인민의 충성심을 바탕으로 사상무장이 안 된 대한민국을 2체제를 통한 경쟁에서 압도하고 결과적으로 합법적인 공산화 통일을 달성하겠다는 것이 김일성의 복안이었다.

다섯째, 김정일에 의한 1990년대 중·후기에서 2000년대 초 정권

김일성의 사망에 의해 집권한 김정일은 직업군인의 정치 참여를 제도적으로 보장하고 군을 앞장세우는 선군정치(先軍政治)의 실현을 독려했다. 선군정치란 군사 선행의 원칙에 따라 인민의 자주 위업을 실현하는 데 모든 문제를 해결하고 군에 의거해 혁명을 전진시키는 정치 행태다. 그는 혁명군대를 주체적으로 강화해 인민의 자주적 지위 보장과 인민의 창조적인 역할을 높이겠다고 역설했다.

그러나 선군정치가 조선노동당이 장악해온 권력을 압도한다는 의미는 아니다. 김정일의 선군정치는 조선노동당과 군대 그리고 인민을 옳게 결합하여 나감으로써 혁명과업과 건설의 전반 사업을 힘차게 밀고 나갈 수 있도록 하는 불패의 강력한 정치 방식이므로 군대가 끝없이 충성해야 한다고 강조했다.

여섯째, 김정은에 의한 2010년대 정권

김정은은 김정일 집권 시에 박차를 가한 핵개발을 바탕으로 핵탄두를 탑재할 수 있는 중장거리 및 대륙을 강타할 ICBM의 개발에 전념하여 뜻한 바 목적을 달성하고 이러한 자신감을 바탕으로 공산화 통일 방침을 더욱 굳히는 한편 미국과 맞상대를 하겠다는 의욕을 강하게 드러내고 있다.

4. 남·북한 통일 방안 비교

남·북한 통일방안은 현저하게 차이가 난다. 황인태는 그것을 다음과 같은 논리로 비교하고 있다. 그 논리를 소개하면서 나의 해석을 덧붙이고자 한다.

첫째, 통일의 의도에 있어서 대한민국은 한민족 공동체의 건설을 위한 3 단계 통일에 주안점을 두고 있다. 그러나 북한은 고려민주연방공화국 창립 방안에 주력하고 있다. 북한은 3단계를 거치든 어떻든 최종적으로는 공산주의나 사회주의 체제를 갖춘 고려민주연방공화국 수립에 목표를 두고 있다.

둘째, 통일철학에 있어서 대한민국은 자유민주주의를 존중하고 인간 중심의 철학을 바탕에 깔고 있다. 그러나 북한은 오로지 계급 중심의 주체사상에 입각하고 있다. 이것은 하늘과 땅의 차이를 이룬다.

셋째, 통일 과정에 있어서 대한민국은 화해 협력→남북연합→1민족 1국가의 통일국가 완성 즉 민족통일 후 국가통일을 지향한다. 그러나 북한은 바로 연방국가의 완성 즉 국가통일 후 민족통일을 못 박고 있다. 북한은 국가를 통일하면 철저한 조직으로 민족통일은 손쉬운 것으로 자신하고 있다.

넷째, 과도체제에 있어서 대한민국은 과도기적 남·북 연합국가 형태를 구상하고 있다. 그러나 북한은 이 분야에서 방안이 없다. 북한은 목표를 향해 총진군하는 체제이므로 과도라는 불확실한 단계를 상정하지 않는다.

다섯째, 통일 절차에 있어서 대한민국은 민주적인 절차에 의한 남·북한 총선거 실시를 통한 통일헌법을 중시하고 있다. 그러나 북한은 기득권층을 보호하고 상대적으로 북한 인구가 적은 사실을 감안하여 연석회의 방식에 의한 정치협상으로 이 문제를 돌파하고자 한다. 북한은 체제 수호의 논리로 철저히 무장하고 있는 이상 정치협상에 자신을 갖고 있다.

여섯째, 국가 형태에 있어서 대한민국은 1민족 1국가 1체제 1정부의 통일국가를 염두에 두고 있다. 그러나 북한은 1민족 1국가 2체제 2정부의 연방국가를 고수한다. 민족과 국가가 하나이면서 체제와 정부를 하나로 하느냐, 둘로 하느냐는 것은 논리적으로 판이한 차이를 드러내는 부분이다.

일곱째, 통일의 주체에 있어서 대한민국은 민족 구성원 전체를 내세우고 있으나 북한은 프롤레타리아 계급을 바탕으로 삼는다. 프롤레타리아 계급 바탕의 통일은 공산주의 또는 사회주의 체제와 맥락을 같이 한다.

여덟째, 통일의 미래에 있어서 대한민국은 자유, 복지, 인간 존엄성이 보장된 선진 민주주의국가로서 초문화 강대국을 지향한다. 그러나 북한은 주체사상에 의한 민족 번영을 추구한다. 주체사상에 의한 민족 번영이란 공산주의 또는 사회주의 체제의 꿈이다.

아홉째, 대한민국은 미·일·중·러 등 4강의 협력을 상정하고 있으나 북한은 남·북한의 주체적 결단을 요구한다. 대한민국이 국제정치의 현실을 반영하는 데 비해 북한은 '우리 민족끼리' 통일을 달성하자는 것이다.

5. 남북 통일의 유형과 평가

민족의 소원인 남북 통일의 유형은 한쪽에 의한 일방적인 흡수 통일, 상호체제 간의 효율적인 남북통합, 한민족공동체 남북연합과 2원집정부 연방제 등 세 가지가 있다.

첫째, 한쪽에 의한 일방적인 흡수 통일

통일 방안에서 일방적인 흡수 통일을 하는 데 있어서 바람직하지 않는 두 가지 유형이 있다.

하나는 군사와 경제면에서 상대적으로 강하다고 판단했을 경우에 일어나는 현상이나 자발적으로 도발하기보다는 배후에 막강한 국가의 적극적인 지원이 있을 경우에 가능하다.

건국 초기에 북한의 김일성은 소련의 적극적인 지원과 배후조종을 받아 남침을 단행했지만 민족적인 비극을 남겼을 뿐 아니라 국제적인 지탄만 받았다. 우리나라에 김일성의 남침을 부인하고 오히려 우리나라가 북침해서 6 · 25전쟁이 일어났다고 터무니없는 주장을 하는 세력이 있다. 그러나 소련이 배후조종을 인정하는 자료를 여러 차례 공개했고, 절대 다수의 역사가나 사회과학자들도 북한의 남침을 인정하고 있는 이상 대한민국의 북침설은 궤변에 불과하다.

이와 같은 역사적 교훈에 따라 북한에 직접적인 군사력을 지원하는 우방국들이 없으며, 첨단 정보기술의 발달로 사전에 발각되므로 북한과 북한을 지원하는 공산국가에 의한 무력통일은 사실상 불가능하다.

만일 북한이 핵무기를 동원한 무력으로 다시 남침을 해 순식간에 공산화 통일을 달성하려 할 수도 있다. 그러나 미국과 대한민국은 유엔을 통해 북한을 고립시키고 특히 미국이 북한을 향해 가공할 핵무기로 반격하여 북한을 초토화할 경우 오히려 북한이 먼저 망할 수 있다. 핵무기는 일방적인 우위의 수단인 동시에 패망의 화근이 되므로 누구도 함부로 쓸 수 없는 도발수단이다.

다른 한 편으로 남·북한 어느 한쪽이(실제로는 북한에 해당되는 경우이겠지만) 극심한 경제난으로 국가가 붕괴되는 현상을 가정할 수 있다. 이 경우 체제는 혼란에 빠지고 테러가 횡행하며, 난민들이 삼엄한 국경의 경계망을 뚫고 물밀듯이 빠져나갈 수 있다. 압록강을 국경으로 하는 중국, 군사분계선을 사실상의 국경으로 하는 대한민국이 폭증하는 북한 난민으로 혼란에 빠질 가능성은 충분히 예상할 수 있다.

이 경우 대한민국은 원하든 원치 않든 간에 북한 난민들을 받아들일 수밖에 없다. 문제는 북한이 극심한 혼란과정을 거쳐 현 지도자를 제거하고 다음 집권자가 사회주의의 맹점을 시정하기 위해 건설적인 노력을 기울이며 대한민국에 대해 적대적으로 나오지 않고 오히려 사회·경제적 도움을 호소하느냐의 여부에 달려 있다. 만일 도움을 요청한다면 대한민국은 사회·경제적으로 북한을 흡수 통일할 기회를 맞는다.

특히 경제적 통합은 경제적으로 월등하게 우세한 대한민국이 상대적으로 빈곤한 북한을 흡수하는 형식을 취한다. 대한민국은 이 경우 아사상태에 빠진 북한 주민들을 살린다는 대의명분을 살리고, 북한의 새로운 지도자가 도움을 요청했으므로 경제적 부담이 되더라도 대국적인 견지에서 허리띠를 졸라 매더라도 북을 돕지 않을 수 없을 것이다.

다만 북한은 인민들에 의한 폭동이 광범하게 일어나는 상황이 오더라도 현 집권자가 살해되지 않는 한 기득권을 지키기 위해 어떤 잔인한 방법으로라도 혼란을 진압할 것이 틀림없다. 따라서 기적과 같은 자멸은 기대하기 어렵다. 오히려 북한 지도부는 내부의 혼란을 수습하기 위해 무력 남침에 의한 공산화 통일을 단행할 수 있다. 따라서 남·북한이 살벌하게 대립해온 한반도에서 한쪽이 다른 쪽을 일방적으로 흡수 통일한다는 방안은 현실적인 위험을 수반한다.

둘째, 상호 체제 간의 효율적인 남북통합

통합이론은 화해와 교류 및 협력을 중시하는 이론이다. 이와 관련해 미트라니가 주장하는 기능주의 이론은 사회 간에 기능적인 상호의존 관계가 생겨 공통의 통합적인 이익의 발생으로 경제·기술적인 협조로부터 시작해 다른 분야의 협력관계까지 확대해 정치통합을 유도하는 것이다.

그러나 에치오니가 주장하는 연방주의 이론은 두 체제 간의 권력투쟁을 방지하기 위해 초국가적인 중앙정부를 설립한 후에 헌법 제정을 통해 평화와 안전보장 등 통합 방안을 모색하는 이론이다. 이 이론은 경제와 기술적인 범주에서 점진적인 통합보다는 두 정당 간에 극비리에 합의하여 도출하는 정치적 결단을 중시한다.

기능주의론과 연방주의론을 결합해 주장하는 하스의 신기능주의론은 점진적인 통합이라는 기능주의론을 적극적으로 수용하면서도 통합 촉진의 의도적인 창설을 추구하며, 경제·기술적인 측면을 거부하는 과정에서 정당, 이익집단, 국제조직 등 정치권력의 역할을 강조한다.

이밖에 브레진스키, 호로위츠 등이 주장하는 수렴이론은 자유민주주의에 입각한 자본주의와 사회적인 공산주의라는 양 체제를 수용하는 이론이다. 이 이론은 이념대립에서 벗어나면서 동질성을 회복하자는 데서 이목을 끈다. 즉 자본주의는 시장경제원리가 적용돼 바람직하지만 부익부 빈익빈 현상을 초래하고, 사회주의는 경제 효율성에 문제가 있지만 분배를 통해 형평성의 문제를 해결하는 등 긍정적인 측면과 부정적인 측면을 아울러 지니고 있기에, 두 이념을 서로 보완해 효율성을 높여야 한다는 것이다.

대한민국은 비정치적 분야에서의 사회통합을 이루는 기능적 이론의 통일 방안을 제창하고 있다. 그러나 북한은 공동 목적을 가진 두 국가가 자율성 아래 정치공동체를 형성해 정치통합으로 군사적 불신을 해소한 후 경제와 사회 교류를 하는 급진적인 연방주의론의 통일 방안을 선호하고 있다. 그러므로 대한민국과 북한은 통일 방안에 있어서 평행선을 달리고 있다.

나는 남·북한 간의 극단적인 단기적인 기능주의론은 혼란을 초래하고 특정 정치집단의 농간에 의해 민족이 혼란에 빠질 수 있다는 점에서 중장기적 연방주의론과 신기능주의론 및 수렴이론을 종합적으로 검토해서 합리적인 방안을 찾을 실천적인 의지와 노력이 필요하다고 생각한다.

셋째, 한민족공동체 남북연합과 2원집정부 연방제

우선 남북연합에 대한 의견은 한민족공동체 통일 방안이 그 모체를 이룬다. 서로 체제를 인정하고 사회를 하나로 묶어 기능적인 상호의존성 아래 외적으로는 각각 독립적인 주체로 존재하고, 내적으로는 분단국 특유의 이원집정제를 제도화하자는 것이 이 통일 방안의 목적이다.

남북연합은 남과 북의 긴밀한 연합으로써 통일에 따른 부작용과 비용을 줄이기 위해 남북연합 아래 일정 기간 별개의 국가로 존재하면서 북한 경제를 끌어올리는 데 초점을 둔다.

그 방법으로는 불가침협정 체결, 남북 자유왕래, 물자교환, 민족문화 공동발전 등이 있으며, 초국가 연합기구를 통해 기관통합에서 정책통합 및 태도통합 그리고 완전한 정치통합으로 이어질 수 있다.

이를 위해서는 남·북한이 불가침협정을 통해 전쟁 분위기를 제거하는 것이 급선무다. 만일 남과 북이 서로 불신하고 상대방이 언제 전쟁을 일으킬지 몰라 전전긍긍하는 상황에서는 이 통일 방안은 한 걸음도 더 나갈 수 없다. 그러므로 불가침협정이 성공할 수 있도록 양측은 군사적 도발을 엄금하는 것이 바람직하다.

양측은 불가침협정을 준수하고 신뢰를 공고히 한 후에는 민족동질성을 회복하기 위해 경제협력을 이루는 것이 순리다. 민족동질성은 대한민국이 북한에 자본과 기술과 물자를 제공하고 이를 바탕으로 북한이 경제를 성장시켜 인민의 행복을 증진하며, 그러한 사실을 대한민국 국민이 인지하고 보람을 느낄 때 강하게 회복될 것이다.

다음으로, 2원집정부적 연방제는 복수국가의 형태로써 2개 이상의 국가가 조약과 헌법의 규정에 따라 결합해 하나의 연방형태를 갖는 국가다. 이때문에 2개보다는 여러 개의 국가가 하나로 결합할 때 더 큰 어려움이 따른다. 대부분 웬만한 나라의 크기인 50개 주가 결합해 하나의 합중국을 형성한 미국, 붕괴하기 전의 소련 등이 이러한 사례에 속한다.

이에 비하면 남 · 북한은 2개의 국가로 존재하므로 두 국가 간의 합의만 도출하면 용이하게 하나의 국가로 결합할 수 있다. 그러나 남 · 북한은 70년 이상 분단체제를 겪는 동안 쌓인 적대감을 해소하기 어렵고, 현실적으로도 군사분계선을 사이에 두고 서로 총부리를 들이대고 있는 이상 이론적이고 감상적으로 단일국가를 성립하기 어려운 현실의 벽에 부딪치고 있다

CHAPTER 5

통일은 대박인가?

1. 박근혜 대통령의 통일대박론

박근혜 대통령은 2014년 1월 6일 신년 기자회견에서 역대 한국 대통령으로서는 처음으로 "통일은 대박이다."라고 표현했다. 대박이라는 말을 초등학생으로부터 노인들까지 일상생활에서 자주 쓰던 무렵이라 화제를 불러일으켰다. 대통령의 발언 전문은 다음과 같다.

평화통일 기반 구축은 남북 관계는 물론, 우리의 외교안보 전반을 아우르는 국정 기조라 할 수 있습니다. 지금 국민들 중에는 '통일 비용 너무 많이 들지 않겠느냐, 그래서 굳이 통일을 할 필요가 있겠나.' 생각하는 분들도 계신 것으로 압니다.

그러나 저는 한마디로 '통일은 대박이다.' 라고 생각합니다. 세계적 투자전문가의 얼마 전 보도를 봤습니다. '남북통합 시작되면 자신의 전 재산을 한반도에 쏟겠다. 그럴 가치가 충분히 있다. 만약 통일이 되면 우리 경제는 굉장히 도약할 수 있다.' 고 보는 것입니다. 저는 한반도 통일은 우리 경제가 대도약할 기회라 생각합니다.

통일 기반 구축을 위한 구체적인 조치에 대해 세 가지로 말씀드릴 수 있습니다.

첫째, 한반도의 평화를 만드는 것입니다. 국민이 우선 안심하고 살 수 있도록 안보 태세를 튼튼하게 해야 하고, 특히 북한의 핵위협이 있는 한 어떤 남북경협, 교류가 제대로 이뤄질 수 없고 공동발전, 영내 공동발전도 이것 때문에 이뤄질 수 없습니다.

그래서 북한이 핵을 포기하고 국제사회의 책임 있는 일원으로 가겠다고 한다면 우리는 국제사회와 힘을 합쳐 적극 도우려 합니다. 그러기 위해 국제공조를 강화할 것입니다. 다양한 해결 방안도 강구하려 합니다.

두 번째, 대북 인도적 지원을 강화하고 남·북 주민 간 동질성 회복도 좀 더 이뤄질 수 있도록 노력하려고 합니다. 남·북한의 주민들이 그동안 너무 오랜 기간 서로 다른 체제 속에 살았기 때문에 이것이 과연 같은 민족이냐 생각들 정도로 생각하는 방식, 생활방식 너무나 달라졌습니다. 특히 또 많은 북한 주민이 굉장히 열악한 생활환경 속에서 고통받고 있기 때문에 북한 주민들에 대한 인도적 지원은 계속 확대해 나가고 남·북 간 주민 간 이해의 폭을 넓힐 수 있는 건전한 민간교류도 확대하고자 합니다.

이와 관련한 경험이 풍부한 유럽 NGO들이 있습니다. 그런 NGO, 한국 NGO가 힘을 합쳐야 합니다. 북한의 농업, 축산업을 지원한다면 북한 주민들에게 실질적 도움도 될 뿐 아니라, 그 과정에서 자연스럽게 북한 주민에 대한 이해와 더 가까워질 수 있는 길이 열릴 것이라 생각합니다.

남·북한 동질성 회복은 탈북민에 대한 관심과 배려에서부터 시작할 수 있다고 봅니다. 탈북민들이 오랫동안 다른 체제에서 살아왔기 때문에 탈북민이 잘 정착해 행복하게 살게 보듬는다면 통일 과정에서 중요한 역할을 할 수 있을 것입니다.

그리고 마지막으로 세 번째로, 통일 공감대 확산을 위한 국제협력을 강화할 것입니다.

이 통일은 우리만의 노력으로 되는 것이 아니라 국제사회의 어떤 공감대 또 국제사회도 그것을 지원하고 또 그것이 좋은 일로 같이 협력할 때 이루어질 수 있다고 생각합니다.

그래서 작년 미국, 중국, 러시아 이런 곳에서 정상회담을 하면서 남북 통일에 대한 이런 허심탄회한 대화를 나눌 기회를 가졌고 또 통일에 대한 공감대를 형성을 했습니다.

그래서 이러한 노력을, 외교적 노력을 앞으로도 계속해 나갈 것이고. 특히 동북아 평화협력 구상 또 유라시아 이니셔티브를 중심으로 해서 역내 국가들 모두에게 도움이 되는 그런 한반도 통일 또 주변에 있는 국가들의 공동번영이 선순환될 수 있는 그런 방향으로 노력을 해 나가겠습니다.

대박이란 무엇인가? 그것은 두 가지 뜻을 가진다. 하나는 큰 배〔大舶〕요, 다른 하나는 큰 물건이다. 통일은 대박이라고 말할 경우 그 뜻은 두 번째에 해당된다. 즉 통일은 크게 이루어진다는 비유다. 박근혜 대통령은 '한반도 통일은 우리 경제가 대도약할 기회'라고 표현함으로써 통일의 경제적 성과에 역점을 두었다.

통일에 커다란 기대를 거는 그는 대박인 통일의 기반을 구축하기 위해 세 가지 조치를 취하겠다고 언급했다.

그 첫째는 한반도의 평화다. 평화는 튼튼한 안보로써만 가능하다. 그는 이것을 바탕으로 "북한이 핵을 포기하고 국제사회의 책임 있는 일원으로 가겠다고 한다면 우리는 국제사회와 힘을 합쳐 적극 도우려 합니다."라는 것이 박 대통령의 방침이다.

박 대통령의 평화구축 방안은 튼튼한 안보를 팽개치고 무조건 북한을 돕겠다든가, 북한이 핵을 유보한다면 돕겠다든가 하는 것과는 다르다. 전자는 안보 포기론 내지 경시론이요, 후자는 핵 현상 유지론이다. 이 둘은 한반도의 공산화 통일이나 북한의 핵보유국 인정과 연결될 가능성을 전적으로 배제할 수는 없다.

그러나 박대통령은 북한이 핵 포기 즉 모든 핵시설과 핵무기를 없애고 평화를 지향한다면 북한을 돕겠다고 언급함으로써 북핵을 인정하지 않는 국제원자력기구, 유엔, 그리고 미국의 방침과 합치된다.

그 둘째는 대북 인도적 지원의 강화와 민족 동질성 회복이다. 그러나 그는 북한이 핵시설과 핵무기를 파기하지 않음은 물론 지속적으로 핵실험을 단행할 경우에도 지원을 하겠다는 의지를 표현한 것은 아니고 핵을 포기할 경우 이러이러한 지원을 할 수 있고, 민족 동질성을 형성하는 일에도 깊은 관심을 보이겠다는 명분론을 제시한 것으로 해석된다.

그러나 나는 박 대통령이 단순히 명분을 쌓기 위해 이런 주장을 한 것이라고는 생각하지 않는다. 이러이러한 지원과 동질성 회복을 위한 준비를 하고 있으니 북한이 국제사회의 책임 있는 일원으로 복귀할 것을 강력히 촉구하는 의미를 가진다고 말할 수 있다.

그 셋째는 국제협력의 강화다. 그는 미·중·러와의 정상회담에서 통일에 관한 공감대를 형성했다고 말하고 있다. 그는 더 나아가 동북아 평화협력과 유라시아 이니셔티브를 구상하고 있음을 내비쳤다.

사실 박 대통령이 첫째와 둘째 조치만을 구상하고 있다면 통일에 대한 관심과 동력이 약할 것이다. 그러나 그는 세 번째 조치를 통해 한반도 평화 통일의 주도권을 쥘 야심을 지니고 있음을 보여주었다. 다만 우리는 그 구체적인 내용을 접하지 못한 데다가 그가 탄핵에 의해 대통령직에서 물러남으로써 그것을 기대할 수 없게 되었다.

2. 통일대박론에 대한 비판론 검토

박근혜 대통령이 통일대박론을 펼치자 찬반양론이 쏟아졌다. 나는 박 대통령이 제시한 논거에 입각해서 통일대박론에 찬성하는 것은 아니지만 결론적으로 통일은 대박이라고 보기 때문에 다음에 나의 논리를 전개할 것이다.

그러나 통일대박론에 대한 반론들이 진보 그룹이나 박근혜 대통령을 무조건 반대하는 인사들로부터 속출했으므로 그것을 소개하고 그러한 주장의 문제점을 지적하고자 한다. 나의 이런 입장은 통일대박론을 사시안(斜視眼)으로 보거나 아주 과격하게 통일에 접근하려는 경향에 대한 비판의 필요성에서 나온 것이다.

첫째, 인터넷과 SNS에 쏟아진 즉흥적 비판론

인터넷과 SNS는 국경을 허물고 전 세계로 뻗어나가는 쌍방향 의사통로의 유력한 도구다. 이것은 거의 찰나에 무한대에 가까운 영역으로 자신의 생각을 전하고 다른 사람들의 생각을 점검하며, 댓글 형식으로 의견을 교환해 또 다른 여론을 형성하는 입체적이고도 종합적인 매체다.

그러나 인터넷과 SNS는 자유분방하고 경우에 따라서는 익명성이 보장되기 때문에 이것을 의도적인 여론 형성의 무대로 이용하기 위해 댓글부대나 온라인 작전부대 등이 동원돼 여론을 조작하는 역기능도 가지고 있다. 이런 점을 감안하더라도 어떤 시점의 여론 동향을 참고하는 데는 이 장르가 유용한 점은 틀림없다.

박 대통령의 통일대박론 직후 온라인에 관련 댓글이 1분에 수십 개씩 쏟아졌다. 댓글은 꼬리에 꼬리를 물며 이어졌고, 댓글끼리 공방전을 벌이는 등 이것이 뜨거운 이슈임을 적나라하게 보여주었다.

진중권 동양대 교수는 자신의 트위터에 "통일이 파친코(일본의 도박 게임)냐?"라고 비아냥댔다. 트위터의 hum****은 "대국민 기자회견에서 '대박'이라는 속어를 사용하다니, 국격이 떨어진다."고 비판했다. 트위터의 syo****는 "통일은 대박이라니, 천박의 극치다."라며 "부단한 노력과 상대에 대한 배려로 상호 신뢰가 쌓였을 때 하나 되는 것이 통일인데, 투기로 사놓은 땅값이 어느 날 갑자기 올라 졸부가 된 사람이 자기 땅을 바라보듯 통일을 생각하니 참 쓸쓸한 일"이라고 지적했다.

트위터 fi****은 "대박이라니 어휘력이랄까 수준이 통탄스러울 지경"이라고 적었다. tro****은 "부정 당선자 박근혜 씨 임기 10개월 최초 기자회견에서 '통일은 대박이다.' 용어 선택의 천박함을 넘지 못해, 또 국제적 망신"이라 했다. herr****이란 네티즌도 "통일을 보고 대박이라 표현하다니, 초딩한테 감투를 씌운 것 같다."고 했다.

그러나 박 대통령의 통일대박론에 대한 일부 네티즌의 야유 또는 비방은 야유를 위한 야유, 비방을 위한 비방의 수준을 넘어서지 못하고 있다. 모든 낱말은 그 시대의 흐름, 풍속, 습관을 반영한다. 이 때문에 유행어라는 것이 언어학의 연구 대상이 되고 있다. 대박은 속어나 비어라기보다는 유행어다.

가령 대통령이 대갈통, 머저리, 멍청이, 싸가지 없는 자, 죽일 놈, 밥맛 떨어지게 하는 자 등의 말을 쓴다면 이것은 속어나 비어라고 말할 수 있겠다. 그러나 대통령이 쓴 대박이란 말은 그 의미의 포괄성 때문에 반드시 비난받을 용어는 아니라고 나는 생각한다.

노무현 대통령이 "대통령 못해 먹겠다."고 화를 낸 사실이 있다. 이 경우 "못해 먹는다."는 말은 대통령을 뽑아준 국민에 대한 불경이요, 그런 말을 한 사람 자신의 저급한 언어습관을 암시하기 때문에 희망과 기쁨이 함축된 '대박'이라는 말과 같은 반열에 들 수 없다. 따라서 노무현 대통령을 옹호하거나 이해하면서 박근혜 대통령을 질타하는 것은 형평성의 원칙에도 맞지 않다.

둘째, 일부 언론인의 비판론

일부 언론은 자신들의 시론, 칼럼을 통해서, 또는 독자란을 통해 박 대통령을 비판하는 여론의 흐름을 형성했다. 이 가운데 탈북민으로서 동아일보사 국제부 기자가 된 주성하 씨의 시론 '통일대박론과 우리의 현실'이란 글이 이목을 끌었다. 그의 긴 글 중 주요 부분을 보자.

필자는 통일 초기의 가장 큰 문제점이 북한의 공동화(空洞化)라고 생각한다. 북한 주민들은 외국에 나가면 엄청날 거액을 벌 수 있기 때문에 필사적으로 나가려 할 것이다. 통일 10년 만에 20%가 서독으로 이주한 동·서독 사례를 참고할 때 그보다 경제 격차가 훨씬 큰 북한에선 주민의 몇 %가 해외로 나갈지 가늠조차 불가능하다.
북한의 공동화가 무서운 이유는 첫째로 북한의 미래를 책임져야 할 젊은 세대와 지식층부터 탈출할 것이라는 점이며, 둘째는 해외에 나가 2년만 자리 잡으면 북에 돌아가지 않는다는 점이다. 공동화된 북한엔 엄청난 예산을 투입해도 밑 빠진 독에 물 붓기다.

차별에 따른 남·북의 갈등을 어떻게 풀지는 공동화보다 더 어려운 장기적 숙제다. 많은 사람들은 한국이 엄청난 경제적 지원을 하고 자유와 민주주의를 안겨주면 북한 주민들이 고마워할 것이라고 생각한다. 그러나 먹고사는 걱정에서 벗어난 인간이 가장 참을 수 없는 것은 차별과 멸시다. 우리에게 지금 이런 엄청난 사회적 갈등을 풀 능력이 있을지 의문이다.

통일을 준비함에 있어서 또 하나의 중요한 고려 요소는 북한 주민들의 입장에서 통일을 생각해 보는 것이다. 통일편익도 북한 주민들의 입장에서 생각하면 또 다른 답이 나올 수 있다. 북한 주민들이 공감하지 못하는 통일 대박은 잘해봐야 남쪽만의 '반 쪽 대박'일 뿐이다.

북한 체제가 스스로 무너지지 않고 냉전체제가 계속될 수밖에 없는 현실에서는 무력통일 외의 모든 통일론은 뜬구름에 불과하다. 남이든, 북이든 어느 날 갑자기 무력통일을 달성했을 경우, 일각에서 논의된 평화통일을 전제로 한 통일의 꿈을 용도폐기하고 말 것이다.

그러나 우리는 무력통일이라는 가능성이 남아있다 할지라도 평화통일을 위한 준비를 게을리할 수는 없다. 이러한 당위론에 입각하면 박근혜 대통령의 통일대박론은 우리 국민과 우방에게 희망을 주고, 다른 한편으로는 북한 주민들에게도 흡수 통일에 대한 경계심을 일정 부분 씻어줄 수 있다.

주성하 씨가 북한의 공동화, 차별화라는 논거를 들어 박근혜 대통령의 통일대박론을 '반 쪽 대박'이라고 비유한 것은 설득력이 있어 보인다. 남과 북의 모든 구성원들이 두 손을 들어 환영하고, 실질적으로 그 꿈이 민족의 번영을 확실하게 이룰 민족의 통일의 웅대한 비전은 아직도 요원한가?

셋째, 진보적 정당인의 비판론

노동당 전 부대표요, 변호사인 김정진 씨는 '통일은 대박이다' 이런 사고의 단순함과 위험성이라는 글에서 이렇게 주장했다.

대통령 박근혜 씨의 '통일은 대박'이라는 말은 현 지배집단이 이 문제를 얼마나 단순하게 보고 있는지 말해 준다. 통속적인 의미에서 통일이 대박이 되려면 남한의 자본가와 남측 사람들이 북한을 엄청나게 쥐어짜야 성립한다.

첫째, 아마도 국유인 북한 토지를 해방 전 소유자나 구 상속인에게 환원시킬 의사가 있는 것으로 보인다. 이는 북측의 사회기반을 완전히 와해시킬 것이고 북측의 부가 남측으로 이전될 것이다. 북측에 엄청난 사회 혼란을 야기할 것이고 소송이 남발되어 통일 후에도 10년간은 북한에 대한 투자나 개발은 이루어지지 못할 것이다.

둘째, 북한에 존재하는 것으로 알려진 지하자원에 대한 대규모의 약탈이다. 통일이 되면 이 지하자원을 몇몇 남한 대기업들이 독식할 것이고 그 혜택이 북측 사람들에게 돌아갈 가능성은 별로 없어 보인다.

셋째, 북한의 저임금을 이용해 가격경쟁력을 확보한 기업들은 큰 이익을 올릴 수 있을 것이다. 그래서 상당수 공장은 북으로 이전할 것이다. 하지만 북측 사람들은 조선시대 서북사람들처럼 2등 시민으로 전락할 테니 법의 보호를 받지 못하는 사람이 속출할 것이고 그 임금 수준은 최저임금에도 못 미칠 것이다.

북한은 당장 붕괴할 것이라는 믿음을 가지고 이런 소리를 하는지도 모르겠다. 하지만 내 생각에 박근혜 씨와 같은 사고와 정책이 계속된다면 북한에서 인민봉기가 일어나서 3대 세습이 끝장나더라도 아마 그들은 친중 정권을 수립하고 차라리 중국군을 북한에 주둔시키지 결코 남측에 도움을 요청하지 않을 것 같다.

김정진 씨의 진단은 대한민국의 자본의 속성, 통치철학에 대한 강한 불신을 토대로 자신의 가상의 상황에 입각해 박근혜 대통령의 통일대박론을 비판하고 있다. 그러나 대다수 대한민국 국민은 남·북한이 통일되었을 때 북한의 낙후된 경제를 일으키기 위해서 얼마나 허리띠를 졸라매야 할 것인가를 걱정하면서도 통일이 장기적 안목에서 대한민국을 위대한 국가로 만드는 결정적 계기가 될 것으로 믿고 있다.

북한은 대한민국 자본가들의 약탈 대상만은 아니다. 자본이 흘러들어가지 않고 어떻게 북한 경제를 일으키고, 상대적 저임금을 일거에 해소할 수 있단 말인가? 그는 북한인들의 "그 임금 수준은 최저임금에도 못 미칠 것"이라고 단정함으로써 자본주의의 천박성, 잔학성을 노출시키고 있을 뿐 경제 성장 후의 기쁜 세상을 눈감고 있다고 비판하지 않을 수 없다.

넷째, 북한 당국의 비판론

북한 노동당 기관지 『노동신문』은 2014년 5월 13일 개인 필명의 논평에서 박근혜 대통령의 통일대박론을 극렬하게 비난했다. 그 표현은 다음과 같다.

> 건달뱅이(양아치)나 좋아하는 '대박'이란 말을 통일이란 신성한 말에 갖다 붙인 것은 겨레에 대한 참을 수 없는 우롱이다.
> 통일을 경제문제의 종속물로 만드는 황금만능의 썩어빠진 논리가 깔린 통일대박론은 민족의 자주권 실현을 위한 조국통일 위업에 먹칠하는 반 통일론이다.
> 박근혜는 투전판에 나선 사기협잡꾼이요, 민족의 운명 문제, 조국통일 문제를 수판 위에 올려놓고 손익을 따지는 정치 간신배다.
> 조국통일 문제의 유일한 해결 방도는 민족 분열을 꾀하는 외세를 배격하고 우리 민족끼리 힘을 합쳐나가는 것이다.

이상의 부정적인 표현에서 알 수 있듯 한마디로 말해서 북한은 박근혜 대통령의 통일대박론을 '체제붕괴론', '흡수 통일론'으로 인식해 극도의 거부감을 표출한 것으로 해석된다. 그러나 그들의 주장은 피해의식의 반영인 것 같다. 통일대박론은 무력에 의한 흡수 통일의 연장선상에 서 있는 것이 아니다.

우리는 박근혜 대통령이 무력을 동원해서 북한정권을 전복시킬 생각을 한 적도 없고, 그런 생각을 공식석상에서 비친 적도 없음을 잘 알고 있다. 그리고 현실적으로 무력통일은 미국이 결심하지 않은 이상 불가능하다. 그러므로 조선노동당의 입장은 기우에 불과하다.

나는 조선노동당의 견해와 반대로 통일대박론은 통일에 대한 한민족의
기대감을 극대화하면서 엄청난 통일 비용을 지불해야 하는 대한민국 국민
을 설득하는 슬로건이라고 해석한다.

3. 통일대박론의 원조와 평가

통일대박론의 원조는 중앙대학교 명예교수 신창민 씨다. 그는 2012년에 『통일은 대박이다』라는 책을 출판했다. 그러므로 통일대박론에 대한 일부 비판을 '통일은 대박이다'라는 말 자체를 창안하고 책 이름도 그렇게 붙인 이 책의 저자는 어떻게 생각하는가 세상 사람들의 관심으로 떠올랐다.

대한민국 검찰은 "통일은 대박이다"라고 한 박 대통령의 발언이 최순실 씨의 아이디어다라고 흘린 바 있다. 이에 대해 신창민 교수는 「매일경제」와의 2014년 5월 15일 인터뷰에서 "대통령과 최순실 씨를 연관시키는 과정에서 갑자기 '통일 대박' 이야기가 나와서 어이가 없다."고 답변했다.

이어서 그는 "지난 2012년 매경출판에서 책을 발간하면서 '통일은 대박이다'와 '통일 마스터 플랜'을 책 제목 후보로 잡아놓고 고심했다."고 전하고 "실제 통일을 준비할 젊은이들에게 의견을 구하고 대중들에게 친근하게 다가가기 위해 고민해 정했다."고 그 내력을 설명했다.

청와대도 5월 14일 '통일대박론'과 최순실 씨와의 연관성을 묻는 취재진의 질문에 "2013년 6월 민주평화통일자문회의 간부위원 간담회서 처음 언급된 신창민 교수의 책 제목을 듣고 당시 박 대통령이 머리에 와 닿았던 것"이라고 적극 해명했다.

신창민 교수는 "책에서 진정으로 이야기하고 싶었던 '대박'은 단순한 행운이 아니라 부단한 노력의 결과로 돌아오는 큰 성과"라고 풀이하고 "요즘 젊은이들은 '크게 잘됐다, 전망이 좋다.'는 표현을 흔히들 '대박'이라고

하지 않나?"라고 반문했다.

이에 앞서 「데일리NK」도 기획연재 '통일 100인에게 묻는다' 를 통해 통일헌법 준비와 통일 전후 혼란스러운 한반도를 이끌 수 있는 혜안을 가진 통일 리더십의 필요성을 강조하면서 2014년 2월 7일 신창민 교수를 만나 인터뷰했다.

신 교수는 한국사회에 통일되면 낙후된 북한을 재건하고 주민들에게 복지를 제공해야 하기 때문에 막대한 돈이 들어간다는 일종의 두려움을 갖고 있지만 실제로 한국의 경제력과 국력, 국제협력 등을 통한 통일이라면 그러한 두려움은 기우일 뿐이라고 지적했다.

신 교수는 책을 출판한 이래 미국과 캐나다 교포들의 초청으로 해외로 나가 여러 차례 자신의 '통일은 대박이다' 를 주제로 강연하며 국내외의 관심을 끌었다. 그러므로 통일대박론은 정치적 슬로건으로 그치는 것이 아니라 통일 대비론의 학문적 대안으로 자리를 잡고 있었다고 평할 수 있다.

나는 '통일은 대박이다' 라는 긍정적이고도 미래지향적인 슬로건에 전폭적인 동의를 표한다. 그러나 우리는 이러한 매력적인 슬로건에 만족하지 않고 통일이 대박이라는 존재론적 의의 외에 통일이 반드시 대박이 되도록 만들어가는 당위론적 의의를 소홀이 해서는 안 되겠다.

CHAPTER 6
이상진의 대담한 통일론

많은 사람들이 조국의 통일을 위해 나름의 견해를 표명해왔으며, 현재도 하고 있고, 통일이 될 때까지는 계속해서 새로운 견해를 밝힐 것이다. 이 중 어떤 견해는 너무 진보적이고, 어떤 견해는 너무 보수적이며, 평화 중심의 통일론도 있고, 무력 중심으로 가공의 상황을 중시하는 통일론도 있다. 이 가운데 정치인들 또한 통일을 선도하려는 듯 백가쟁명식으로 통일을 외치는 경향이 있다.

우리는 정치가 모든 이념과 정책을 선도하는 것으로 착각할 때가 많다. 이것을 정치만능 사조라 한다. 그럼에도 불구하고 정치는 국민을 분열시키고, 국민의 에너지를 탕진시키며, 통일을 가로막는 요인을 가장 많이 제공하는 경우가 한두 번이 아니다. 정권이 교체될 때마다 판이 요동쳐 걷잡을 수 없는 혼란이 조성된다. 하물며 상극의 상태로 굳어진 남·북한의 통일을 정치인들에게 맡겨서는 백년하청(百年河淸)이 될 수밖에 없다.

그러므로 나는 민족의 통일을 논함에 있어서 당장의 정치적 통합보다는 국가가 통일을 국정의 최우선 과제로 삼고 분단 70년 간 이질화되어 있는 많은 분야를 소통으로 균형을 이루고 인류의 보편적가치인 자유와 인권과 정의가 실현된 나라 건설을 목표로 민권적 차원에서 접근하는 것이 바람직하다고 생각한다. 남과 북은 자신의 체제에서 보이기도 하고 보이지 않기도 하지만 많은 갈등을 안고 있다. 더구나 남·북한은 이념 논쟁으로 정치통합을 이룰 수가 없다. 따라서 나는 경제 교류, 문화 교류, 물적·인적 교류를 통해 통일의 기반을 조성한 후 정치적 통합을 논의하는 것이 바람직하다고 믿는다.

우리는 지금은 비록 남과 북으로 갈라져 있지만 북한이 민족의 자산인

무궁한 자원(2,000조 달러)을 중국에 헐값으로 넘기는 것을 수수방관해서는 안 되며, 북한의 청소년들이 못 먹어서 키가 150m의 작은 종자로 DNA가 변하고, 몸무게가 40kg대로 떨어지는 것을 외면해서도 안 된다.

대한민국에서 살면서 상대적으로 더 평화롭고 자유로우며 부유한 우리는 부모의 마음으로 자식을 사랑하듯 전 국민이 북한 동포를 부모의 심정으로 자식처럼 또는 동생처럼 생각하여 잘 먹이고 잘 입힐 각오를 해야 한다. 기독교식으로 말한다면 하나님의 마음으로 북한 주민을 내 새끼 내 동생처럼 끌어안자는 것이다.

나는 이것을 '대담한 통일론'이라고 표현한다. 이것은 나 자신의 통일론을 자화자찬하자는 동기에서가 아니라 종래의 발상을 크게 전환해서 과감하게 구상해 보자는 취지에서 나온 것임을 미리 말해두고자 한다.

'대담한 통일론'이란 한민족이 대연합으로 웅비할 비전을 내세우고 완벽한 안보를 갖추어 북한이 남한을 무력으로 장악할 수 없음을 분명하게 한 바탕 위에서 과감한 경제 교류와 물적 인적 교류로 북한을 세계의 중심 무대로 끌어내 자유와 인권과 평화를 마음껏 누리게 하고 남과 북이 함께 힘을 모아 세계사의 가장 모범이 되는 선진 통일 국가를 만들어 내자는 데 초점을 두고 있다.

1. 한민족 대연합론

한민족의 이동 경로

한민족의 기원과 민족 이동의 경로에 대해서는 여러 가지 학설이 대립되고 있다. 우선 기원을 논할 때 우랄 알타이어족이란 사실에 입각해 이 언어를 쓴 몽골족, 만주족, 터키족을 아우르는 조상을 상정하는 학설이 있다. 이것을 북방족이라 한다. 그렇다면 몽골족, 만주족은 가까운 지역에 분포되고 있지만 터키족은 상당히 멀리 떨어져 있다. 소수 학설은 이 터키족의 일부가 동진하여 몽골과 만주에 살았다고 추정한다. 따라서 이 학설은 한민족의 기원을 터키족으로 이해한다. 실제로 터키족과 한민족은 얼굴과 체구, 그리고 몽골반점 등에서 비슷하다.

그러나 터키족이 한민족과 닮았다는 이유만으로 한민족의 기원이 터키족이라고 단정할 근거는 희박한 것으로 느껴진다. 왜냐하면 외모와 몽고점이 같다 할지라도 터키족의 원조가 바이칼 호 부근에서 한민족의 조상들과 함께 살다가 서쪽으로 이동해 현재의 터키에 정착했을 가능성도 전적으로 배제할 수는 없기 때문이다.

그러므로 나는 제4 빙하기 이후 기원전 2만 년부터 황인종 즉 북부 몽골로이드가 우랄 산맥 서쪽 바이칼 호 근처에서 살면서 혼혈을 이루었다는 학설에 주목한다. 세계에서 가장 오래된 이 호수는 둘레가 2,200km, 최대 깊이 1,742m로 세계에서 가장 넓고 깊다. 수심이 깊을 뿐 아니라 물도 맑아 40m 속까지 보인다.

바이칼 호수는 가장 차가운 호수다. 한 여름에도 1분 이상 발을 담글 수가 없다. 죽은 물고기가 부패하지 않을 정도다. 그 수정같이 맑은 물에는 세계에서 유일한 민물물개와 철갑상어 그리고 내장이 들여다보이는 투명 물고기 골로미양카가 산다. 이 천혜의 호수 부근에 몽골로이드는 보금자리를 마련했다.

이들은 빙하기에 극심한 한파가 휘몰아친 지역에서 생활했으므로 두꺼운 지방층으로 덮인 얼굴, 광대뼈, 흑갈색의 눈동자와 유아기에 둔부(臀部)와 등에 나타나는 녹색의 점(일명 몽고점)을 공통적으로 갖고 있다.

이 몽고점은 중앙유럽의 헝가리, 터키와 중앙아시아, 시베리아, 만주, 몽골, 인도 북부의 부탄과 티베트, 중국 양쯔 강 이북 지역 그리고 한국과 일본 및 아메리카 대륙의 이누이트와 아메리카 토착민에게도 공통으로 나타난다. 이것은 인류학에서 매우 중요한 의의를 지닌다.

그 뒤 바이칼 호 주변의 몽골로이드 중 우리 민족의 조상으로서 특징 지워진 동이족(東夷族)이 1만 1,000년경에 남하하여 홍산 문명을 꽃피웠다. 홍산 문명은 중국의 황하 문명보다 약 2,000 내지 1,000년 정도 앞선다. 이들이 조선족과 흉노족으로 나뉜다. 단재 신채호의『조선상고사』는 조선족과 흉노족은 3,000년 전에는 형제 동족이라고 썼다.

이 가운데 북동쪽으로 옮긴 조선족은 진(辰), 예맥(濊貊)을 거쳐 왕검성(평양)에 이르렀다. 조선족의 단군왕검이 기원전 2,333년에 건국한 나라가 우리나라 최초의 나라인 고조선이다. 고조선 후에 위만조선이 나타난다. 위만에게 왕위를 빼앗기고, 한나라의 공격을 받아 우거왕이 살해되는 등

패망의 아픔을 씹은 고구려의 지배층은 남쪽으로 내려와 경상도 지역에 진한을 세웠다고 『삼국사기』는 기록하고 있다.

　기원전 2세기 무렵에는 역시 한민족의 조상인 부여(예맥)족이 부여를 건국했고, 기원전 37년에는 부여 출신 주몽이 고구려를 건국했다. 고구려가 나당 연합군에 의해 멸망하자 고구려 유민 일부는 말갈족과 연합하여 발해를 건국했다. 발해는 한반도 북부와 만주 지방, 연해주 지방 등지를 통치했다.

　시간은 흘러 17세기 초반부터 조선인이 현재의 랴오닝 성에 정착했다는 설이 있다. 17세기 말부터 조선인이 중국 동북 지역으로 이주하기 시작했다. 당시 청나라는 동북 지역을 조상들이 유래한 곳이라 하여 비워두었기 때문에 조선인들이 이주하기 쉬운 여건에 있었다. 이들은 화전 등으로 밭을 일구거나 인삼 등을 채집하였다. 1869년에는 한반도 북부에 대규모 기근이 발생하자 많은 조선인들이 만주로 건너갔다. 청나라는 이에 대해 강력히 항의했다. 그리고 일제 강점기에는 우리 민족이 만주로 대대적으로 이동했다.

　현재 중화인민공화국에 거주하는 조선족은 200만 명 이상으로 추산된다. 이는 재미 한국인의 수에 필적하며 외국에 사는 최대의 한민족 집단이라 할 수 있다. 중국의 조선족들은 동북 지방(만주)에 집중되어 지린 성에 약 120만 명, 지린 성 동부의 연변 조선족 자치주에 약 80만 명이 살고 있다. 중국의 조선족 인구는 한족을 제외한 소수 민족 가운데 13번째로 많다.

　우리 민족은 중국뿐 아니라 러시아로도 다수 진출했다. 즉 1863년 함경북도 경원 출신 60여 명이 두만강을 건너 연해주 지신허 마을에 정착하는 것으로 첫 신호를 올렸다. 이주자는 1800년대 말에 급증했다. 1869년에는 우리 민족이 프리모르스키 지방(연해주)의 전체 인구의 20%를 차지하기에 이르렀다.

연해주의 경우 시베리아 횡단철도가 완성되기 이전에 극동 러시아의 우리 민족이 러시아인보다 많았으며, 지방 관리는 그들에게 귀화를 종용하였다. 1897년의 러시아 제국의 인구 조사에 의하면, 러시아 전체에서 조선말을 하는 사람들이 2만 6,005명(남자 1만 6,225명, 여자 9,780명)이었고, 1902년에는 3만 2,000명을 넘었다. 러시아에 진출한 우리 민족은 중국에 진출한 우리 민족을 조선족이라고 부르는 것과는 달리 고려인이라고 불렀다. 여러 도시에 고려인 마을과 고려인 농장이 있었다.

러시아의 10월혁명과 동아시아에서의 공산주의의 성장과 함께, 시베리아는 일본에 대항하기 위한 재소련 조선인의 독립군 양성의 터전이 되었다. 1919년, 블라디보스토크의 신한촌에 모인 조선의 지도자들이 3·1운동을 지원하였다. 이 마을은 군대의 보충을 비롯한 민족주의자들의 근거지가 되었다. 하지만 1920년 4월 4일에는 일본군이 신한촌을 공격하여 수백 명이 사망하는 등 마을이 피로 물들었다.

그러나 스탈린은 1937년에서 1939년 사이에 대대적인 숙청을 단행해, 500만 명을 체포하고 그중 40~50만 명을 처형함과 아울러 17만 2,000명의 고려인들을 일본인과 접촉하는 간첩 혐의가 있다는 이유로 카자흐스탄과 우즈베키스탄으로 강제 이주시켰다. 낯선 땅으로 옮겨진 고려인들은 실망하지 않고 관개 시설을 설치한 후 벼농사를 시작했다. 그들은 3년 이내에 이역에서 생활의 터전을 마련하는 등 억센 기질을 과시했다.

소련이 해체된 후 러시아를 비롯한 옛 소련 영토에는 50여 만 명의 고려인들이 살고 있다. 그 상황을 좀 더 구체적으로 살피면 우즈베키스탄 17만 6,000명, 러시아 10만 8,000명, 카자흐스탄 8만 명, 키르기스스탄 1만 5,000명, 우크라이나 1만 3,000명, 타지키스탄 6,000명, 투르크메니스탄 3,000명 등이다.

한민족의 대통일

바이칼 호에서 발원한 우리 민족은 남·북한을 비롯해 중국의 동북 3성, 러시아의 연해주와 중앙아시아 등에서 민족의 원형질(原形質)을 형성하면서 심리적으로 민족공동체를 형성하고 있다.

우리는 우리 민족과 인연이 깊은 이 지역을 군사력으로 획득할 수는 없다. 그러나 우리는 대망의 통일한국을 이루었을 때 어떻게 이 광활한 지역을 종횡으로 엮어 우리의 영토처럼 활용할 것인가?

첫째, 통일한국은 만일 중국의 소수민족들이 중국의 강압적인 통치체제에 반발해서 희생을 치르면서 독립할 경우에 동북 3성 조선족 자치주를 흡수할 수 있도록 만반의 준비를 제안한다.

중국은 강력한 군사력으로 소수민족의 투쟁을 탄압해왔다. 2008년 3월 시작된 티베트인들의 평화시위에 대해 중국 정부는 폭력으로 제압했다. 특히 티베트 수도 라싸에서 발생한 티베트족들의 항쟁과 이어진 중국 정부의 강경 진압은 전 세계적으로 엄청난 파장을 불러왔다. 티베트인들은 1959년과 1980년대에 대규모 항쟁과 거리 시위를 벌인 바 있다.

신장 위구르인들도 여러 차례 격렬한 데모를 벌였다. 그들은 티베트인들의 항쟁이 계속되는 동안 중국 경찰을 향해 공격하는 등 중국의 강압적 지배에 노골적인 불만을 표시했다.

중국에 포진한 55개 소수민족은 아직까지는 산발적인 데모를 벌여왔지만 중국을 향해 일제히 독립운동을 벌이면 엄청난 파장을 전 세계에 불러올 것으로 예상된다. 미국이 이것을 부추기고, 비밀리에 소수민족을 지원하면 중국의 분열도 가능할 것으로 보인다. 이 과정에서 대규모 유혈 충돌이 벌어질 것은 분명하다. 그러나 "혁명의 나무는 피를 먹고 자란다."는 말이 있듯이 유혈은 불행하지만 혁명 또는 독립을 이루는 촉발제로 작용하는 경우가 있다.

통일한국은 중국의 소수민족이 간헐적으로, 또는 연대하여 독립운동을 벌여 엄청난 희생을 통해 독립하는 과정에서 조선족 자치주로 독립한다면 동북 3성에 거주하는 조선족과의 협약에 의해 영토를 흡수해 확장할 가능성에 대비해야 할 것이다.

이것은 옛 소련이 25개국을 하나로 묶어 소비에트연방공화국을 건설했으나 미국 고도의 외교 정책과 고르바쵸프의 개혁·개방 정책에 의해 러시아만 남고 한방에 깨져나갔던 것을 기억해야 한다.

둘째, 통일한국은 강력하게 성장한 국력을 바탕으로 극동아시아, 중앙아시아, 몽골 등과 우호관계를 더욱 증진하여 원대한 꿈을 되찾을 수 있다.

우리 민족이 가장 먼저 찾아간 러시아 영토는 연해주였다. 이곳은 고려인들의 생활의 근거지였으며, 반일 독립운동의 아지트이기도 했다. 지금도 많은 고려인들의 후예들이 여기에 살고 있다. 그러나 연해주는 모스크바로부터 너무 먼 거리에 있으므로 치안상태가 불안하고 경제적으로도 낙후되어 있는 것이 사실이다.

그럼에도 불구하고 이 지역은 광활한 초원지대가 펼쳐져 있어서 농업을 진흥하고, 겨울에도 얼지 않는 블라디보스토크 항을 끼고 있기 때문에 한국인과 한국 기술, 그리고 한국 자본의 진출을 기다리고 있다. 적지 않은 한국인들이 그동안 연해주 개발에 참여했지만 여러 가지 난관 때문에 답보상태다. 그러나 통일된 한국은 이러한 난관을 얼마든지 극복할 수 있다.

통일한국은 연해주에 우리 민족이 진출했고, 현재도 많이 살고 있기 때문에 이 지역과는 강력한 연고를 형성하고 있다. 여기에 자본과 기술이 뛰어난 한국인이 대대적인 개발에 참여할 경우 상대적으로 소외된 동북 러시아를 섬광처럼 반짝이게 할 수 있다. 이것은 러일전쟁에서의 참패로 일본에 대해 좋지 않은 감정을 갖고 있는 러시아가 한국인을 통해 일본을 견제할 기회도 부여한다는 점에서 또 다른 의의를 획득한다.

고려인들이 가장 많이 살고 있는 중앙아시아, 특히 우즈베키스탄과 카자흐스탄은 우리에게 필요한 석유와 가스가 풍부하다. 그들은 우리의 우수한 기술과 경제적 도약을 모델로 삼고자 한다. 우리는 기술과 자본을 투입하고, 그들은 석유와 가스를 합리적인 가격으로 제공하면 상호 이익이 된다.

더구나 통일한국과 중앙아시아 제국의 우호증진은 스탈린의 민족 말살 정책에 입각한 고려인 강제 이주 정책으로 열악한 땅으로 쫓겨나 피눈물을 흘리면서 땅을 개간해 옥토로 바꾸고 소련의 법과 제도에 적응하면서 강인한 생활인으로서의 모범을 보인 고려인들과 러시아인을 화해시킨다는 의미도 있다. 역사의 상처를 화해로 씻고 함께 번영한다는 것은 얼마나 아름다운 일인가.

뿐만 아니라 통일한국은 몽골을 중시해야 한다. 한 때 동북아시아와 유럽까지 지배했던 칭기즈칸의 후예들은 중국과 소련에 의해 여러 차례 집단 처형을 당하는 등 극심한 탄압을 받았다. 몽골은 이런 아픔 때문에 국력이 급격히 쇠퇴하고 후진국으로 전락해 심한 좌절감에 젖고, 곤궁한 생활을 면치 못하는데다 혹한에 사기까지 위축되고 있다.

역사적으로 몽골은 8차례나 우리나라를 침범해 국토를 황폐화하고 인명을 살상했으며 건물을 파괴하고, 특히 부녀자들을 닥치는 대로 강간했다. 몽골군으로 인해 우리는 20만 명이나 학살당했고, 26만 명이 포로로 1만 리가 넘는 먼 길을 끌려갔으며, 끌려간 우리 여성은 공창의 창녀로 전락했다. 이러한 역사를 우리는 망각할 수 없다.

그러나 몽골인들은 낙후된 경제를 성장시켜야 한다는 절박감에다 한국인들의 성실성과 높은 과학기술, 그리고 막강한 경제력을 부러워하는 한편, 지난날 그들이 우리를 괴롭힌 데 대한 속죄의 마음 때문에 다른 나라 사람들보다 친숙하게 대하고 우리의 도움으로 많은 혜택을 받아왔다.

특히 몽골은 세계 10위(매장량 기준) 광물자원 부국이다. 예를 들면 석탄

1,750억 톤으로 세계 4위, 구리정광 5,500만 톤으로 세계 2위, 철광석 15억 톤, 몰리브덴 3만 톤으로 세계 11위, 원유 450억 배럴이 매장되어 있다. 이밖에도 우리나라 기술진은 몽골에서 금, 은, 우라늄, 철, 형석, 아연, 희토류 등 총 80여 종 광물을 탐사했다.

몽골은 2013년에 금 3.1억 달러, 석탄 11.2억 달러, 구리 9.5억 달러, 철광 6.5억 달러, 석유 5.1억 달러를 수출했다. 광산업은 몽골 GDP의 20.7%, 총 산업생산의 63%, 총 수출의 94%를 차지할 정도로 비중이 크다. 그러므로 우리는 몽골에 각별한 관심을 갖고 상부상조의 정신으로 서로 도우면서 성장의 속도를 높일 필요가 있다.

통일한국은 이처럼 동북 3성, 연해주, 중앙아시아, 몽골, 북한과 남한으로 이어지는 광활한 지역과 경제기술 연합을 거쳐 경제기술 자원을 통합해 단일시장을 형성하고, 이어서 정치연합을 거쳐 이들 국가와 연합 또는 연방국가를 이룩하는 방법을 모색해야 한다. 그리하여 '한민족민주연방공화국'이라는 이름으로 건국한다면 이 얼마나 웅대한 꿈인가?

예상되는 난관의 극복 방안

우리 속담에 '사촌이 땅을 사면 배가 아프다'는 말이 있다. 해방 공간에서 유행한 말 중에 '미국 놈 믿지 말고, 소련 놈에게 속지 말자. 일본 놈 일어난다.'는 말이 있었다.

우리가 반성할 점은 남 잘되는 꼴을 못 보는 성미가 있기 때문에 사촌이 논을 사도 배가 아플 정도로 시기와 질투를 한다는 것이다. 참으로 아프지만 요절복통할 이야기다.

그리고 '미국 놈 믿지 말고'는, 'ㅁ' 발음, '소련 놈에게 속지말자.'는 'ㅅ' 발음, '일본 놈 일어난다.'는 'ㅇ' 발음을 끌어들여 외세의 속성에 경각심을 불어 넣어주었다. 이것은 오늘날에도 귀담아 들어야 할 경구다.

만일 통일한국이 동북아시아의 소외지대인 극동 러시아, 몽골, 중앙아시아(우즈베키스탄, 카자흐스탄 등)와 연합국을 형성한다면 앞장서서 반대할 국가는 두말할 필요 없이 러시아, 중국, 일본, 미국일 것이다.

러시아는 옛 소련이 붕괴한 후 연방 국가들의 탈퇴로 큰 충격을 받았다. 그런데 극동 아시아와 유일한 연결고리인 극동 러시아마저 독립해 통일한국과 연합하면 자신의 입지가 상대적으로 좁아질 수밖에 없기 때문에 아주 싫어할 것이다.

일본은 조선을 병탄해 대륙으로 치고 올라갈 교두보를 확보한 경험이 있는 데다가 통일한국이 블라디보스토크를 포함해 몽골, 중앙아시아의 우즈베키스탄, 카자흐스탄 등과 연합하면 자신의 세력이 크게 약화될 것은 명확하다고 판단할 것이다.

중국은 동북공정(東北工程)을 통해 고조선이 개척한 역사적 공헌을 부정하고 자신들이 고구려까지 지배한 것처럼 위조하는 판에 통일한국이 동북3성을 집어 먹고, 몽골, 북동 러시아, 중앙아시아의 주요 국가들과 연합하면 쌍심지를 돋우면서 반대하리라는 것은 경험칙상 명확하다.
다만 미국은 태평양을 사이에 두고 아시아를 원격조종하면서 통일한국이 자신의 품 안에서 자라기를 바라므로 연합국가를 무조건 반대하지는 않겠지만, 이러한 연합 국가를 형성하려는 통일한국의 시도가 이웃 국가들의 극심한 반발로 분규나 전쟁이 빈발하면 그 배후를 의심받아 자신에게 불똥이 튈 것이므로 자제를 요청할 가능성을 배제할 수 없다.

이상과 같이 4대 열강은 지금까지 한반도 정책에서 보여 왔듯이 서로 길항(拮抗) 작용을 하면서 견제와 균형의 공식을 적용하기 위해 부심할 것으로 예상할 수 있다. 우리는 4대 강국이 통일한국의 대연합 구도를 깨기 위해 교묘한 방해공작을 할 것이라는 것을 전제로 지금부터 대비해야 한다.

무엇보다도 우리는 외부적 장애 요인에 앞서 내부적 장애 요인을 극복해야 할 것이다. 민족 지도자들은 외세에 업히거나, 외세를 끌어들여 자신의 이익을 꾀하고 민족의 진로에 먹구름을 끼게 했던 지난날의 아픈 역사를 되풀이하지 않아야 한다. 통일한국에서 영향력을 끼칠 사람들이 친미파, 친일파, 친중파, 친러파로 갈라져 다툰다면 우리나라가 다시 외세의 꼭두각시가 되지 말라는 법이 있겠는가?

만일 우리가 천신만고 끝에 통일한국을 이루었다 할지라도 다시 4대 강국의 손에 놀아나는 괴뢰가 되고 만다면 우리에게 한민족 대연합이라는 위대한 꿈을 실현할 기회는 다시는 찾아오지 않을 것임을 명심해야 한다. 통일했다가 분단된 후 다시 통일했지만 여전히 가난을 면치 못하는 일들이 지속되고 있는 예멘의 경우를 우리는 상기해야 한다.

서양 속담에 '아침에 일찍 일어나는 새가 벌레를 많이 잡는다.'는 말이 있다. 우리는 이처럼 남보다 일찍 어려운 고비를 넘어설 준비를 하고 적절한 시점에 이것을 활용할 수 있어야 한다. 절실한 꿈을 꾸고 기어이 이것을 성취할 각오가 단단한 사람은 성공할 확률이 높다.

강대국들이 경쟁적으로 통일한국을 분열시키기 위한 공작을 하고, 달콤한 사탕발림으로 우리를 자기편으로 끌어들이려고 혈안이 되었을 때 우리는 그 사탕이 나에게도 유리하고, 민족 전체에게도 유리한지, 그 사탕이 나에게는 불리한데 민족 전체에게는 유리한지, 그 사탕이 나에게는 유리한데 민족 전체에게는 불리한지, 그 사탕이 나에게도 민족 전체에게도 불리한지 냉정히 판단하고 행동하는 것이 바람직하다.

나는 우리 민족이 외세의 방해공작을 극복하는 방안을 네 가지로 생각해 본다. 그것은 단결력, 외교력, 군사력, 경제력이다.

첫째, 우리는 다이아몬드처럼 소중하고 단단하게 손을 잡아야 한다.

우리나라는 조선시대에 4색 당파 싸움으로 날을 지새우면서 국력을 탕진했으며, 대원군의 쇄국정책으로 해외의 문물을 차단한 채 까막눈이나 멍청이가 되었다가 일본에 의해 병합된 채 36년간이나 피눈물을 흘리며 해방을 길구했나. 분열과 부지가 나라를 망친다는 뼈저린 교훈을 우리가 어찌 잊겠는가?

그리고 우리나라는 해방이 되자마자 미국과 소련이라는 외세에 의해 분단되어 찢어질 대로 찢어진 채 6·25전쟁이라는 민족상잔의 비극을 맞아 죽을 고비를 헤아릴 수 없이 겪었다. 분열과 야합과 파괴를 일삼은 해방공간의 대한민국 지도자들, 소련이라는 외세를 등에 업고 공산화 통일을 달성하려는 헛된 꿈을 꾼 김일성과 그 일파들에게 비극의 책임이 돌아간다.

우리는 통일한국에서는 그러한 망상과 부작용을 절대로 반복해서는 안된다. 위로는 지도자에서부터 아래로는 평범한 서민까지 통일한국의 엔진이 되고 바퀴가 되어 함께 나아가야 한다. 아니 통일한국에서는 지도자와 서민의 차이 없이 손에 손을 잡고 웅대한 장정의 역군이 되어야 마땅하다.

둘째, 우리는 탁월한 외교력을 발휘해야 한다.

우리나라는 일제 강점기에 한쪽에서는 항일 무력투쟁을, 다른 쪽에서는 외교를 통한 국제협력의 강화를 추구했다. 전자를 김구, 후자를 이승만이 대표했다. 극한상황에서는 둘 다 필요하다. 그러나 전자를 추종하는 쪽은 후자를 타협주의자라고 매도하고, 후자를 선호하는 쪽은 전자를 폭력주의자라고 업신여겼다. 그 결과 투쟁 노선을 둘러싸고 얼마나 심한 갈등을 빚었던가? 그것이 해방공간에서는 폭력으로 노출되고, 정치의 현장을 피로 물들이기도 했다.

그럼에도 불구하고 우리 민족이 통일한국을 이룬다면 무력 투쟁과 외교적 협상 가운데 후자를 더 중시할 수밖에 없다. 왜냐하면 통일한국의 거보는 전쟁이 아닌 외교를 통해서만 힘을 얻을 수 있기 때문이다. 외교는 오해를 풀고, 이해를 증진하는 수단이요, 증오를 삭이고 사랑을 심는 방법이다. 외교는 전부 아니면 전무를 버리고 서로가 조금씩 양보하여 원원을 성취하는 차선의 방책이다.

우리는 다양한 외교 채널을 동원해 4대 열강의 방해공작을 누그러뜨리고 때로는 이이제이(以夷制夷)의 전술을 동원해서라도 욕심꾸러기 나라를 요리해야 하거나 그 외의 강국 즉 영국, 프랑스, 독일, 캐나다, 이탈리아, 인도 등의 협조를 얻어 4대 강국 중 독불장군을 견제할 필요가 있다.

셋째, 우리는 막강한 군사력을 보유해야 한다.

흔히 비둘기가 평화를 가져다주는 것으로 오해하는 사람들이 있다. 평화주의자들이 일방적인 무장 해제나 일방적인 군비 축소를 주장하면서 우리가 평화를 표방하면 상대방도 그렇게 나와 평화로운 세상이 될 것이라고 전망한다. 그러나 인류 역사상 요순시대를 제외하고는 그런 세상이 온 적이 없다. 무기 없는 세상은 백일몽의 세계에서나 가능한 허황된 꿈이 아니겠는가?

군사적으로 강한 나라가 독단과 편견과 이기심에 사로잡힌 나머지 약한 나라를 총칼로 짓밟은 사례가 우익에서는 히틀러, 무솔리니, 도조 시대에 있었고, 좌익에서는 스탈린, 마오쩌둥 시대에 있었다. 오늘날 유엔은 강대국의 이러한 팽창 야욕을 견제하고 응징하는 장치를 마련해 두고 있다.

한편 우리는 강력한 군사력이 평화를 유지하는 기반이라는 사실도 안다. 평화는 강력한 군사력이 아와 적 간에 균형을 이루거나 아가 적보다 우세할 때 적이 감히 침범하지 못하는 상황에서 유지된다. 총칼은 평화와 반대 개념이지만 총칼이 없으면 평화가 없다는 이율배반(二律背反)의 논리, 이것이 우리가 살고 있는 이 세계의 현실이다.

통일한국은 남·북한의 병력을 줄이되 첨단 무기를 도입하고, 사정이 허락하는 한 핵무기를 개발한다면 오늘날 남·북한의 군사력을 합한 것보다 더 강력한 군사력을 보유하여 군사 면에서 미국, 일본, 중국, 러시아 등 4대 강국에 이어 5대 강국으로 도약할 수 있다. 그래야만 우리는 4대 강국에게 견제당하고, 때로는 농락당하며 모욕을 겪었던 지난날의 치욕으로부터 해방될 수 있다.

넷째, 우리는 비약적인 경제력을 만천하에 과시해야 한다.

대한민국은 분단이라는 불리한 상황에서도 이승만 대통령이 국가의 주춧돌을 놓고 박정희 대통령이 국가의 기둥을 세워 경제적으로 10위권의 선진국으로 올라섰다. 이것은 두 대통령뿐 아니라 국가의 발전을 위해 노심초사하면서 역량을 총동원한 각 분야의 전문가, 국방을 위해 헌신한 군인, 치안을 유지하기 위해 불철주야 고생한 경찰관, 국리민복을 위해 노고를 아끼지 않은 공무원, 그리고 생활전선에서 희망을 잃지 않고 노력한 노동자, 농민, 자영업자들의 땀과 눈물의 결과다.

통일한국은 대한민국의 자본과 기술, 북한의 노동력과 자원을 합해서 상승작용을 일으키면서 애국 애족으로 뭉쳐 땀과 눈물을 더욱 흘려 일하면서 앞만 보고 나아간다면 통일을 이룬 지 10년 안에 미국, 중국, 일본, 독일 등에 이어 세계 7위의 경제 대국으로, 20년 안에 5위로 우뚝 설 것이라고 나는 전망한다.

이 가공할 경제성장의 원동력이 미·중·일·러라는 4대 강국의 이해관계에 따른 견제와 간섭을 물리치고 통일한국을 이들과 어깨를 나란히 하는 존재로 확실하게 위상을 정립시킬 것이다. 통일한국은 경제 규모를 이렇게 키우면 4대 강국의 입김에서 벗어나 북동 러시아, 몽골, 중앙아시아로부터 러브콜을 받으면서 강한 유대를 형성할 수 있다.

통일한국의 지도자들은 아름답고 웅혼(雄渾)한 꿈을 실천에 옮기면서 절대로 사심을 끼워 넣어서는 안 된다. 만일 사특하고 음험한 자들이 지도자를 사칭하고 나선다면 국민은 그들을 설득하고, 그래도 말을 듣지 않으면 정치 현장에서 영원히 도태시켜야 마땅할 것이다.

뿐만 아니라 통일한국에서는 경제계, 종교계, 학계, 언론계, 예술계, 노동계, 여성계 등 각 분야의 지도자들이 민족의 백 년 아니 천 년 대계를 위해 모든 에너지를 응집시키는 데 경쟁적으로 앞장서야 한다. 이 도도한 대열을 막을 자는 없다.

'뭉치면 살고 흩어지면 죽는다.' 고 역설한 건국 대통령 이승만 박사를 우리는 잊을 수 없다. 철통같이 뭉치면 강대국들도 우리를 방해하는 데 한계를 느껴 두 손을 놓으리라. 그러나 반대로 우리가 서로 헐뜯고 서로 발목을 건다면 강대국들은 억센 손아귀 안에 우리를 집어넣고 흔들어댈 것이다.

2. 완벽한 안보론

완벽한 안보란 무엇인가?

완벽한 안보란 단 한 치의 빈틈도 없는 완전무결한 안보 태세를 의미한다. 신이 아닌 인간이 완전을 추구한다는 것은 무리일 수 있다. 그러나 인간이라 할지라도 빈틈의 여지가 없는 안보태세를 구축할 수 있다. 인간으로서 갖출 수 있는 최선의 지고한 안보를 향한 우리의 걸음은 멈출 수 없다.

그럼에도 불구하고 완벽한 안보론에 대해 '수구 꼴통'이라고 터무니없는 비난을 쏟아 내거나, 완벽한 안보론은 남·북 대결구도를 심화시켜 결국 전쟁으로 나가자는 것이냐고 힐난하는 사람들이 있다. 그들은 완벽한 안보론을 반 평화론(反 平和論)으로 몰아붙이는 등 폭언을 일삼는다.

대한민국은 해방공간에서부터 조선민주주의인민공화국과 대척점(對蹠點)에 서 있었다. 자본주의와 공산주의라는 상반된 이데올로기가 우리들의 의식을 지배하고, 사회의 모든 분야에서 적대감마저 불러일으킨 것은 사실이다. 그러나 대한민국이 안보를 소홀히 한 채 북한에게 흡수 통일되면 국가의 존립마저 허물어지고 만다. 따라서 해방 후의 주요 정치 거목들은 안보의 중요성을 되풀이해서 강조하고 있다. 우리는 이 점에 주목해야 한다.

초대 대통령 이승만 박사는 연설과 달필인 휘호로 안보의 중요성을 수시로 강조했다. 그의 명쾌한 안보관은 북진 통일(北進統一)이라는 한마디에 압축돼 있다. 맥아더 장군의 인천 상륙작전이 성공한 후 국군과 유엔군은

38선 이북으로 물밀듯이 올라가 인민군을 물리치고 압록강이 가로막은 만포와 강계까지 이르러 수통에 압록강 물을 담는 일대 개가를 올렸다. 이승만 대통령의 북진 통일이 대망의 통일을 가져오기 일보 직전이었다.

그러나 중공군이 개입하여 인해전술로 끝없이 내려오므로 유엔군과 국군은 피눈물을 흘리면서 후퇴할 수밖에 없었다. 1951년 1월 4일 서울 시민들은 다시 후퇴하고 적은 남으로 진격하면서 쌍방 간에 막대한 피해를 남겼다. 그 후 우여곡절 끝에 1953년 7월 정전협정이 체결되어 일단 전쟁은 멈추게 되었다.

그러나 이승만 대통령은 정전협정 이후에도 북진 통일에 대한 신념을 견지했다. 특히 그는 부대를 방문할 때마다 '大同團結, 統一達成(다 같이 뭉쳐서 통일하자.)', '統一最先(통일이 제일 먼저다.)', '鴨綠豆滿 唾手完還(압록강과 두만강을 우리 힘으로 완전히 찾겠노라.)', '還我山河(우리 산하를 찾아오자.)', '知彼知己 百戰百勝(적을 알고 나를 알면 백 번 싸워서 백 번 이긴다.)' 등의 휘호로 장병들을 격려했다.

박정희 대통령은 1975년 1월 1일 신년사에서 "지금 우리가 당면하고 있는 중대 시국을 올바로 인식하지 못하고 국론의 분열만을 일삼게 된다면 국가의 안전 보장은 또다시 정권 투쟁의 제물이 되어 북괴 공산주의자들의 재침을 자초하는 비극을 낳게 될 것이다."라고 경고했다.

박 대통령은 "과거 우리 조상들은 난국을 내다보면서도 설마 하는 안일한 생각과 당쟁 때문에 국가 안보를 소홀히 하여 급기야는 민족사에 커다란 오점을 남긴 일이 한두 번이 아니었다."고 지적한 후 "유감스럽게도 작금의 일부 동태로 미루어볼 때 근본적인 상황은 그때나 지금이나 크게 다를 바 없다는 우려를 낳고 있다."고 강조했다.

군 출신으로서 역대 어느 대통령보다 안보관이 투철했던 박정희 대통령은 이와 관련된 많은 휘호도 남겼다. 그의 대표적 휘호 '내 일생 조국과 민족을 위하여'는 경제 성장과 국가 안보를 아울러 중시한 그의 신념의 응결체다. 이밖에 '富國强兵(국가를 부유하게 국방을 강하게)', '必死則生 必生則死(죽기를 각오하면 살 것이요, 살려고 하면 죽는다.)', '有備無患(대비하면 환란 없다.)', '國論統一 總力安保(국민의 생각을 통일해 안보에 총력을 기울이자.)' 등으로 안보 의식을 일깨웠다.

또한 한미 동맹의 일원으로서 최근에 미국 대통령으로 당선된 도널드 트럼프 대통령은 2017년 3월 6일 한국과 일본의 안보에 대해 "미국은 철통같이(ironclad) 전념하겠다."고 밝혔다. 사실 한국과 일본이 북한의 위협에 맞서 동북 아시아의 안전을 도모하려면 자국의 군사력만으로는 역량의 한계를 느끼지 않을 수 없다. 그러므로 트럼프 대통령은 한·미 및 미·일 동맹의 중요성을 일깨움과 아울러 그 약속을 천명한 것이다.

내가 언급하는 완벽한 안보란 이승만, 박정희 대통령의 강력한 안보관과 트럼프 대통령의 확고한 한미 동맹 수호 결의를 합한 것에 국민이 이에 적극 참여하는 한국 현대사상 가장 굳건하고 물샐 틈 없는 안보관을 의미한다. 국가 안보는 바늘귀 하나만큼의 구멍에 의해서도 무너질 수 있다.

한미 동맹의 강화

이승만 대통령은 루즈벨트 미국 대통령과 여러 차례 마찰을 겪으면서도 한반도를 점령하려는 소련이 그 대리인으로 내세운 김일성 주석에 맞서 한반도를 공산화의 위험에서 구하기 위해 미국을 끌어들여 강력한 한미 동맹을 구축했다. 어떤 사람들은 이승만 대통령을 '미국의 괴뢰'라고 근거 없는 혹평을 퍼붓지만 이런 주장은 이 대통령이 미국의 말을 잘 안 들어 6·25전쟁 중 미국이 한국군의 일부 장성들을 움직여 이 대통령을 제거하려 한 사실도 있는 만큼 전혀 부당한 것임은 두말할 필요가 없다.

6·25전쟁은 유엔군이 참전하지 않았더라면 군인과 무기가 압도적으로 우세한 조선 인민군에 의해 대한민국이 점령돼 공산화 통일을 이룩할 절체절명의 위기였다. 전쟁은 동족상잔의 비극을 확대재생산하면서 3년 동안 이어졌다. 그 가운데 북진 통일을 주장하던 맥아더 사령관이 경질되고 전쟁이 장기화되면서, 미국 본토에서는 무의미한 전쟁을 질질 끌지 말고 '휴전협정하고 빨리 끝내자.'는 분위기가 형성되었다.

그러나 국제 정치의 역학 관계를 예리하게 주시하던 이승만 대통령은 휴전 후 UN 연합군이 철수하면 잿더미만 남은 남한은 짧은 시간 내에 북한의 재침공으로 적화가 될 것이라고 판단했다. 때문에 1953년 6월 17일 당시 미국 브릭스 대사와의 회동에서 휴전 후에도 한국의 목숨을 지켜 줄 상호방위조약을 맺어야 한다고 주장했다.

당시 고립주의를 외교 노선의 기반으로 삼고 있던 미국은 이러한 이승만의 제안을 탐탁지 않게 여겼다. 미국에서 공부하고, 박사학위를 받았으며,

미국인의 생리를 잘 알았던 이승만 대통령은 휴전 협상이 계속되던 1953년 6월 18일 약 2만 5,000명의 반공 포로를 돌연 석방했다. 이 조치에 크게 놀란 미국은 이승만을 '약속 위반자'라고 비난했다.

그럼에도 불구하고 이승만 대통령은 상호방위 약속을 해주지 않으면 휴전 협상 주체의 의지와는 관계없이 단독으로라도 북진 통일을 하겠다고 선언했다. 미국은 조약을 맺는 조건으로 휴전에 응할 것을 이 대통령에게 제시했다. 그리하여 1953년 7월 휴전 협상이 체결되었다.

미국 정부와 이승만 정부는 1953년 8월 3일 한미동맹에 관한 협상을 시작했다. 양측은 8월 8일 최종안을 서울에서 가조인했다. 이승만은 이날 "이 조약으로 우리 후손들은 많은 혜택을 볼 것이다."라고 환호했다. 이 조약은 대한민국의 변영태 외무장관과 미국의 존 포스터 델레스 장관이 조인하고 삽입조항에 의견이 엇갈려 1954년 11월 18일에 정식 체결되었다. '대한민국과 미합중국 간의 상호방위조약'으로 일컬어지는 이 문서의 전문은 다음과 같다.

본 조약의 당사국은, 모든 국민과 모든 정부가 평화적으로 생활하고자 하는 희망을 재확인하며, 또한 태평양 지역에 있어서의 평화 기구를 공고히 할 것을 희망하고, 당사국 중 어느 1국이 태평양 지역에 있어서 고립하여 있다는 환각을 어떠한 잠재적 침략자가 갖지 않도록 외부로부터의 무력 공격에 대하여 자신을 방위하고자 하는 공동의 건의를 공공연히 또한 정식으로 선언할 것을 희망하고, 또한 태평양 지역에 있어서 더욱 포괄적이고 효과적인 지역적 안전보장 조직이 발달될 때까지 평화와 안전을 유지하고자 집단적 방위를 위한 노력을 공고히 할 것을 희망하여 다음과 같이 동의한다.

제1조 당사국은 관련될지도 모르는 어떠한 국제적 분쟁이라도 국제적 평화와 안전과 정의를 위태롭게 하지 않는 방법으로 평화적 수단에 의하여 해결하고 또한 국제관계에 있어서 국제연합의 목적이나 당사국이 국제연합에 대하여 부담한 의무에 배치되는 방법으로 무력으로 위협하거나 무력을 행사함을 삼가할 것을 약속한다.

제2조 당사국 중 어느 1국의 정치적 독립 또는 안전이 외부로부터의 무력 공격에 의하여 위협을 받고 있다고 어느 당사국이든지 인정할 때에는 언제든지 당사국은 서로 협의한다. 당사국은 단독적으로나 공동으로나 자조(自助)와 상호 원조에 의하여 무력 공격을 저지하기 위한 적절한 수단을 지속 강화시킬 것이며 본 조약을 이행하고 그 목적을 추진할 적절한 조치를 협의와 합의하에 취할 것이다.

제3조 각 당사국은 타 당사국의 행정 지배하에 있는 영토와 각 당사국이 타 당사국의 행정 지배하에 합법적으로 들어갔다고 인정하는 금후의 영토에 있어서 타 당사국에 대한 태평양 지역에 있어서의 무력 공격을 자국의 평화와 안전을 위태롭게 하는 것이라 인정하고 공통한 위험에 대처하기 위하여 각자의 헌법상의 수속에 따라 행동할 것을 선언한다.

제4조 상호적 합의에 의하여 미합중국의 육군, 해군과 공군을 대한민국의 영토 내와 그 부근에 배치하는 권리를 대한민국은 이를 허여(許與)하고 미합중국은 이를 수락한다.

제5조 본 조약은 대한민국과 미합중국에 의하여 각자의 헌법상의 수속에 따라 비준되어야 하며 그 비준서가 양국에 의하여 워싱턴에서 교환되었을 때 효력을 발생한다.

제6조 본 조약은 무기한으로 유효하다. 어느 당사국이든지 타 당사국에 통고한 후 1년 후에 본 조약을 종지(終止)시킬 수 있다.

이상의 증거로서 하기 전권위원은 본 조약에 서명한다. 본 조약은 1953년 10월 1일 워싱턴에서 한국문과 영문 두 벌로 작성되었다.

대한민국을 위하여 변 영 태
미합중국을 위하여 존 포스터 덜레스

한미상호방위조약은 문자 그대로 대한민국을 지켜낸 결정적인 조약이다. 이것이 있기에 핵무기를 개발해온 북한이 제2의 6·25전쟁을 감행하지 못한 채 주한미군 철수와 휴전 협정의 평화 협정으로의 대체를 줄기차게 외쳐오고 있다. 이것은 철벽과 같은 안보를 가능케 하는 결정적인 방어망이다.

한미상호방위조약보다는 하위 개념이지만 전시작전통제권도 대한민국을 지키는 데 결정적인 역할을 해오고 있음을 우리는 주목해야 한다.

이승만 대통령은 전쟁이 일어난 지 한 달이 못된 1950년 7월 14일 한국군의 지휘권을 맥아더 극동사령관 겸 UN군 사령관에게 위임했다. 미국은 7월 16일에 이를 확인함으로써 주한 UN군 사령관이 작전통제권을 장악하도록 했다.

시간은 흘러 주한미군 사령관을 겸한 UN군 사령관은 주한미군 사령관을 겸임해 작전을 수립하고 집행했다. 1979년 한미연합사령부(ROK-US Combined Forces Command; CFC)가 창설되면서 한국군도 부사령관으로서 작전통제권 행사에 일부 참여하게 되었다.

그 후 노태우 대통령 후보가 전시작전통제권 환수를 공약하고 나서서 대통령에 당선되면서 전시작전통제권 환수를 목표로 미국 정부와 협상을 시작했다. 그 결과 후임인 김영삼 정권 때 평시작전통제권은 한국군 합동참모본부로 환수되었다. 그러나 군 장성들의 반발과 합참이 과연 작전 지휘 능력을 가지고 있는지에 대한 의문이 제기되면서 절충안으로 평시작전통제권을 일단 1993년에 환수하고, 2년의 유예 기간을 거쳐서 1995년에 전시작전통제권까지 완전 환수한다는 일정이 합의되었다.

이러한 우여곡절을 겪은 대한민국은 1993년에 평시작전통제권을 환수한 이후 북한의 핵 개발 문제가 본격화되면서 1994년 전쟁 위기설이 나오자 1995년에 전시작전통제권 환수를 무기한 연기하기로 한·미 간에 합의하였다. 그리고 이 상태 그대로 노무현 정부까지 흘러오게 된다.

전시작전통제권은 노무현 정부 당시 2012년 환수로 합의됐으나 이명박 정부 시기에 안보 공백의 우려 때문에 2015년 12월로 미뤘다. 이어서 박근혜 정부 시기인 2014년 10월에 미군 기지 현행 유지와 함께 전시작전통제권 환수는 2020년으로 연기됐다.

나는 전시작전통제권이 자주국방의 개념을 훼손하는 것 같지만 한국군의 취약점을 보완하고 핵무기를 보유한 북한이 다시 기습 남침할 경우 위급한 상황을 감안하면 완벽한 안보에 한시적으로 기여한다는 점을 지적하지 않을 수 없다.

대한민국은 이상과 같이 한미상호방위조약과 전시작전통제권을 주요 기반으로 하여 미국과 혈맹으로 결속하는 한 공산화 통일을 저지할 수 있다.

다만 대한민국 안에 늘어나고 있는 반미주의자들이 한미상호방위조약 철폐와 주한미군 철수, 전시작전통제권 환수 등 과격한 주장을 하면 상황은 급전직하로 굴러 떨어질 가능성을 배제할 수 없다.

따라서 우리 국민은 6·25전쟁을 거치면서 피를 흘리며 대한민국을 지켜준 미국을 부정하는 언동들이 한국 안보에 아무런 도움이 되지 않는다는 사실을 명심할 필요가 있다.

사드와 전술 핵무기 배치

나는 한국의 안보를 보다 더 확고하게 지키기 위해서는 최소한 두 가지 당면 과제를 해결해야 한다고 믿는다. 그것은 사드와 전술 핵무기 배치로 요약된다.

첫째, 사드의 배치다.

나는 최근에 문재인 정권이 등장해 경상북도 성주에 배치하기 시작한 미사일 방어 무기인 사드에 제동을 거는 듯한 자세를 보임으로써 찬반양론으로 국민이 갈라지고 사드에 반대하는 극소수 국민이 무리를 지어 농성하면서 군과 경찰을 밀어내고 폭력으로 사드 배치를 막은 현실을 목격하면서 이것이 한미동맹에 결정적인 쐐기가 될 것을 우려했다. 그러나 문재인 대통령은 비록 '임시'라는 조건을 달기는 했지만 사드 배치를 확인했다.

사드는 미사일 명중률이 가장 높은 최고의 미사일 방어 시스템이다. 대한민국 국방백서는 '사드는 현존하는 미사일방어체계(MD) 중 가장 요격

성공률이 높은 것으로 평가받고 있다.'고 적고 있다. 미국인들은 북한의 미사일 위협으로부터 한국인과 한국인의 재산 및 미국인의 생명을 보호하기 위해 사드를 한국에 배치해야 한다고 믿으며, 그 비용마저 미국인들이 부담하겠다는 것 아닌가?

사드 체계의 눈인 레이다는 2만 5,000개의 전파 송수신장치가 부착된 고기능 장비로서 전방 120도 각도에서 탐지 거리가 600~800km로 북한 전역을 감시권에 두고 있다. 사드가 요격 미사일을 발사하면 적외선 센서를 이용해 적의 탄도미사일을 추격하다가 고도 10~150km 사이에서 직접 타격하며, 만약 적의 미사일을 격추하지 못하면 패트리어트 미사일이 저고도에서 40km 이하를 방어한다. 이로써 미군과 한국군은 다층 방어 체계를 구축하고 있다.

그러나 600개의 미사일을 한반도를 향해 배치하고 있는 중국은 한국에 미국의 사드를 배치하는 것을 강력하게 반대하면서 무역 보복을 일삼고 있다. 중국은 사드 레이다 사거리가 2,000km이므로 중국을 과녁으로 삼고 있다고 선동하고 있다. 그러나 사드의 사거리는 1,000km이다. 그리고 사드는 요격용으로 600km 거리를 탐지할 뿐이다.

우리는 중국이 사드를 반대한다는 이유로 한국에 미국 사드를 배치하는 것을 싫어한다면 외국의 눈치를 봐가며 자국의 안보 정책을 짜는 하인 또는 괴뢰국가가 되고 말 것이다. 한미동맹이 굳세게 유지되고 있는 한반도에 사는 우리가 6·25전쟁 때 중공군을 파견해 우리를 멸망시키려 한 중국의 뜻에 따라 사드를 반대한다면 논리의 모순에 빠지고 세계적인 웃음거리가 될 뿐이다.

한마디로 말해서 사드는 북한이 쏠 미사일을 격추해 한국인과 미국인의 생명과 재산을 보호하기 위한 방어용 무기다. 우리는 이것을 안보의 원리상 당연히 그리고 신속히 배치하는 것이 마땅하다. 뿐만 아니라 우리는 중국에게 우리의 안보를 맡길 수 없는 이상 중국을 믿지 말고 사드로 우리 안보의 한 축을 삼아야 한다.

대한민국에 사드 배치를 반대하는 일부 친공주의자들이 많은 것은 사실이다. 그들은 북한에 해로운 일은 극렬하게 반대하면서 국가의 안보를 위태롭게 하는 행동을 예사로 해오고 있다. 그들이 주로 외지인으로서 임시로 성주에 주민등록을 옮기고 셋방을 얻어 집단으로 거주해온 사실이 언론에 보도되기도 했다.

그들이 성주에 사드 4기가 설치되기 전까지 기지 주변에 출입하려는 군인과 경비 경찰을 검문하고 제지한 사례는 과연 대한민국이 국가로서 건전하게 존립하고 있는가를 의심케 한 폭거로 지적받을 수 있다. 군인과 치안을 담당하는 공권력이 국가 안보를 훼손하는 일부 과격한 사람들에 의해 무력화하는 일이 용납되고 이것이 되풀이된다면 대한민국의 앞날은 암담하다는 우려를 자아낼 수 있다.

그런데 사드 4기를 추가 배치한 후인 2017년 9월 12일 일단의 청년들이 '사드 저지 미국 반대 청년 결사대'라고 자칭하면서 사드 기지가 있는 지역의 철조망을 뚫고 들어가 미국을 규탄하는 플래카드를 들고 사드 철폐를 외치다 군인들에게 연행된 후 김천경찰서로 이송된 사건은 국가 안보를 위태롭게 하는 돌발 사건이었다.

나는 성주에만 사드를 배치하는 것으로 그쳐서는 북한의 미사일 공격을 효과적으로 방어하기 어렵다는 점을 지적하고자 한다. 사드가 북한의 미사일을 전국에 걸쳐 요격하려면 동쪽을 담당하는 성주의 기지 외에 서쪽을 맡기 위해 적어도 지리산 한 곳에는 사드를 더 배치해야 한다고 생각한다. 국가 안보에 어찌 구멍을 보여서 되겠는가?

둘째, 전술 핵무기 배치다.

전술 핵무기는 국지전 등에서 전술적인 목적을 달성하기 위해 사용하는 소형 핵무기를 말한다. 폭발 위력의 크기는 전장 상황과 목적에 따라 다르지만 보통 20kt 이하의 핵무기를 포함한다. 야포나 단거리 미사일에 장착하는 핵탄두와 사람이 매고 다니다가 특정 지역에서 폭발시키는 핵배낭, 핵지뢰, 핵기뢰 등이 전술 핵무기에 속한다.

미국은 1958년 한반도에 전술 핵무기를 처음 배치했으며, 1960년에는 최대 950기에 달했다. 그러나 미국은 1977년 오산 공군기지에 있던 핵무기 저장고를 폐쇄했으며, 1985년 전술 핵무기 150기 가량을 감축했다. 이어서 미국은 1991년 9월 조지 부시 당시 대통령의 핵무기 감축 선언에 따라 주한미군에 배치됐던 전술 핵무기를 단계적으로 모두 철수했다.

이에 따라 어네스트존 지대지 로켓과 280㎜ 포, 마타도르 크루즈미사일, 핵 파괴탄, 라크로스 지대지 미사일, 데이비 크라켓 지대지 미사일, 155㎜ 곡사포 등 전술 핵무기 운반체와 핵탄두 등이 미국 본토로 빠져나가 한국 방어에 큰 구멍이 생겼다.

그 사이에 북한은 핵무기를 속속 개발하고 전략적 핵무기를 탑재 8,000~1만 5,000km까지 날릴 수 있는 대륙간 탄도미사일(ICBM)까지 개발해 시험 발사를 함으로써 미국까지 위협하는 단계로 올라섰다. 따라서 미국은 북한의 ICBM으로부터 본토를 방어함은 물론 북한의 핵 공격 앞에 고스란히 노출된 한반도에서 미군과 미국 시민들의 안전을 도모해야 하는 긴박한 상황에 처해 있다. 이것은 북한을 얕잡아 본 안이한 대처가 낳은 재앙이라 할 것이다.

그러나 북한이 여섯 차례나 핵실험을 하고 스스로 수소폭탄을 제조했다고 호언하고 있는 상황은 한반도뿐 아니라 태평양 연안 국가, 더 나아가서는 미국 본토에 이르기까지 안보 전체를 흔들고 있다. 따라서 우리나라는 미국이 1990년대 초에 대한민국에서 철수했던 전술 핵무기는 물론, 그 이후에 개발한 최신형 전술 핵무기까지 다시 배치해야 한다고 나는 주장한다.

주지하는 바와 같이 전술 핵무기로는 전투기가 떨어뜨리는 B61 핵폭탄이 널리 알려진 공격 수단이다. B61은 미국의 대표적 핵폭탄으로서 위력은 0.3~350kt까지 총 9가지 형태가 생산된 것으로 알려져 있다. B-52, B-2 같은 폭격기 외에 F-15, F-16, F-18 등 전투기에서도 이 전술 핵무기를 투하할 수 있다.

미국은 2000년대 초반까지 총 1,620발의 전술 핵무기를 보유했다. 그것을 세분하면 B61 계열의 핵폭탄 1,300발, 토마호크 크루즈(순항) 미사일용 핵탄두(W80) 320발 등이 포함된다. 미국은 또한 원자력 추진 잠수함과 이지스함 등에 탑재돼 있는 토마호크 미사일에 장착되는 W80 핵탄두를 소형으로 경량화하고 있다. 이것은 폭발력이 최대 150kt에 달하지만 무게는

132㎏에 불과하므로 파괴력과 이동성에 있어서 높이 평가받고 있다.

어떻든 나는 핵폭탄, 공대지, 지대지, 순항미사일, 핵잠수함을 동원한 전술 핵무기로 한반도의 핵우산을 삼을 것을 강력히 주장한다. 대한민국에 전술 핵무기를 다시 배치하는 것은 방어용 무기인 사드와 아울러 공격용 무기를 완비한다는 의미에서 한국 안보를 강화하는 결정적인 방책임에 틀림이 없다.

한국군과 미군은 전술 핵무기로 평양을 정조준하고 있다가 도발의 기미만 보이면 선제 타격하여 전의를 상실케 해야 한다. 그런데 대한민국에서 전술 핵무기를 빼내간 미국이 최근 전술 핵무기의 재배치를 적극 거론하고 있는 현상은 매우 주목할 만하다. 그러므로 정작 위험의 당사국인 우리나라는 전술 핵무기의 배치에 있어서 절호의 기회를 맞았으므로 이것을 관철해 북한의 공산화 통일 의욕을 꺾어야 한다.

자체 핵 무장

핵 무장은 북한이 선도하고 대한민국이 뒤를 좇는 형국으로 진행되다가 북한만 막무가내로 계속하고 대한민국은 NPT를 준수한다는 명분으로 중단해 그 격차가 크게 벌어져 대한민국의 안보를 심각하게 위협하는 요소로 급부상하고 있다.

북한은 1954년 인민군을 재편성하면서 인민군 내에 '핵무기 방위 부문'을 설치한 데 이어 1956년 30여 명의 물리학자를 소련의 드부나 핵연구소에 파견하는 것을 신호로 핵 개발의 의지를 강력히 드러냈다.

1962년 영변에 원자력연구소를 설립한 데 이어 김일성대학과 김책공과대학에 핵 연구 부문을 창설한 북한은 1965년 6월 소련으로부터 IRT-2000 원자로를 도입하여 핵 연구를 본격적으로 시작했다. 김일성이 1965년 10월 노동당 집회에서 "불원간 핵을 보유할 수 있다."고 말했으며, 1967년 군 지휘관 회의에서 "우리도 원자탄을 생산하게 됐다. 미국이 원자탄을 사용하면 우리도 사용할 수 있다."고 호언한 것은 이 시기에 핵 개발이 상당히 진전됐음을 반증한다.

북한은 1974년 7월 국제원자력기구(IAEA)에 가입하고 1989년부터 1991년까지 IAEA 이사국이 되기도 하는 등 기만 전술을 구사했다. 뒤늦게 군사 과학기술로 북한의 핵 개발 징후를 탐지한 미국은 1994년 6월 북한 핵 시설을 폭격할 계획을 세우기도 했다. 그 후 미국과 북한은 제네바 핵 합의를 통해 북한 핵 활동을 '동결'시키는 수준에서 합의를 하고 북한이 핵 활동을 동결하는 대가로 미국과 한국이 북한에 경수로를 지어주고 중유를 제공하는 등 경제 지원을 하기로 약속했다.

그러나 미국의 제임스 켈리 일행이 2002년 10월 3일 평양을 방문했을 때 미국 특사와 북한 대표 간에 격렬한 논쟁이 벌어졌다. 10월 4일 아침 북한은 켈리 일행에게 "우리는 우라늄 농축 핵 개발은 물론 더 무서운 것도 가지고 있다."며 소리쳤다. 이 말은 미국이 핵 개발에 관한 한 북한에게 농락당했음을 의미한다. 그리고 북한은 미국의 감시와 압력과 위협을 뚫고 공고한 의지로 핵 개발을 계속함은 물론 6차례나 핵 실험을 감행해 미국은 물론 세계를 깜짝 놀라게 하고 있다.

비슷한 시점에 이승만 정권도 1955년 미국과의 원자력협정을 시작으로

120여 명에 달하는 원자력 유학생을 미국의 Argonne 연구소에 파견했다. 이승만 대통령은 1959년 원자력원을 설립했지만 4·19혁명으로 물러났다. 이어서 5·16혁명으로 등장한 박정희 대통령은 1962년에 한국 최초의 시험용 원자로를 도입했다.

박정희 대통령은 1960년대 후반에 닉슨 독트린이 발표되고 주한미군의 철수가 가시화하자 은밀하게 핵 개발을 진행했다. 그는 연구 시설을 증축하고 미국에 유학하던 과학자들에게 손수 편지를 써서 귀국하도록 하는 한편 독자 개발이 어려운 재처리 기술의 획득을 위해 프랑스와의 협력을 강화했다. 이러한 움직임은 미국에 의해 포착됐다.

미국은 주한 미대사관과 CIA 요원들을 동원해 관계 부처에 핵 개발을 중단하라고 위협하는가 하면 외국에서 들여오는 국방 물자를 일일이 검색하기도 했다. 그러나 박 대통령은 핵 개발을 강행했다. 그 무렵 한국의 핵 개발에 협력한 것으로 알려진 이휘소 박사가 미국에서 의문의 죽음을 맞았다.

그럼에도 불구하고 박정희 대통령은 1979년 10월 핵 개발 관련 부서로부터 우라늄 농축 분말인 옐로 케이크(yellow cake)를 선물받기도 했다. 미국이 한국의 핵 개발에 극도의 신경을 쓰던 과정에서 박정희 대통령은 1979년 10월 26일 중앙정보부장 김재규의 저격으로 별세했다. 한국은 이어 등장한 신군부가 미국의 의지에 눌려 핵을 포기함으로써 핵 개발 노력은 공중 분해되고 말았다.

대한민국은 북한이 핵 개발 의지를 확고하게 유지하면서 국제원자력기구를 기만하는 군사 작전을 구사한 데 반해 원자력 협정에 따른 감시에 순종하는 등 대체로 소극적인 자세로 일관했다. 이것은 매우 불공정한 게임으로 대한민국만 핫바지가 되었다는 비판을 불러일으키는 요인이 되었다.

그러나 한반도에서 핵 개발의 소용돌이는 태풍 수준으로 거세게 몰아치고 있다. 무엇보다도 북한이 핵탄두를 소형화하고, 미국까지 도달할 수 있는 ICBM의 운반 수단의 개발과 실전에 배치하는 수준에 도달했다. 북한은 미국의 강력한 경고에도 불구하고 핵 실험을 6차례나 계속했으며, 중장거리 탄도미사일을 태평양에 연속으로 발사하는 등 미국과 맞상대하겠다는 강한 의지를 드러냈다.

이런 상황에서 북한의 핵 개발을 효과적으로 제어하지 못한 책임이 있는 미국과 국제원자력기구는 '한반도 비핵화' 원칙을 대한민국에만 적용하는 결과를 빚음으로써 불공평할 뿐 아니라 무능한 자세였다는 비판에 직면하고 있다. '북핵 개발(北核 開發), 남핵 공동(南核 空洞)' 이것은 대한민국 국민뿐 아니라 미국, 일본 및 태평양 연안국 국민들의 생사와도 관련된 중대 사안이라 단언하지 않을 수 없다.

미국의 「워싱턴포스트」지는 2017년 7월 31일, '왜 한국은 핵무기를 보유하지 않나?' 라는 제목의 기사를 통해 국내 핵 무장 여론과 핵 무장에 따르는 문제점에 대해 보도했다. 이 신문은 원유철 자유한국당 의원의 핵 보유 주장을 소개하면서, 한국 내에 이미 상당한 핵 무장 지지 여론이 존재한다고 보도했다. 이 신문은 기사에서 2006년 이후 한국에서 시행된 대부분의 설문조사에서 핵 무장을 지지한다는 응답자 비율이 60% 이상을 기록했다고 소개했다.

세계 6위의 원자력 강국인 대한민국이 핵 무장을 하려면 NPT를 탈퇴해야 한다. 전 세계에서 핵 보유를 포기하고 NPT에 가입한 전례는 많아도 NPT를 탈퇴하고 IAEA 사찰을 거부하며 핵 무장을 추진한 나라는 북한이 유일하다. 북한이 대한민국, 일본, 미국의 안보를 위협할 정도의 핵무기와 소형 핵무기를 탑재할 수 있는 미사일을 개발한 이상 우리도 NPT를 탈퇴한 후 핵무기를 제조할 수 있도록 미국과 일본이 협조해야 한다.

나는 한반도의 안정이 세계 평화를 위한 가장 긴요한 요소이므로 "핵은 핵으로 억제한다."는 원칙에 따라 우리나라가 핵무기를 생산하는 것이 당연하다고 역설하는 바이다. 우리나라의 핵 개발 능력은 세계에서 상위급인 것으로 정평이 나 있다. 서울대 서균렬 교수는 우리나라가 마음만 먹으면 6개월 안에 핵무기를 만들 수 있다고 공언하고 있다. 나는 우수한 두뇌를 가진 우리나라 핵 전문가들이 조속한 시일 안에 핵무기를 제조할 수 있다고 믿는다.

우리나라는 월성에 있는 4기의 중수로(重水爐)가 핵폭탄 제조의 원료물질을 생산하는 데 적합한 것으로 알려져 있다. 지금 월성에 저장된 사용 후 핵연료를 재처리하면 2만 6,000kg의 '무기화할 수 있는 플루토늄'을 얻을 수 있다. 이것은 4,330개의 핵폭탄을 만들 수 있는 양이다.

월성 원자로 4기는 매년 416개의 핵폭탄을 만들 수 있는, 2,500kg의 '거의 무기급' 플루토늄을 생산할 수 있다. 우리는 단순하면서도 속도가 빠른 재처리 공장을 4~6개월 안에 지을 수 있다. 월성 원전(原電) 등을 통하여 증강 핵폭탄이나 수소폭탄을 만드는 데 필요한 중수소나 3중수소를 이미 만들고 있다. 그리고 한화그룹은 핵분열을 일으키는 데 필요한 고성

능 폭약을 만들 수 있다.

미국과 국제원자력기구 및 핵확산금지조약(NPT)에도 불구하고 프랑스는 어떻게 핵 무장을 단행했는가? 프랑스는 핵 확장 억지를 믿으라는 미국의 요청에 대해 "미국은 파리를 위해 뉴욕을 포기할 수 있는가?"라고 반문한 바 있다. 미국은 함구무언이었다. 프랑스는 미국의 핵폭탄으로 프랑스를 수호하기보다는 자체의 핵폭탄으로 조국을 수호해야 한다는 명분으로 미국의 요청을 물리쳤다.

대한민국은 한미동맹의 기준에서 보면 세계최강의 군사력을 보유한 나라다. 그러나 한미동맹에 균열이 간다고 생각해보자! 핵을 보유한 북한과 핵을 보유하지 못한 남한은 국사적 비대칭으로 힘없는 나라가 되고만다. 미국의 정책 최우선 과제로 북한의 비핵화가 성공한다면 우리나라가 핵을 보유할 하등에 이유가 없다. 그러나 작금의 상황에서 대한민국이 자체 핵무장을 외치는 국민적 에너지를 모아가는 것은 대단히 중요하다 하겠다.

예비역사령부 창설

예비역사령부는 미국이 예비역들을 상대로 육·해·공군 체제 안에 둔 사령부를 뜻한다. 미국은 모병제를 근간으로 군사력을 유지하고 있지만 엄격한 군율, 초현대식 무기, 애국심 등으로 똘똘 뭉쳐 세계 최강의 군사력을 유지하고 있다. 미국이 도입해 운영하고 있는 예비역사령부를 우리나라도 시행하자.

미국 육군예비역사령부는 조지아 주 포트 맥퍼슨에 있으며 사령관은 제프리 W. 탈레이 중장이다. 공군예비역사령부는 세 곳에 있다. 제4공군은 조지아 주 로빈스 공군기지에, 제10공군은 텍사스 주 포트워스 해군항공기지 공동 예비기지에, 제22공군은 조지아 주 도빈스 공군기지에 있다. 또한 해군예비역사령부도 있다.

한반도통일지도자총연합 명예 총재를 맡고 있는 이진삼 장군(제28대 육군참모총장 역임)은 나를 만날 때마다 후방에 10개 사단 설립으로 예비역사령부 창설을 역설한다. 1개 사단 설립 예산은 1조 원이면 된다. 1조 원이란 1만 명의 예비역 군대 편성 인력과 기초 무기 구입 비용이다. 10개 사단을 예비역 모병제로 뽑고 예산은 복지 비용에서 10조를 편입해서 사용하면 된다.

연 복지 비용 170조 원 중에서 10조를 국방 예산에 편입하자는 것이다. 예비역사령부 10개 사단 설립 방안은 일자리 창출은 물론이고 국가 재난 시 언제든지 유효 인력이 된다. 문재인 정부가 일자리 창출을 위해 실현하려는 119소방대 증원을 따로 할 필요가 없다. 역발상으로 예비역사령부와 119소방대를 양 날개로 묶어 운영하다가 국가 재난 시에는 언제든 재난극복사령부가 되어 상호 보완 지휘 통솔권을 활용한다면 양수 겸장의 능동적 군대로 육성되니 일거양득이 되는 것이다.

우리나라는 아직 국방부 산하의 사령부로 존재하지 않는 예비역사령부를 설치하는 것이 긴요하다. 이 사령부는 향토 사단의 예하 부대가 지역이나 직장 예비군을 상대로 교육을 담당하고 있는 연약한 지휘 체계에서 탈피해 현역 사령부 체제를 갖추되 그 교육 대상을 예비군으로 하여 강력하고도 효율적인 훈련을 실시하자는 취지에서 필요하다.

우리나라의 병력 체제는 육군 위주로 편성돼 있다. 따라서 우리나라는 예비역사령부를 설치할 경우 육·해·공군을 통합해 육군본부 예하 사령부로 설립하되 공군과 해군의 장교들을 해당 공군과 해군 예비역을 관리하고 훈련시키면 될 것이다.

예비역사령부는 제13야전군 사령부의 직할부대로 전시에 동원 자원을 수송하는 제1 동원자원호송단과 제3 동원자원호송단을, 향토사단으로서 광주광역시에 제31사단 동원지원단, 세종특별자치시에 제32사단 동원지원단, 전북 완주군에 제35사단 동원지원단, 강원도 원주시에 제36사단 동원지원단, 충북 증평군에 제37사단 동원지원단, 경남 김해시에 제39사단 동원지원단, 경북 칠곡군에 제50사단 동원지원단, 경기도 화성시에 제51사단 동원지원단, 경기도 안양시에 제52사단 동원지원단, 경기도 구리시에 제55사단 동원지원단, 경기도 고양시에 제56사단 동원지원단, 경북 포항시에 해병대 교육단 동원지원단을 두면 될 것이다.

정부는 이에 필요한 예산으로 연 10조 원의 예산을 편성하는 것이 바람직하다. 이로써 종전의 국방 예산이 연간 40조 원에서 50조 원으로 늘어난다는 것을 의미한다. 국방 예산을 증액하는 문제는 많은 논란을 불러일으킬 수 있다. 그러나 우리가 대화와 협상으로 통일 논의를 완전하게 진행하기 이전에는 국방력을 견고하게 유지해야 한다는 점은 유비무환의 공식에 합당하다고 말하지 않을 수 없다.

사이버 전력의 강화

사이버전은 현대 세계에서 무시할 수 없는 비대칭 전력으로 정평이 나

있다. 어떤 나라가 정교한 과학 무기를 보유하고 있다 할지라도 그 운용 체계와 무기의 비밀을 다른 나라가 해킹하여 빼내 간다면 매우 위험한 환경이 조성될 수 있다. 그러므로 사이버 전력의 중요성은 아무리 강조해도 부족함이 없다 할 것이다.

오늘날 세계의 사이버 전력은 미국이 1위, 중국이 2위, 북한이 3위로 알려져 있다. 그럼에도 불구하고 미국방과학위원회(DSB)는 2016년 내부 보고서를 통해 '첨단 무기 시스템 설계도 최소 24개가 사이버 공격으로 유출됐다.'면서 그 배후로 중국 정부를 지목했다. 유출된 설계도 목록에는 미국이 자랑하는 최첨단 F-35 전투기, 신형 수직 이착륙기 MV-22 오스프리, P-8A 차세대 대잠수함 초계기, 전략용 무인기 글로벌 호크, 이지스 미사일 방어 체계 등이 포함돼 있다. 특히 한반도에 가까운 중국과 한반도의 반을 차지한 북한이 사이버 전력으로 대한민국을 노리고 있는 현실을 우리는 직시해야 한다.

중국은 사이버 전력이 18만여 명에 이르고 있다. 그러나 중국의 사이버 전력은 비공식 인력까지 합치면 40만 명으로 추정되고 있다. 시진핑 주석이 조장인 '중앙 인터넷 안보 및 정보화 영도 소조'는 사이버전의 모든 작전을 총괄하는 것으로 알려져 있다. 상하이 빌딩가에 자리 잡고 있는 총참모부 제3부 산하 61398부대가 대미(對美) 해킹을 주도하고 있다.

김정은이 '사이버 공격은 무자비한 타격을 가하는 보검(寶劍)'이라고 호언한 대로 북한은 소니픽처스를 해킹한 예에서 보듯이 막강한 실력을 과시하고 있다. 북한은 1990년대 초부터 7년간 평양 고사포사령부의 컴퓨터 명령 체계와 적군 전파 교란 등의 연구를 수행하던 인민무력부 정찰국 121

소조를 1998년부터 해킹과 사이버전 전담 부대인 '기술정찰조'로 확대 개편했다.

이 부대원들은 2000년 말까지 해킹과 사이버 테러에 대한 교육 훈련을 이수한 후 2001년부터 중국 등 해외에서 사이버전 임무를 수행하고 있다. 이 부대 요원들은 주로 평양의 지휘자동화대학과 김책공대, 평양 컴퓨터기술대학 등의 졸업생 중에서 우수 인력을 뽑아 충당하고 있지만 정확한 숫자는 알려지지 않고 있다.

그러나 중국과 북한에 맞서 사이버전을 수행해야 할 우리나라는 북한의 10분의 1 수준의 사이버 전력을 보유하고 있을 뿐이다. 그러므로 우리나라는 취약한 사이버 전력을 시급히 향상시킬 절체절명의 순간에 와 있다. 우리는 청년 실업률이 높은 상황에서 두뇌가 예민하고 창의력이 있는 청년들을 사이버 요원으로 발탁하고 훈련하여 사이버 전력의 공백을 메워야 한다.

강력한 통일 안보 교육

뿐만 아니라 우리는 강력한 통일 안보 교육을 실시해야 한다. 좌파들은 안보 교육을 싫어하며 이것을 아예 없애려고 노력할 것이다. 그러나 안보에는 좌우가 없다. 좌파라고 해서 안보를 팽개치자는 사람은 국가를 포기하자는 것과 마찬가지로서 반역의 범위에 들어갈 우려가 있다. 안보 교육은 언제, 어떠한 상황에서도 반드시 필요한 명제다.

나는 통일 안보 교육의 요체는 북한의 실상을 있는 그대로 알려주고 경각심을 갖고 살아야 한다는 점을 국민들에게 알리는 데 있다고 생각한다.

북한의 실상 중 우리가 가장 경계해야 할 것은 김일성 주체사상의 폐해다. 김일성 주체사상은 김일성을 신(神)이나 우상의 경지로 끌어올려 숭배하면서 그것을 주체로 삼고, 국가의 주인이어야 할 인민을 신이나 우상이 지배하는 객체로 떨어뜨린다.

김일성 주체사상은 김일성과 그 아들들이 어떠한 생각을 하고, 어떻게 행동하든 간에 이것을 완전한 이념으로 받아들이도록 북한 주민들을 다그친다. 김일성 주체사상은 법 위에 있다. 이것에 대한 도전은 상상할 수도 없고, 만일 도전하는 사람이 있다면 응징과 고문의 대상이 될 뿐이다. 북한에 극소수지만 비판 세력이 있다 해도 그들은 공개적으로 총살되거나 정치범 수용소에 갇혀 짐승보다 못한 생활을 해야만 한다.

자유민주주의와 자본주의를 꽃피우고 있는 대한민국은 김일성 주체사상이란 부족한 인간을 완전한 것처럼 포장하여 창의력과 비판력의 증진을 통해 발전해야 할 사회를 1인 전체주의 체제로 묶어두는 사악한 발상임을 널리 알릴 사명감을 띠고 있다.

다음으로, 우리는 폭력과 공포로 주민을 다스리는 김일성과 그 후예 및 조선노동당의 고위 간부들과는 달리 압제에 시달리는 북한 주민들에 대해서는 따뜻한 동포애를 발휘하고, 그들을 실질적으로 돕는 방법을 찾는 것도 안보 교육에서 중요한 비중을 차지해야 한다고 믿는다.

북한 주민을 실질적으로 돕는 일은 식품, 의약품 등의 공급이 대종을 이룬다. 굶주리는 주민들에게 먹을 것보다 더 중요한 것이 어디에 있으며, 병들어 신음하는 주민들에게 의약품보다 더 절실한 것이 어디에 있겠는가? 다만 이러한 식품과 의약품이 고통받는 주민들의 손에 직접 전해져야만 의미가 있다. 이것은 유엔을 통해서만 가능하다.

우리는 북한 주민들에게 자유와 행복을 심어주고, 궁극적으로는 김일성 주체사상의 허구성과 반민주성을 깨닫게 해 압제로부터 해방시킬 수 있는 방법까지 안보 교육에 포함시키는 것이 바람직하다. 이러한 안보 교육은 적에 대한 적개심에 머무르는 한계를 극복하고 인간 해방의 복음으로 승화될 것이다.

이러한 안보 교육은 유치원생, 초중고생, 공무원, 일반 국민으로 구분해 연령과 환경에 맞도록 다양하게 그 내용을 구성해야 바람직하다. 예를 들면 유치원생이나 초중고생들에게 북한의 정치범 수용소에서 여성 수감자들의 배를 발로 밟아 낙태를 시키고, 피가 줄줄 흐르도록 고문하는 모습을 보여주는 것은 사실이라 할지라도 부작용이 클 것으로 보인다. 그러나 성인들은 큰 충격으로 안 받아들이면서 북한의 압제를 이해시키는 데 무리가 없을 것 같다.

끝으로, 안보 교육은 현장 체험을 포함해야만 한다. 항상 전쟁의 위험 속에서 국가를 수호해야 하는 이스라엘과 세계의 위험 지역에 군대를 파견하고 있는 미국의 안보 교육은 우리에게 시사하는 바가 크다.

이스라엘은 고등학생들에게 1년에 한 번 의무적으로 유대인이 고난당한 통곡의 벽(Wailing Wall), 마사다 성(Battle of Masada), 야드바쉠(Yad Vushem)을 방문토록 해 지난날의 처참한 역사를 일깨운다. 통곡의 벽은 유대인이 신전 파괴를 한탄하며 기도하던 곳이요, 마사다 성은 예루살렘이 로마의 공격을 받을 때 성을 빠져나온 960명의 용사가 마지막까지 항전하던 곳이요, 야드바쉠은 독일의 나치에 의해 희생된 6백만 유대인을 추모하는 기념관이다.

이때 이스라엘 청소년들은 이스라엘 국기를 들고 행진한다. 그들은 묵념을 하고, 때로는 눈물을 흘리며, 지난날의 아픔을 뼈에 사무치도록 기억하고, 자신의 마음과 몸을 국가를 위해 바칠 것을 맹세한다. 이것이 안보 교육의 정수요, 국가를 수호하는 원동력이다.

미국은 역사가 짧지만 독립전쟁, 남북전쟁 등을 통해 자유와 정의와 평화와 인권의 중요성을 절실하게 체험하면서 세계를 주도하는 최강대국으로 성장했다. 주요한 세계대전이 발발하면 미국은 어김없이 참전해서 자유와 정의와 평화와 인권을 수호해오고 있다.

미국 역사에 있어서 9·11테러만큼 큰 충격을 준 사건은 없었다. 미국인들은 틈만 나면 아이들의 손을 잡고 워싱턴 DC의 언론박물관 뉴지엄(Newseum) 안에 있는 9·11 갤러리를 찾는다. 어른과 아이들은 극렬하고 사악한 테러분자들의 만행과 아울러 폭력으로부터 국가를 지킬 의무를 공유한다.

미국은 교육부가 지원하고, 미국사 박물관, 국립 9·11 기념사업재단, 펜타곤 기념관 등이 공동으로 주관하고 역사학자, 교육 전문가들이 참여해 유치원생으로부터 고등학생까지 읽을 교재를 제작했다. 그리고 각 주도 9·11에 대한 교육 프로그램을 진행하고 있다.

우리나라도 이스라엘과 미국의 안보 교육을 참조하여 이론 중심의 안보 교육에서 현장 중심의 안보 교육으로 전환해야 한다. 어른과 자녀들이 전쟁기념관, 이승복 동상, 6·25전쟁 당시 격전지, 민통선, 군사분계선, 통일전망대 등을 함께 방문하고 전쟁과 평화를 이야기하며 평화로운 통일의 중요성을 일깨우는 것이 바람직하다.

3. 교류 우선의 통일론

교류 우선의 통일론이란 무엇인가? 통일을 정치적으로 접근하는 것이 아니라 교류 우선으로 접근해서 민족의 공통분모를 확인하고 상부상조의 정신으로 서로에게 유익한 결과를 도출하자는 것이다. 즉, 교류 우선 통일론은 경제, 문화, 예술, 종교, 과학, 기술, 스포츠 등 광범한 영역에서 교류함으로써 우리 민족이 하나 되는 것 이상으로 좋은 일이 없다는 것을 남·북한에서 공통으로 인식하는 방안을 의미한다.

교류 우선의 통일을 성취하려면 정부의 역할, 기업과 이북5도민회의 활약, 외국 자본의 도입과 유엔의 역할 등이 입체적으로 펼쳐져야 한다고 나는 생각한다. 우리는 이 가운데 무엇이 더 중요하느냐를 따지지 말고 모든 지혜와 역량을 투입하여 교류 우선의 통일을 추진해야 마땅하다.

정부의 역할

정부는 한 건 주의에 심취해서 국민 홍보나 업적 과시용으로 통일 정책을 남발하거나 통일 정책을 독점해서는 안 된다. 정부는 통일 정책을 개발하고 그것을 효과적으로 수행하기 위해 기업과 민간단체의 적극적인 참여를 독려하는 한편 한·미·일·중 4국 공동회사를 설립하도록 주선하여 이 모든 과정을 관리하고 소통이 잘 되도록 매개 역할을 하는 것이 바람직하다. 그리고 경제적으로는 사회간접자본을 튼튼하게 꾸려 성장의 원동력이 되도록 한다.

첫째, 정부는 대한적십자사를 앞세워 통일을 위한 준비 작업을 하고, 대한적십자사는 인도적 지원 사업을 과감히 지원해야 한다.

대한민국의 비영리 특수법인으로 존재하는 대한적십자사는 국제조약상의 기구로 적십자에 관한 제 협약과 국제적십자운동 기본 원칙에 의거 전시와 무력 충돌 시에는 제네바 협약에 따른 전시포로 · 희생자 · 전상자 치료 및 구호 사업을, 평시에는 수재 · 화재 · 기아 등 중대한 재난을 당한 자에 대한 구호 사업 등의 인도주의 사업을 수행한다.

대한적십자사가 남북 통일과 관련해서 이룩한 금자탑은 이산가족 상봉이다. 해방 공간에서 외세에 의한 분단과 6 · 25전쟁으로 남 · 북한으로 흩어진 채 서로의 신원을 애타게 그리워하면서 눈물로 나날을 지새우는 이산가족들이 분단의 철조망이 걷히지 않고 있음에도 서로 합의하여 만난다는 것은 머나먼 통일의 여정에서 커다란 축복이요, 서광이 아닐 수 없다.

대한적십자사와 북한적십자회는 1971년 8월 12일 한반도의 분단 때문에, 남과 북으로 헤어져 살고 있는 이산가족들의 실태를 확인하고, 서로 소식을 전하거나 상봉을 하기 위한 목적으로 이산가족 찾기 운동을 벌이자고 합의했다. 그러나 이것은 준비 운동이요, 기초 자료 수집의 시작에 지나지 않았다.

양 적십자사는 1985년 9월 20일부터 23일까지 서울과 평양에서 최초로 이산가족 고향 방문단과 예술 공연 교환 행사를 성사시켰다. 군인끼리는 적으로 대결했지만 민간인들은 같은 동포로 서로를 그리워했던 세월, 이산가족 고향 방문단은 서로의 고향에서 지나간 세월을 회고하며 감격의 눈물을 흘렸다.

그리고 이산가족 상봉이 이루어지기까지는 15년이 흘렀다. 2000년 8월 15일부터 18일까지 이뤄진 제1차 이산가족 상봉은 남·북한에서 TV로 중계돼 전 국민을 오열의 도가니로 몰아넣었다. 이어서 거의 매년 1, 3회 이산가족들은 만나 울고 선물을 교환하면서 동족의 뜨거운 피를 확인했다. 이러한 이산가족 상봉은 남·북한의 정치·군사적 긴장으로 2015년 10월 20~26일에 이루어진 제20차 상봉으로 일시 중단되고 말았다.

남북으로 흩어진 가족들을 만나는 것이야말로 가장 절실한 소통의 장이요, 통일의 원동력이 아니고 무엇이겠는가? 남·북한 정부는 대한적십자사와 북한적십자회가 이룬 위대한 업적인 이산가족 상봉 사업을 재개하도록 특별한 노력을 기울여 과감하게 지원해야 마땅하다.

둘째, 정부가 북한에 7대 산업화 신도시 사업을 실시할 것을 나는 제안한다.

7대 산업화 신도시란 기왕에 북한이 조성한 나진·선봉 경제특구와 대한민국과 북한이 합의하여 조성한 개성공업특구(일명 개성공단) 외에 동쪽으로는 원산, 함흥, 청진, 서쪽으로는 남포와 신의주 등 다섯 곳에 경제특구 형식의 신도시를 개발하는 것을 의미한다.

우리가 아쉬워하는 부문은 북한의 핵 실험 및 로켓 발사에 문제를 제기하며 2016년 2월 10일 대한민국은 김관진 국가안보실장이 주재한 국가안전보장회의(NSC)에서 개성공단 가동 전면 중단 결정을 내리고, 북한도 2월 11일 개성공단 폐쇄 조치를 내리면서 대한민국 종사자들을 전부 추방한

데 있다. 그러나 우리는 개성공단이 다시 문을 열기를 바라면서 마냥 세월을 보낼 수는 없다.

따라서 나는 다섯 곳의 경제특구를 신설하여 끊어진 남북 대화의 끈을 잇고, 경제난에 허덕이는 북한에게 활기를 불어넣는 과업이야말로 남북 통일의 여정에서 일대 전기를 마련할 수 있다고 생각한다. 동쪽으로 원산, 함흥, 청진은 동해를 사이에 두고 미국, 일본과 러시아의 자본과 기술을, 서쪽으로 남포, 신의주는 황해를 사이에 두고 중국의 자본과 기술을 도입하는 데 편리하다.

일반적으로 경제특구란 외국의 자본과 기술을 유치할 목적으로 자국 내에 설치하는 특별 구역으로, 외국 자본과 기술의 국내 유치를 유도하기 위해 각종 인프라 제공과 세제 및 행정적 특혜를 부여하는 특정 지역이나 공업 단지를 말한다. 그러므로 경제특구의 확대는 북한의 개방을 촉진하면서 이것을 주도하는 대한민국의 위상을 만방에 떨칠 기회가 된다.

나는 북한의 경제특구를 확대하는 작업에 있어서 신설할 5개 지구는 대한민국의 자랑이며 중화학공업의 중심인 울산공업단지를 모델로 삼아 우리 자본과 외국 자본을 합해 반드시 성사시킬 것을 호소한다. 북한의 다섯 개 신설 경제특구는 울산처럼 제철, 정유, 비료, 조선, 자동차 등 산업의 동력을 포괄하되 지역적 특성에 맞는 산업을 집중적으로 육성할 필요가 있다.
셋째, 정부는 북한의 사회간접자본 확대에 주력하는 것이 바람직하다.

세계 첨단의 토목 공사 실력을 보유하고 있는 대한민국이 기술과 자본을 투입해 낙후된 북한의 철도, 고속도로, 지방도로, 항만, 통신시설 등을 획기적으로 보강하면 북한 주민들이 얼마나 좋아하고 감사할 것인가?

정부가 북한의 사회간접자본 구축을 서두를수록 남북 화해에 크게 기여한다는 사실을 한시도 간과해서는 안 된다. 정부가 북한과 사회간접자본의 확충에 합의하지 않으면 기업과 민간단체는 이 부문에 끼어 들 수 없다. 사회간접자본은 시간이 흐를수록 투자 비용이 급증하고, 북한이 개방의 문을 조금씩이나마 열수록 4대 강국과 경쟁을 치러야 한다. 특히 일본과 중국 등 북한의 인프라에 관심이 많은 이웃나라에게 우리가 기회를 헌상(獻上)해서는 안 된다.

기업과 이북5도민회의 활약

정부가 통일한국을 건설하는 데 있어서 인체의 뼈의 역할을 한다면 기업과 민간단체는 살과 피의 역할을 담당한다. 뼈의 역할은 통일 정책의 대강을 완성하고 원칙을 정해주는 것을 의미한다. 정치인들이 자신의 명예와 이익을 위해 국가 민족의 장래를 좌우할 통일 문제를 자신의 입맛대로 끌고 간다면 국민은 정권이 바뀔 때마다 요동하는 통일 정책에 어리둥절하고 말 것이다.

경제특구의 성격을 가진 인구 100만 명 안팎의 북한 신도시는 경제의 활력소요, 과학 기술의 총아로서 자리매김해야 한다. 이곳에 화물선들이 수시로 드나들고, 북한의 상품이 줄을 지어 수출될 때 북한 경제가 비약적으로 발전할 것은 틀림없다. 그리고 이들 신도시는 아름답고 실용성 있는 설계에 바탕해 건설되면 더욱 좋겠다. 이것은 북한 주민들에게 감탄과 경이의 대상이 되고 피와 살 같은 존재로 인식될 것이다.

이들 신도시를 건설하려면 대한민국의 중소기업들이 아무리 많이 들어가 봐야 역부족 상태를 면치 못할 것이다. 건설은 발전하는 나라의 척도다. 우리나라는 해외 건설을 통해 그 노하우를 충분히 쌓았다. 나는 7대 도시 건설 중 나머지 5개에 우리나라의 대표적인 기업들, 예를 들면 삼성, 현대, SK, LG, 롯데 등이 신도시 하나씩 맡아 하청기업들을 대거 거느리고 작업한 후 각각의 도시에서 발생하는 이익의 일정한 지분을 보장하면 투자 유치가 가능하다고 믿는다.

다음으로 이북5도민회의 활약이 요구된다. 이북5도 등에 관한 특별조치법은 '이 법은 이북5도와 미 수복 시·군의 행정에 관한 특별조치를 규정함을 목적으로 한다.'고 규정하고 있다. 여기서 이북5도란 '1945년 8월 15일 현재 행정구역 상의 도(道)로서 아직 수복되지 아니한 황해도, 평안남도, 평안북도, 함경남도, 함경북도를 말한다.'고 규정하고 있다.

나는 이북5도민회가 북한의 각 시·도, 시·군·구, 읍·면·동과 자매결연을 맺기 위해 정부 당국과 교섭하고 북한의 해당 인민위원회와 접촉하여 자매결연의 날 축제를 1년에 두 차례 개최하는 것을 비롯해서 인적·물적 교류를 활발히 진행하는 것이 당연하다고 믿는다.

이북5도민회는 '대한민국의 영토는 한반도와 그 부속 도서로 한다.'는 헌법 조항에 따라 북한 땅을 대한민국의 영토로 이해하는 한 북한의 사회주의 헌법과 상반되므로 민간 교류의 차원에서 해당 지역과 친목을 증진하되 얻기보다는 돕기 차원에서 사업을 진행하기 바란다. 이러한 행사는 남·북한의 고향 잇기 형식으로 민족 통일을 앞당기는 데 적지 않게 기여할 수 있을 것으로 전망한다.

외국 자본과 기술 도입

대한민국은 위대한 통일한국의 탄생 이전에 통일을 견인하기 위해 미·일·중·러와 함께 5개국 공동회사의 설립을 주도하는 것이 바람직하다. 미국, 일본, 중국, 러시아는 한반도 전체에 관심을 가진 4대 강국이다. 그러나 대한민국은 4대 강국의 이해관계에 얽혀 운명을 그들에게 맡기는 변수(變數)가 아니라 이 변수들을 요리하는 상수(常數)가 되어 4대 강국과 함께 북한 경제를 일으키는 데 주력할 필요가 있다.

만일 이렇게 거창한 일을 한국 정부가 주도하겠다고 하면 한국을 일개 반도 국가라고 폄하해 온 4대 강국이 응할 리가 없다. 그러므로 정치인들이나 정당이나 정권이 자신들의 명예와 이익을 위해 과도한 욕심을 부리면 될 일도 안 된다는 것은 국제 정치의 냉엄한 역사가 교훈으로 가르쳐 준다.

나는 이런 점에서 전국경제인연합회가 한·미·일·중·러 등 5개국 공동회사의 창설이라는 과제를 책임지고 풀어나가야 한다고 생각한다. 경제인연합회는 서울에 사무실을 두고 외교통상부의 협조를 얻어 각국의 대표적인 재계 실력자들과 접촉해 북한에서 펼칠 주요 사업에 관해 논의하고, 투자 유치, 건설 사업의 진행, 이익 배분, 개발 영역의 배정 등에 관해 합의한 후 각서를 교환함으로써 국제적 거보를 내딛을 수 있다.

5개국 공동회사는 앞에 언급한 원산, 함흥, 청진, 남포, 신의주 등에 신설할 5개 경제특구 공사를 하나씩 맡아 한국 기업들과 함께 그 이익을 균분하면 명분과 실리를 아울러 취할 수 있다. 이 회사들은 이와 아울러 지리적 특성과 경제 개발의 효과를 감안해 두만강 개발 사업(GTI)을 확대하는 것이 바람직하다.

두만강 개발 사업은 유엔개발계획(UNDP)이 주관해서 두만강 접경의 북한, 중국, 러시아 3국과 한국, 몽골, 일본 3국이 참여하는 다자간 경제 협력 사업이다. 이 사업에 중국이 약 4.8억 달러를 투입하여 대규모 에너지, 교통, 통신, 도시 구조 개선 등 기초 시설 건설을 진행하는 등 투자 환경을 상당 수준 개선하였다. 또한 UNDP는 1995년과 1998년 중국 두만강 유역 국제 투자 무역 상담회를 개최하기도 했다.

북한도 두만강 개발 사업의 일환으로 1991년 말 나진·선봉지역을 자유 경제 무역 지대, 청진항을 자유 무역항으로 지정하여 개항한다는 내용의 개발 계획을 발표했다. 러시아, 몽골, 일본 등도 모두 두만강 유역 개발 사업 참여에 적극적인 태도를 보이고 있다.

그러나 대한민국은 통일한국을 야심차게 건설하는 과정에서 두만강 개발 사업에 보다 적극적으로 참여해 투자를 확대하고 이 사업을 사실상 주도하는 것이 바람직하다. 두만강 개발 사업은 통일한국이 대륙으로 진출하는 징검다리다. 이것을 효과적으로 수행하면 한반도의 지정학적 중요성은 훨씬 높아질 것이다.

5개국 공동회사는 신설할 5개 경제특구뿐 아니라 대규모 사회간접자본을 조성하는 것이 바람직하다. 그것은 국제고속철도, 국제고속도로를 포함한다. 사회간접자본 중 철도와 도로는 사람과 물류를 이동하는 주요 수단이란 점에서 경제 성장의 주춧돌이 되고 있다. 통일한국이 아시아와 유럽으로 뻗어가는 국제 도로를 건설하지 않고 어떻게 세계를 제패할 수 있겠는가?

국제고속철도는 부산, 서울, 평양, 블라디보스토크를 연결하는 철도망과 목포, 서울, 평양, 블라디보스토크를 연결하는 양대 철도망을 의미한다. 이 철도망과 아울러 철도의 지하에 러시아 가스(LNG, LPG)를 연결하는 송유관을 매립하면 일석이조의 놀라운 효과를 거둘 수 있다. 또한 국제고속도로는 부산과 목포에서 각각 출발해 서울, 평양, 중국 및 러시아를 통해 유럽으로 연결되는 거대한 도로를 의미한다.

나는 김대중 대통령의 햇볕정책이 결과적으로 북한의 핵 개발을 도왔다는 의미의 안보 저해론과 별도로 현금 거래의 문제점을 지적하고자 한다. 김대중 대통령은 현금을 북한에 투입함으로써 북한 김정일로 하여금 바로 핵 개발을 위한 실탄으로 사용토록 전투력을 부추기는 오류를 범하고 말았다. 그러므로 앞으로 통일한국은 사회간접자본의 확장을 기본으로 한 현물을 투입해야 한다는 교훈을 얻고 있다.

한반도의 평화는 세계 평화와 직결된다. 지구상에서 마지막 남은 분단 민족을 하나 되게 하는 것은 곧 세계는 하나라는 명제를 입증하는 주요 사례가 된다고 단언한다. 그러므로 유엔은 각 분야의 교류를 후원하고, 세계은행과 아시아개발기금 등 국제 금융 자본의 협조를 얻으며, 상징적 의미를 극대화하기 위해 평화의 도시에 유엔 사무국 분실을 두어 세계 평화의 산실의 역할을 할 수 있도록 힘을 실어주는 것이 바람직하다.

국제 무역 및 금융 체제 활용

우리는 북한을 개방하고 개혁하는 데에 있어서 외국의 기업 자본을 도입하는 것과 아울러 국제 무역 및 금융 체제를 활용함으로써 자본의 공신력을 더욱 공고히 하고 그 액수를 늘릴 수 있음을 유념해야 한다.

세계 경제를 활성화하기 위한 무역 협정은 다자 및 양자 협정으로 대별된다. 전자의 대표적 사례는 관세 및 무역에 관한 일반협정(GATT)이다. 전 세계에서 영향력이 큰 23개국은 1947년 10월 제네바에서 이 협정을 조인하고 GATT 체제를 출범했다.

이 협정은 케네디 라운드, 도쿄 라운드, 우루과이 라운드를 거친 후 1995년 세계무역기구(WTO)를 결성하여 막강한 영향력을 과시함과 아울러 시간이 흐름에 따라 양자 간의 자유무역협정(FTA)도 체결케 하여 지역주의적 색체를 강화했다. 2015년 10월 미국이 주도해서 결성한 환태평양 경제동반자협정(TPP)은 양자 간의 FTA를 다자 간의 FTA로 확대하는 계기가 되었다.

우리나라는 1999년 칠레와 FTA 협정을 체결한 후 2015년 1월 기준으로 53개 국가와 FTA 협상을 타결했으며 이 가운데 49개 국가와 FTA를 발효해 자유 무역의 역군으로 활약하고 있다. 1996년 선진국 클럽(OECD) 회원국이 되고 2011년 12월 5일 무역 1조 달러 클럽에 9번째로 가입하는 눈부신 성과를 거둔 우리나라는 북한을 FTA의 동반자로 유인하면 통일의 기반을 다지는 데 큰 효력을 발휘할 수 있다.

북한은 2013년 5월 29일 경제개발구법을 제정하고 그 해 11월 21일 13개 경제개발구를 개방한 데 이어 2014년 7월 23일 6개를 추가하는 등 해외 자본을 도입할 기초를 마련했다. 그러나 북한은 경제 구조의 취약성 때문에 자유무역협정으로 접근하지 못하고 있다. 남·북한 경제 협력의 상징이었던 개성공단은 북한의 경제에 활력을 불어넣고 북한으로 하여금 자유무역협정 체제로 진입하는 징검다리 역할을 담당할 수 있었다. 그러나 이 공단은 주로 정치적인 이유로 가동이 중단되어 안타까움을 남기고 있다.

대한민국은 가능한 한 빠른 시기에 개성공단을 가동함으로써 남·북 간의 정치적 대립을 해소하고 경제적으로도 북한이 개방하여 언젠가는 FTA 체제로 편입됨으로써 비약적인 경제 성장의 전기를 마련할 수 있도록 다각적인 노력을 경주하는 것이 바람직하다. 대한민국과 북한은 남·북 기본합의서와 교류 협력에 관한 부속 합의서에 서명한 이상 북한이 자본주의 경제 체제를 점진적으로 도입하는 과정에서 지혜를 모으고 힘을 북돋는 방향으로 나가야 하겠다.

다음으로 대한민국이 통일과 관련하여 역점을 두어야 할 사항은 국제 금융 체제의 활용이다. 국제금융기구는 옛 사회주의 국가들의 시장경제 체제로의 전환에 막강한 도움을 주었다. 주요한 국제금융기구는 세계은행(WB), 국제통화기금(IMF), 아시아개발은행(ADB) 등이다.

세계은행은 국제부흥개발은행(IBRD), 국제개발협회(IDA), 국제금융공사(IFC), 국제투자보증기구(MIGA) 등을 포괄한다. IMF는 IBRD의 자매기관이다. IBRD가 장기 국제금융기관이라면 IMF는 단기 국제금융기관이다. ADB는 아태지역의 경제 개발도상국들의 경제 성장을 돕고 있다.

북한은 저개발 국가에 속하고 세계은행, 국제통화기금 등에 회원으로 가입하지 않아 국제금융기구의 혜택을 받을 수 없다. 다만 북한은 아시아개발은행으로부터 대출받기 위해 1997년 2월에 가입 신청을 했다. 그러나 대주주인 미국과 일본의 반대로 뜻을 이루지 못했다. 이어서 북한은 남북정상회담 후인 2000년 8월에 다시 가입 신청을 했지만 거부되었다.

북한이 국제 금융으로부터 소외된 원인은 경제의 신용도가 낮아 대출에 대한 이자를 갚을 능력을 의심받고 있다는 점도 있지만 보다 근원적으로는 핵무기를 개발하고, 생화학 무기 등 살상 무기를 은밀하게 생산하는 국가로 알려져 있기 때문에 국제 금융 자본이 이러한 용도로 전용되는 것을 꺼리는 주요 회원국들의 거부감이 작용하기 때문으로 분석되고 있다.

그러므로 대한민국은 핵 개발이 북한 경제의 활성화에 도움이 되지 않는다는 사실을 북한을 향해 끊임없이 알리고 핵 개발의 중단을 설득하는 동시에 개성공단의 재가동 및 금강산 관광 재개를 신호로 북한의 5대 경제특구를 신설하는 과정에서 국제 금융 자본을 유치하여 북한에 간접적인 혜택을 부여하는 방향으로 노력할 필요가 있겠다.

4. 강력한 외교론

강력한 외교란 무엇인가?

강력한 외교는 강력한 안보와 밀접한 관계가 있다. 강력한 외교가 원심력으로 뻗어간다면 강력한 안보는 구심력으로 뭉친다. 만일 우리나라가 김정은 체제를 적으로 규정한다면 강력한 안보로 적에게 대항하기 위해 강력한 외교로 적을 고립시키는 한편 대한민국의 통일 노선이 정당하다는 지지를 세계의 우방 및 중립국으로부터 받아내는 과업이 매우 중요하다.

강력한 외교란 무엇인가? 그것은 무력으로 상대국을 점령하거나 압박하기 전에 심리전의 일환으로 벌이는 으름장이 결코 아니다. 강력한 외교의 형상은 수동에서 능동을, 소극에서 적극을 지향하면서 창의적이고 힘찬 외교를 의미한다. 강력한 외교의 본질은 인류의 평화라는 공동의 원칙과 가치를 준수하면서 윤리와 도덕의 기초 위에서 뜨거운 심정으로 사랑을 품어내는 외교다(심정이란 사랑하고 싶어서 견디려야 견딜 수 없는 강렬한 충동이다.).

우리나라가 지향해야 할 외교는 무엇보다도 인류의 평화를 부동의 원칙과 지고지순한 가치로 설정해야 마땅하다. 인류의 평화를 지키고 그것을 실현하기 위해 우리는 외교 역량을 총동원해야 한다. 만일 북한이나 우리와 인접한 국가가 인류의 평화를 깨뜨리는 행동을 하거나 앞으로 그렇게 하기 위해 유엔의 결의를 공공연히 위반하면서 핵무기나 생화학 무기를 개발하고 실험을 계속한다면 우리는 그러한 시도를 중단시키기 위해 그 실상을 세계에 알리는 한편 끊임없이 자제를 촉구하는 메시지를 그들에게 보내야 한다.

　우리나라의 특정 집단이 이러한 기본적인 원칙과 자세를 방기한 채 무력으로 도발적인 자세를 취하는 북한과 우리의 이웃 국가에게 저자세를 취한다든가, 그들의 행위를 기정사실로 받아들이고 내부적으로만 평화 타령을 늘어놓는다면 국민의 지지를 받을 수 없을 뿐 아니라 자주적인 외교와 거리가 먼 비굴한 외교라고 세계인들로부터 지탄을 받을 것이다.

　또한 우리나라는 윤리와 도덕의 기초 위에서 외교를 펴나가야 한다. 윤리와 도덕은 국제 사회의 공통된 기반이요, 이것을 세워야만 세계 평화를 유지할 수 있는 이상이요, 희망이다. 이것과 어긋나는 것이 반윤리와 부도덕이다. 반윤리는 평화를 깨뜨리는 무기를 생산하면서 이를 자주로 위장하는 자세에서, 부도덕이란 자신의 범죄 행위의 원인을 상대방에게 뒤집어씌워 자신을 정당화하는 태도에서 적나라하게 드러난다. 우리는 인류의 행복을 증진하고 상대국과의 상생을 외교의 윤리와 도덕으로 삼아야 한다.

　아울러 뜨거운 심장에서 사랑을 품어내는 외교란 우리가 적극적이며 열정적으로 주도해서 만인의 칭찬을 받으면서 모든 것을 살리고 모든 것을 북돋아내는 불타는 사랑의 화신이 되어야 한다는 것을 의미한다. 조건 없이 투입하고 또 투입하고 주고 또 주고도 잊어버리는 조건 없는 사랑, 그러면서도 확고한 책임과 윤리 의식을 간직한 부모의 사랑 같은 것 말이다.

6자 회담을 폐기해야

나는 이러한 논리를 전제로 하여 종래의 6자 회담을 용도 폐기해야 한다고 주장한다. 6자 회담은 북한 핵 문제를 해결하기 위해 2003년 8월 27일 처음 열린 이래 6차례 회담을 해오다 중단된 대한민국, 조선민주주의인민공화국, 미국, 러시아, 중국, 일본 등 6개국 간의 회담이다.

6자 회담은 2007년 2월 13일 2·13 합의를 통해 조선민주주의인민공화국의 핵 시설 폐쇄와 불능화, 핵 사찰 수용, 중유 지원 100만 톤 상당의 경제적 지원 등을 공표했다. 그러나 북한은 이 회담이 진행되는 동안에도 핵 실험을 계속해 6차례의 실험을 하고 미사일을 쏘아 올렸다. 미국의 역대 대통령이 지속해 온 6자 회담을 골간으로 한 '전략적 인내'는 북한으로 하여금 핵무기를 보다 정교하게 개발할 시간만 부여한 셈이다.

미국의 트럼프 대통령은 허울 좋은 '전략적 인내'를 실패로 규정하고 중단된 6자 회담을 외면한 채 유엔 안보리와 총회 결의를 통한 대 북한 압박을 주도하면서 만약의 사태에 대비해 북폭을 포함한 대대적인 군사행동을 검토하고 준비해왔다. 이로써 6자 회담은 사실상 역사의 박물관으로 들어간 셈이다. 따라서 나는 다자 회담을 그 대안으로 제시하고자 한다.

6자 회담은 기본적으로 냉전 시대의 산물이다. 미국과 소련은 냉전 시대에 남·북한에서 막강한 영향력을 행사했다. 한반도를 중심으로 한 냉전 체제는 한·미·일, 북·중·러로 나뉜 대결 구도로 집약된다. 이 두 그룹이 이데올로기를 반대로 대변하면서 북한 핵 문제를 해결하려 한들 공리공론으로 그칠 수밖에 없다.

11개국 회담을 제안한다

그러므로 나는 북한 핵 문제를 해결하기 위해서는 6자 회담 당사국 외에 유엔 안전보장이사회의 상임이사국 중 6자 회담에 포함되지 않은 영국을 추가하고, 유럽에서 찬란한 역사를 영위한 프랑스, 위대한 통일을 이룬 독일 및 아시아에서 제3세력으로 성장하고 있는 인도, 몽골을 포함하는 11개국 회담을 갖자고 제안한다.

11개국은 냉전 체제와 유관한 국가와 무관한 국가를 포함하고 있다. 이 가운데 영국, 프랑스, 독일은 세계사의 주요 국면에서 상당한 영향력을 행사해 왔다는 점에서 북핵 문제를 해결하고 한반도의 평화를 정착시키는 의미 있는 역할을 담당할 수 있다. 아시아의 인도, 몽골은 북한 핵을 해결하는 데 지혜를 기대할 뿐 아니라 통일한국의 위대한 비전을 실현하는 데 있어서 협력해야 할 주요 국가들이다. 이 11개국 회담은 북한 핵을 옹호하거나 방치해 온 중국의 힘을 약화시키는 의미도 있다.

11개국 회담은 군사적 대결 구도를 넘어서고 있다는 점에서 군사 동맹이 아니라 가치 동맹임을 우리는 주목해야 한다. 가치 동맹이란 앞에서 언급한 우리 외교의 본질 중 '인류의 평화를 부동의 원칙과 지고지순한 가치로 설정' 해야 한다는 논리와 합치된다.

11개국이 긴밀한 회담을 통해 인류의 평화를 공통된 가치관으로 인식하고 그것을 지구상에서 유일한 분단 민족이 대치하고 있는 한반도에서 실현할 때 강력한 힘을 발휘할 수 있을 것이다.

CHAPTER 7
통일 비용 조성 방안

1. 통일 비용이란 무엇인가?

통일 비용이란 통일을 전후하여 필요한 돈을 의미한다. 좁은 의미의 통일 비용은 통일 이후 지역 간 소득 격차를 제거하는 데 소요되는 회계적 비용을 가리키는 반면 넓은 의미의 통일 비용은 협의의 통일 비용에 통일 이전의 분단 비용과 통일 후 낙후 지역의 사회간접자본 구축이나 경제 개발 투자 및 여타 기회비용까지 포함하는 경제적 비용(economic costs)이다.

우리는 아직 불확실한 상태에 있는 남북 문제를 놓고 통일 비용을 산출하려면 다양한 변수들 때문에 백가쟁명의 주장들이 난무하는 상황과 마주칠 수밖에 없다. 따라서 우리는 단 하나의 답을 기대할 수가 없다.

독일 통일은 1989년 11월 9일과 10일 동·서 베를린을 가로 막은 베를린 장벽이 무너지면서 급격히 진행되어 1990년 10월 3일 동·서독이 정식으로 하나된 독일로 세계 만방에 선포함으로써 이룩되었다.

분단의 비극을 앓고 있는 대한민국은 독일 민족의 위대한 결단을 칭찬하면서 그들이 이룬 통일을 부러운 마음으로 쳐다보면서 우리도 언젠가는 통일함으로써 막강한 통일한국으로 도약해야 한다고 다짐했다. 독일 민족이 해낸 일을 반만 년의 역사를 누리며 우수한 자질을 지닌 우리가 못할 이유가 없다.

독일이 통일되자마자 KDI는 1991년 9월 '남·북한 경제 관계 발전을 위한 기본 구상 총괄 보고서'를 통해 남·북한 경제 통합을 위한 연구 결과를 발표했다. KDI는 독일식 통일을 한다는 전제 하에 2010년 북한 지역 1

인당 소득 수준을 남한의 60%로 잡고 1990년 불변 가격으로 하여 통일 비용을 2,632억 달러에서 2,736억 달러로 추정했다.

통일 비용의 산출에 있어서 필수적인 사항으로 통일세에 관한 논의를 빠뜨릴 수 없다. 한백연구재단이 1993년 5월부터 7월까지 전문가 31명을 대상으로 조사한 결과 15명은 통일세 신설을 찬성했고, 16명은 반대했다고 밝혔다. 통일 비용 마련의 대종을 이루고 있는 통일세만 하더라도 전문가들 사이에 이렇게 팽팽한 의견 대립을 보여주고 있다.

통일연구가 김희철은 박사학위 논문에 기존의 통일 비용 연구들을 망라한 적이 있다. 그는 1990년대의 통일 비용 연구 추세와 2000년대 통일 비용 연구 추세를 나누어 살피고 있다.

그는 1990년대의 통일 비용 추정 연구를 다음과 같이 정리하고 있다.
1993년 황의각 2조 5,000억 달러, 1993년 이상만 10년간 2,000억 원, 1994년 연하청 10년간 2,300억 원에서 2,500억 원, 1994년 이영선 40~50간 3,300억 원, 1994년 KDB 805억 달러, 1995년 김준영 GNP의 10~25%, 1996년 박태규의 초기 5년은 남한 지역 GNP의 8.67~11.29%, 후기 5년은 7.47%로서 평균 5.6~2%, 1996년 배진영 1993년 기준 2,119억~4,880억 달러, 1996년 정갑영 등은 32년간 4,120억 원, 1996년 놀랜드 3조 1,720억 원, 1997년 조동호 1996~2005년 10년간 통일 편익은 통일 비용의 17.8~27.5%, 2020년까지 통일 편익은 통일 비용의 54.9~84.8%, 1997년 KDI 처음 5년간 GDP의 9~11%, 다음 5년 간 GDP의 7.5%, 1998년 신동천 890억~2,808억 원, 1998년 홍성국 남·북한 분단 비용 규모 1,591억 달러와 통일 비용 600억 달러 등이다.

그는 또 2000년대의 통일 비용 추정 연구를 다음과 같이 정리하고 있다.

2000년 골드만삭스 2000년 10년간 7,700억~3조 5,500억 원, 2005년에서 10년간 3조 5,000억 원, 2000년 바클레이즈 20년간 4,200억 원, 20년간 6,000억 원, 2003년 박석삼 점진적 통일 시 연간 8,300억 원, 급진적 통일 시 연간 35조 원, 2003년 이영선 점진적 통일 시 732억 달러, 급진적 통일 시 5년간 1,827억 달러, 10년간 5,614억 달러, 2005년 삼성경제연구소 546조 원, 2005년 신창민 8,210억 달러, 2005년 랜드연구소 통일 후 4~5년간 500억~6,700억 달러, 2008년 조세연구원 통합 후 10년 정도 남한 GDP의 7~12%, 2010년 피터백 30년 동안 2~5조 달러, 2010년 랜드연구소, 찰스 울프 620억~1조 7,000달러, 2010년 김유찬 최소 1,548조 원, 최대 2,257조 원, 2010년 대통령 직속 미래기획위원회 급변 시 2040년까지 2조 1,400억 원, 점진적 통일시 3,220억 원 등이다.

통일 비용은 이상에서 일별할 수 있듯이 연구하는 사람마다 통일의 방식, 통일 비용에 대한 정의, 통일 비용 추정의 방식, 남·북한의 경제력 차이, 통일 후 설정할 국가의 목표 등의 기준에 따라 백인백색의 결과를 낳고 있다. 이것은 학문적 연구 과정에서는 의미가 있지만 실제로 통일을 준비하는 정부, 연구기관, 시민단체, 개인 연구가의 입장에서는 혼란을 일으킨다는 단점이 있다.

2. 독일의 통일 비용

독일의 통일 비용은 서독이 동독을 통합할 때의 비용, 통일을 선포한 후 동독의 경제를 일으키는 데 든 비용, 옛 동독 주민들의 생활 수준 향상 비용, 동독에 주둔했던 소련군 철수 비용, 서독이 관련 국가들로부터 통일을 승인받기 위해 들어간 비용을 포함한다.

독일의 베를린 독일경제연구소는 독일의 통일 비용을 500억 DM, 다른 연구소는 150~2,200억 DM이 들 것으로 예상했다. 그러나 1990년 초 국제통화기금은 동독이 서독 수준에 도달하기까지 약 1조 5,000억~2조 DM이 필요할 것으로 예측했다. 그러나 독일의 통일 비용은 경제뿐 아니라 정치, 사회, 문화의 영역에서 들어가는 비용까지 포함하면 이보다 더 많게 나타난다. 우리는 김희철의 연구를 참조하면서 독일의 통일 비용을 개관하기로 한다.

첫째, 조세다. 이것은 가장 간단한 방법이지만 국민들이 가장 많은 불만스러워 하는 부분이기 때문에 국민적 공감대 형성이 필요하다.

독일 연방정부는 1990년 이후 매년 GDP의 4%를 지출했다. 독일 연방정부는 소득세와 법인세에 대한 7.5% 연대부과금으로 1991년 112억 5,000만 DM, 1992년에 106억 5,000만 DM, 석유세 인상으로 1991년 58억 DM, 1992년 140억 DM, 보험세 3% 인상으로 1991년 7억 DM, 1992년 20억 DM, 연초세 개당 1페니히 인상으로 1992년 16억 DM을 확보했다. 또한 독일 연방정부는 실업보험료 2.5% 인상으로 1991년 202억 DM,

1992년 221억 DM을 마련했다.

소득세와 법인세에 대해 7.5%를 부과하는 통일연대부과금은 1991년 7월부터 1년간 시행되었다. 이에 대해서 독일 국민들은 통일 직후였기 때문에 별다른 저항을 하지 않았다. 그러나 독일 국민들은 1995년 이후 다시 도입된 통일연대부과금에 대해서는 열띤 찬반론을 폈다.

연방정부는 EC 통합과 더불어 EC 국가 간의 부가가치세율의 최저 한계가 15%로 규정됨에 따라 14%였던 부가가치세율을 15%로 인상했다. 연방정부는 통일 이전에 부가가치세가 총 세수의 25%를 차지하고 있었던 데 비해 1991년 부가가치세 징수액 1,797억 DM으로 총 세수의 27.1%, 1992년 부가가치세 징수액 1,955억 DM으로 총 세수의 26.8%를 유지했다. 연방정부는 세금 인상과 별도로 각종 세금 감면 조치를 폐지하여 세수 증대를 꾀하기도 했다.

그러나 연방정부가 부가가치세, 석유세, 보험세 등 각종 간접세를 인상하고 통일연대부과금을 가중시킴으로써 물가 상승과 임금 인상 요인으로 작용했다. 이에 노동자들은 임금 인상 투쟁을 벌이는가 하면 실업자 증대라는 부작용을 낳기도 했다. 특히 각종 사회 보험료의 인상은 저소득층의 생활을 옥죄어 사회의 불만을 초래했다.

둘째, 동독 재건을 위한 투자 및 재정 지원 확대다.

독일은 1991년 3월 8일 동독 지역의 경기 부양 종합 대책을 마련했다. 독일 정부는 경기 부양을 위한 공동 대책 분야, 공동 대책 이외의 특수 지원 분야, 대책 보완 분야, 고용 촉진을 위한 임금 정책 분야 등 4분야를 위한 특별 추가 지원금으로 1991년과 1992년에 총 240억 DM의 투자 계획을 수립했다.

독일 정부는 조세 인상으로 이 수치를 달성했다. 즉 정부는 1991년 7월 1일부터 1992년 6월 30일까지 소득세 및 법인세 7.5%를 인상해 110억 DM을, 1992년 유류세 인상을 통해 130억 DM을 확보했다.

연방정부는 1994년부터 독일조정은행, 베를린 산업은행, 재건신용금고 등을 통해 신연방주 안의 기업체와 기초자치단체에게 기업 운영, 투자, 자기 자본 지원 계획을 위해 유리한 조건으로 융자했다. 이 가운데 60%는 제조업 활성화, 18%는 주거 공간 현대화, 20%는 기초단체 지원을 위한 것이었다.

연방정부는 공공기관의 융자 보증을 통해 융자금의 최고 80%를 보증했으며 이를 위해 보증은행을 설치했다. 보증은행은 융자금 최고 100만 DM까지, 연방정부의 지원을 받은 베를린 산업은행은 융자금 최고 100만 DM 이상 2,000만 DM까지, 신탁청은 그 이상을 보증했다.

연방정부는 1990년 7월부터 옛 동독지역이 기업, 특히 CIS 회원국으로 상품을 수출할 경우 수출 보증을 했다. 또한 정부는 1990년 말까지 수출업자들로 하여금 연방정부를 통해 2.34DM의 환율로 루블화를 환전할 수 있게 했다.

연방정부는 사회간접자본에도 주력했다. 연방정부는 '독일 통일 교통 프로젝트'를 위해 17개 프로젝트를 진행해 350억 유로를 투입했다. 이 프로젝트는 건설 중인 프로젝트의 지속, 도로와 철도 투자 자금의 단계적 조정, 독일 통일 교통 프로젝트의 우선권 보장을 포함했다.

연방정부는 사회간접자본 중 낙후된 통신망을 개선하기 위해 1990년 '텔레콤 2000'이라는 전자 통신망 현대화 종합 계획을 수립했다. 결국은 적자 재정의 해소를 위해 연방정부는 통신 부문을 민영화했다.

연방정부는 1990년 20억 DM의 실업보험과 7억 5,000만 DM의 연금보험에 대한 초기 재정 지원 외에 통일 이후 추가해 동독 사회보장비 적자분을 떠맡았다. 이에 따라 연방정부는 동독의 모든 사회보장 부문 즉 연금, 실업, 의료보험 지출을 위한 재원으로 139억 DM을 지불했다.

또한 연방정부는 1990년 7월 1일 옛 동독의 대내외 채무와 화폐 통합으로 인해 생긴 은행 및 국영기업의 대차대조표 상의 차액을 인수하여 이를 보전하기 위해 특별계정인 채무청산기금을 만들었다. 이로써 연방정부는 옛 동독의 국가 채무 280억 DM, 은행 및 기업체 손실 보상액 800억 DM, 옛 동독의 대외 채무 청산액 300억 DM 등 1,380억 DM을 책정했다.

셋째, 독일통일기금 활용이다.

독일통일기금이란 동독 지역이 정상적인 재정 균형을 이루기까지 기본적인 재정을 확보하기 위한 연방정부의 경과적인 조치로 운영된 기금이다.

1990년 5월 18일 제1차 국가조약에 따라 독일 통일 비용 충당을 위해 한시적으로 제정한 법에 따라 설치된 이 기금은 동독 주정부의 수입 중 이 기금의 기여율이 1991년 48.9%, 1992년과 1993년에 각각 42.6%, 42.3%나 될 정도로 이 지역의 재정에 크게 기여했다.

연방정부는 제1차로 1992년 3월 16일 구조조정법 해지 및 통일기금증액법이 발효할 때 독일통일기금을 315억 DM 증액해 1,463억 DM으로, 제2차로 1993년 3월 11일부터 13일까지 연대 협정을 위한 협상 등을 완료할 때 144억 DM을 증액해 모두 1,607억 DM을 확보했다.

연방정부는 독일통일기금 중 496억 DM을, 서독 지역 주정부는 161억 DM을 담당하고, 나머지 950억 DM은 자본 시장에서 기채로 해결했다.

넷째, 자본 시장의 기채다.

연방정부가 통일과 관련된 세수 증대를 위해 여러 가지로 노력한 결과 세수는 1992년에는 전년에 비해 9.1% 증가하고 사회보장보험료는 전년에 비해 7.6% 증가했다. 이에 따라 정부의 총 재정 수입도 전년에 비해 9.3% 증가한 1조 4,255억 DM을 기록했다.

그러나 연방정부는 재정 지출의 증가 폭이 재정 수입을 훨씬 능가해 재정 적자가 1991년 891억 DM, 1992년 931억 DM으로 늘어남으로써 각각 GNP 대비 3.4%, 3.5%를 기록했다. 여기에 기타 공공 부문 적자, 즉 각종 기금과 특별회계의 지출 초과를 합하면 전체 공공 부문 적자는 더욱 늘어 1991년 1,512억 DM, 1992년 2,145억 DM으로 껑충 뛰었다.

연방정부는 재정 적자의 상당 부분을 자본 시장의 기채를 통해 해결했다. 전체 공공 부문의 재정 적자는 1991년 총 재정 적자 1,512억 DM, 자본시장 기채 1,300억 DM, 1992년에는 각각 2,145억 DM, 1,942억 DM이었다.

3. 통일 비용 조성의 원칙

독일은 우리나라와 경우가 다르지만 어쨌든 통일을 우리나라보다 먼저 했으므로 통일에 관한 한 우리의 입장에서 볼 때 형과 다름이 없다. 우리는 형으로부터 많은 것을 참고해야 마땅하다. 나는 한국 통일에도 막대한 돈이 들고, 통일 비용을 조성해야 할 책임이 우리 국민에게 주어진다는 엄연한 현실 앞에서 통일 비용 조성의 원칙을 우선 살피고자 한다.

첫째, 통일 비용은 돌발 사태가 발생할 경우의 비상 기금이다.

전문가들은 통일 비용을 예측함에 있어서 급격한 변화의 경우와 점진적 변화의 경우를 구별해서 접근한다. 급격한 변화란 전쟁이 일어나서 대한민국이 북한을 흡수 통일하거나, 북한에서 쿠데타나 대규모 반정부 데모가 일어나서 유혈의 과정을 거치면서 김일성 3대 세습 정권이 붕괴되어 대한민국의 주도 하에 통일이 이루어지는 경우 등을 가리킨다. 점진적 변화란 대화를 통해 상호 이해의 폭을 넓히면서 평화적으로 통일하는 경우를 의미한다.

전문가들은 급격한 변화를 겪으면서 한쪽이 다른 쪽을 흡수 통일하면 점진적 변화를 겪으면서 공존의 형식으로 통일하는 경우보다 훨씬 많은 비용이 든다는 데 의견의 일치를 보이고 있다. 급격한 변화는 예상치 못한 사태에서 촉발될 수도 있다. 그리고 이것은 유혈 사태를 수반하는 경우가 대부분이다. 유혈 사태 자체가 비용 발생의 요인이 된다. 그리고 급격한 변화가 예상치 못한 상태에서 닥칠 때 들어가는 천문학적 비용을 갑자기 마련하려고 할 경우 매우 심각한 부담을 정부와 국민이 짊어지게 된다.

따라서 우리는 바라든 바라지 않든 간에 돌발 사태가 발생할 경우를 가정하여 통일 비용을 미리 준비하는 것이 바람직하다. 이것을 옛 사람들은 유비무환(有備無患)이라고 표현했다. 이렇게 준비한 통일 비용은 돌발 사태 없이 점진적 변화로 통일을 달성할 경우에는 더욱 요긴하게 쓸 수 있는 여유 자금이 될 수 있다.

둘째, 통일 비용은 5대 강국 진입을 위한 드림 펀드다.

전문가들은 흔히 통일 비용을 예측함에 있어서 협의의 통일 비용 즉 통일을 준비하는 과정과 통일된 후의 상황 변화에 대처하는 과정에서 발생하는 비용을 계산한다. 이러한 경향은 대한민국과 북한이 하나 되어 새로운 국호를 가지고 한반도에 존재하는 것을 전제로 한다.

물론 대한민국은 헌법에 영토를 '한반도와 그 부속 도서로 한다.'고 규정하고 있다. 헌법은 미 수복된 북한 영토도 우리의 영토로 본다. 그러므로 한반도를 우리의 영토로 규정하는 것만 해도 통일된 이후에는 영토의 실질적 확장을 의미한다. 이것은 희망을 부풀리고 개발 의욕을 충동하는 호재가 아닐 수 없다.

그럼에도 불구하고 나는 이러한 협의의 통일 비용을 넘어서서 광의의 통일 비용 즉 통일을 대한민국이 웅비하는 기회로 삼아야 한다는 관점에 따라 통일 이후 미국, 일본, 독일, 중국 등 정치·경제적 강대국에 이어 세계 5위의 강대국으로 진입하기 위해 필요한 드림 펀드의 의미를 가져야 한다고 믿는다.

이를 위해서 우리는 넉넉한 통일 비용을 마련해서 주도면밀한 프로젝트로 밀어붙인다면 조선족들이 많이 사는 중국의 동북 3성, 고려인들이 많이 사는 연해주와 그 주변, 중앙아시아 등과 정치·경제·사회·문화·예술·과학·기술·스포츠 등 각 분야의 교류와 연대를 강화해 우리의 활동 무대를 크게 확장해야 한다고 생각한다.

우리는 통일한국이 세계의 5대 강국이 되기 위해 모든 불합리한 규제를 혁파하고, 스케일이 큰 인재를 양성하기 위한 교육에 치중하며, 사회 기강을 확립하는 한편 범죄자들을 일벌백계하고, 기업들이 최고의 능력을 발휘할 수 있는 기회를 제공하며, 노사 협조의 전통을 세우고, 끊임없이 사회 교육을 강화하는 데 필요한 비용을 확보해야 한다.

셋째, 통일 비용은 대한민국과 외국의 공동 투자의 합산이다.

대한민국은 경제적으로 세계 10위권에 드는 선진국에 올라서긴 했지만 빈번한 노사 분규, 정치권의 일각에서 조성되고 있는 반 기업 풍토, 성장보다는 분배에 치중하려는 정책, 무상 복지의 환상 등이 번져 경제를 지속적으로 성장시키기는커녕 후퇴하여 중진국으로 떨어질 가능성도 있다.

그러므로 우리는 대오 각성하여 경제를 성장시켜 통일 전에 우선 경제를 확실하게 10위 이내로 진입시켜 '선진국 반열'이란 딱지를 떼버리고 '선진국'이라는 호칭을 당당하게 누리자. 우리는 다시 한 번 허리띠를 졸라매고 '제2의 한강의 기적'을 창출하자. 통일은 이와 같이 성장하는 대한민국이란 말에 달아주는 날개다.

우리는 통일 비용을 산정함에 있어서 우리의 능력만으로 충당할 때 무리가 오거나 우리의 경제 능력에 맞춰 통일 비용을 산정하게 되므로 축소 지향의 경향을 면치 못할 수 있다. 통일이 우리로 하여금 웅비의 기회를 주는데 우리가 돈이 없어서 그 기회를 놓친다면 천추의 한을 씹어야 할 것이다.

우리가 통일 후 세계 5위의 경제 대국이 되기 위한 통일 비용을 마련할 때 대한민국 자본을 60%, 외국 자본을 40%에 이르도록 대규모로 유치하면 우리의 꿈을 실현할 수 있으리라고 기대한다. 외국 자본들이 통일한국의 번영을 위해 밑거름이 되고 자신들도 투자에 상응한 이익을 충분히 획득할 수 있도록 우리는 외국 기업들과 합심하여 도약의 프로젝트를 짤 필요가 있다.

4. 나의 통일 비용 조성 방안

나는 앞에 제시한 통일 비용 조성의 원칙, 즉 통일 비용은 돌발 사태가 발생할 경우의 비상 기금이고, 5대 강국 진입을 위한 드림 펀드이며, 한국과 외국의 공동 투자의 합산이라는 관점에 입각해서 급격한 통일의 경우 2,000조 원, 점진적 통일의 경우 1,000조 원이 필요할 것으로 추정한다. 통일 비용은 어마어마한 돈이다. 나는 그것을 마련하는 방법으로 징세, 국공채 발행, 상품권 발행, 민간 자본 동원, 외국 자본 도입 등 다섯 가지를 들고자 한다.

나는 점진적 통일을 선호하는 입장이므로 1,000조 원을 어떻게 염출할 것인가에 대해 예상한 결과 대체로 징세 및 국채로 450조 원, 상품권으로 50조 원을 감당하고 나머지 500조 원 중 회사채 및 민간 자본으로 300조 원, 외국 자본으로 200조 원을 끌어들일 것을 제안한다.

첫째, 징세

징세 중 통일세를 신설하는 방안은 가장 확실한 재원 조달 방법이라 할 수 있다. 그러나 이것은 국민의 조세 저항을 초래할 가능성이 예상된다. 더구나 북한이 핵무기를 생산하고, 미사일을 연거푸 발사하는 상황에서는 통일세를 신설하는 방안은 국민의 외면을 받기 쉽다.

정부가 통일세를 신설할 경우는 평화 시기에는 부작용을 촉발할 가능성이 높으므로 급격한 통일 즉 전쟁이 일어나서 미국이 북한 정권을 붕괴시켜 북한이 혼란에 빠지거나, 북한에 대규모 반정부 데모가 벌어져 북한 수

뇌부가 이것을 제압하지 못하고 외국으로 달아나거나, 북한의 군 또는 당 간부 중 일부가 김정은을 암살하거나 신체에 치명적 타격을 가해 정권이 전복되면서 북한 주민들이 군사분계선으로 대거 남하하는 등 불의의 사태로 통일이 달성되면 통일세 신설은 불가피하다.

이와는 달리 점진적 통일을 전제로 한 징세로서 소득세, 법인세 등 직접세를 인상하거나 부가가치세 등 간접세를 인상하는 방안이 있다. 직접세의 인상 또한 국민의 조세 저항을 불러올 수 있다. 그러므로 정부와 시민단체들은 통일에 대한 낙관적인 비전을 제시해야 한다. 간접세 중 부가가치세의 인상은 서민들에게 상대적으로 큰 부담을 안겨주지만 국민의 호응을 위해 충분한 홍보를 해야 할 것이다.

둘째, 국채와 회사채 발행

국채는 국가가 발행하는 채권이다. 통일에 대비하는 국채는 10년 만기로 국가가 발행하는 것이 합리적이다. 국채는 정부가 원리금의 지급을 보장하고 국민들이 통일을 위해 국채를 사므로 정부와 국민이 혼연일체로 통일에 대비하는 모양새를 갖추게 된다.

국내의 재벌과 대기업들은 회사채를 발행해 통일에 대비하는 것이 바람직하다. 정부는 점진적인 통일을 이룩할 경우 재벌과 대기업들에게 회사채 발행의 정도에 따라 북한의 개발에 기득권을 부여하는 것도 회사채의 유도에 도움을 줄 수 있다.

셋째, 상품권 발행

통일에 대비한 상품권 발행은 김희철이 『통일 비용, 어떻게 마련할 것인가?』에서 비중 있게 제기한 방안이다. 그는 이것을 통일상품권이라 칭한다. 통일상품권이란 복권과 상품권의 특징을 결합시킨 복표상품권으로 해석하고 있다.

기존의 복권은 추첨 결과에 따라 당첨되지 않으면 복권을 구입한 원금을 돌려주지 않지만 통일상품권은 상품권을 구입하여 상품권에 연결된 복표를 떼어서 보관하고 나중에 추첨을 통해 당첨 등급에 해당하는 금품을 수령토록 한다. 통일상품권을 판매하기 위해서는 통일상품권의 발행과 판매 등 운영을 전담할 기구를 설립해야 하고 설립된 기구는 관련 법규를 정해야 한다.

넷째, 민간 자본 동원

한국 경제를 세계 10위권으로 도약시킨 기업들이 통일을 위해 적극적으로 기금을 마련하고 투자하는 것은 매우 바람직하다. 다만 기업이나 개인 투자가들은 통일 이후 북한의 땅을 투기 목적으로 사들이는 것을 법으로 엄금해야 한다. 북한에 대한 투자는 오로지 북한의 개발과 복지의 증진에 도움이 되는 방향으로만 이루어져야 한다.

민간 자본의 주축은 북한의 7대 산업화 신도시 중 새로 건설할 후보지인 신의주, 남포, 원산, 함흥, 청진 신도시 등 5곳을 전담할 대한민국의 5대 그룹이다. 이들은 민간 자본의 총액 300조 원 중 5대 도시에 각각 40조 원을 투입해서 모두 200조 원을 책임지도록 한다. 재벌 그룹은 나머지 100조 원을 북한의 사회간접자본 확충 부문에 투자하는 것이 바람직하다.

다섯째, 외국 자본 도입

나는 "위대한 통일한국의 탄생 이전에 통일을 견인하기 위해 미·일·중·러와 함께 5개국 공동 회사의 설립을 주도하는 것이 바람직하다."고 앞에서 밝힌 바 있다.

한국 기업들은 5개국 공동 회사의 지분을 60% 갖고, 나머지 4개국 기업들이 각각 10%씩 가져 모두 40%를 가지면 민간 차원의 거액의 외국 자본을 유치할 수 있다. 외국 자본의 규모는 국내 자본 300조 원에 비추어 200조 원에 이르도록 한다.

CHAPTER 8
문명의 충돌과 화해의 길

1. 문명충돌론이란 무엇인가?

문명충돌론은 미국의 정치학자며 미 국방성 자문위원인 사무엘 헌팅턴에 의해 학계에 도입된 이론이다. 그는 1993년에 「포린 어페어즈(Foreign Affairs)」지에 「문명의 충돌」이란 논문을 발표해 즉시 세계적인 반응을 받았다. 그는 1996년에 몇 편의 관련 논문을 묶어 『문명의 충돌과 세계 질서의 재편(The Clash of Civilizations and the Remaking of World Order)』이란 저서를 출간했으며, '문명충돌론' 은 여기에 집약되어 있다.

지금까지 철학자 슈펭글러(O. Spengler, 1880~1936)와 사학자 토인비와 같이 문명으로 세계 역사를 설명한 학자는 있었다. 그러나 헌팅턴 같은 정치학자가 문명으로 국제 정치를 해석한 전례는 없었다. 국가만을 단위로 하여 국제 정치를 분석하고 이해해 오던 정치학계는 헌팅턴의 문명충돌론에 충격을 받았다.

"새로운 세계에서는 문화적 동질성이 한 나라의 우방과 적국을 규정하는 본질적 요인이다. 냉전 구조에 편입되는 것은 피할 수 있었지만 국가가 문화 정체성 없이 존재할 수는 없게 되었다. '너는 어느 편인가?' 라는 물음은 '너는 누구인가?' 라는 훨씬 근원적인 물음으로 바뀌었다. 모든 나라는 이 물음에 답하지 않으면 안 된다. 그 답변, 곧 한 나라의 문화적 정체성이 세계 정치에서 그 나라가 차지하는 위치, 그 나라의 친구와 적수를 규정한다."

"문화가 중요성을 갖는 세계에서 소대는 종족, 중대는 민족, 군 전체는 문명에 해당한다."

이와 같은 헌팅턴의 담론의 주제는 지금까지의 탈냉전 시대에는 주목받지 않았던 정치나 경제 외적 가치인 역사·조상·언어·종교 같은 문명적 요소('문화적 동질성' 또는 '문화 정체성')와 그 충돌이 세계를 움직여가는 핵심 변수가 된다는 것이다. 그의 이론은 국가라는 막강한 권력의 실체를 밀어내고 그것에 의해 가려졌던 문명적 요소에 초점을 맞춰 새로운 영향력의 실체를 조명하고 있다는 점에서 그 스케일의 웅대함을 느끼게 한다.

헌팅턴은 이 책의 서문에서 국제 정세의 추이를 통찰하기 위해 자신이 제시한 '문명충돌'이란 패러다임이 그 어떤 패러다임보다도 '더 의미 있고 유용한 렌즈를 제공할 것'이라고 자부하면서도 그 '유용성'을 20세기 말과 21세기 초의 세계 정세를 이해하는 데 한정하고 있다. 그 역시 그의 이론은 보편타당한 것이 아니라 한시적인 것임을 자인하고 있다.

헌팅턴은 문명적 요소 중 종교를 매우 강조한다. 그는 지구촌에서는 1. 서구 기독교 문명(유럽, 북미, 오세아니아), 2. 동방정교 문명(슬라브, 그리스), 3. 이슬람 문명(북아프리카에서 중동을 지나 중앙아시아와 동남아시아 일부까지), 4. 힌두교 문명(인도), 5. 중화 또는 유교 문명(중국과 그 주위의 동아시아 및 동남아시아), 6. 일본 문명, 7. 아프리카 문명으로 구분하고 이 중에서는 분쟁의 가능성이 가장 농후한 것이 서구 기독교 문명과 이슬람 문명권의 대결이라고 지적했다.

그는 1995년에 한반도를 방문해 한반도의 통일 전망과 향후 세계 질서가 재편되는 과정에서 어떤 선택을 해야 하는지에 대해 문명 충돌 이론에 입각하여 다음과 같이 언급한 바 있다.

"문명 충돌론에 따르면 남·북한은 10~20년 내에 통일된다. 세계가 문화라는 토대 위에서 재편되고, 이념이나 다른 요인으로 분단되었던 나라들이 다시 합쳐지기 때문이다. 남한은 서구화되었고 북한과 많이 달라졌으나 그 오랜 세월 한민족을 하나로 묶어 주었던 요인들은 여전히 그대로 살아 있다.

한반도는 미국, 일본, 중국, 러시아라는 서구권, 일본권, 중화권, 정교권의 각 핵심국 사이에 끼여 있어 갈등이 빚어질 가능성이 많은 지역이다. 역사적으로 한반도는 중국에 기울었다. 그러나 통일한국은 이 네 나라 사이에서 입장을 잘 조절해야 하며, 통일한국의 외교 정책에서 이 문제가 가장 중요하게 떠오를 것이다."

나는 헌팅턴이 신(神)이 아닌 이상 한반도의 통일에 관한 예언이 빗나간 데 대해 문제 삼지 않겠다. 다만 나는 그가 '오랜 세월 한민족을 하나로 묶어 주었던 요인들은 여전히 그대로 살아있다.' 는 진단이 정확하므로 이 담론을 참고하면서 우리의 자세를 정립해야 한다고 믿는다. 나는 그가 제기한 문명충돌론이 제기한 문명적 요소의 중요성을 분석하고자 한다.

첫째, 무력화한 강대국 간의 충돌

인간의 욕망이 무한대인 것처럼 국가의 의지도 마찬가지다. 강대국의 지도자들도 다양한 형태로 세계를 지배하고자 한다. 국가의 지도자들이 국민의 의사와 상관없이 팽창 야욕을 불태우고 이웃나라를 정벌하며, 전쟁 기간 중 자기 나라 국민과 상대방 나라 국민의 희생을 촉발하는 경우가 얼마나 많은가?

특히 강대국은 인구도 많고, 경제력이 강하며, 군사력이 출중하다. 이러한 유리한 여건을 배경으로 강대국 지도자들이 전쟁을 고의로 일으켜 약소국에게 엄청난 피해를 주고 심지어는 약소국을 완전히 굴복시켜 식민지로 만들어 버린다.

그러나 강대국과 강대국이 전쟁을 하면 승자를 예측하기 어렵다. 전쟁은 승패를 가르기 마련이며 무승부로 끝날지라도 피해를 내기는 마찬가지다. 강대국끼리의 열전은 강대국이 거느리고 있는 블록끼리의 대결을 유발하기도 한다. 따라서 이것은 헤아리기 어려운 인적·물적 피해를 양산한다.

국가 간의 충돌 현상을 좀 더 구체적으로 살피자. 충돌의 유형은 영토 확장(군사력 과시), 경제권 쟁탈전, 의식과 사상의 충돌, 영토의 확장(식민지 쟁탈전) 등을 포함한다. 충돌의 영역은 같은 국가 또는 민족 내부의 갈등(내전), 나라와 나라 간의 충돌(전쟁)로 나뉜다. 충돌의 힘을 비교하면 강대국과 강대국, 강대국과 약소국, 약소국과 약소국의 대결 양상을 띤다. 충돌의 결과는 양쪽의 승리, 한쪽의 승리와 다른 쪽의 패배, 양쪽의 패배로 분류된다.

가령 영국과 프랑스의 백년전쟁(1338~1453년)은 프랑스의 영토 분쟁, 경제적 대립, 영국 왕이 요구한 프랑스 왕의 계승 문제, 프랑스 처녀 잔 다르크의 리더십으로 프랑스 승리 등의 복잡한 과정을 거쳤다.

종교 분쟁으로는 십자군 원정(천주교와 이슬람교), 명예혁명(청교도 탄압, 기독교 부흥), 프랑스 시민혁명(천주교 신자로 주축을 이룬 신분 철폐) 등이 꼽힐 수 있다. 이러한 전쟁 또는 혁명은 당대의 역사의 흐름을 바꿀 정도로 큰 영향력을 행사했다.

분쟁 또는 전쟁에 관여한 강대국들은 이집트 왕국, 이슬람 제국, 몽골 제국, 티무르 제국, 로마 대제국, 대영 제국 등이다. 강대국들은 거대한 고래가 바다를 요동치게 하고, 항공모함이 한 나라를 위협하듯이 극심한 파장을 불러일으킨다. 강대국들의 동향은 어쩔 수 없이 당대의 역사를 강대국 중심으로 서술할 수밖에 없도록 만든다.

둘째, 절대자의 추종에 의한 사상과 종교의 충돌

인간은 지구상에서 종교를 거의 절대적으로 신성하게 받아들인다. 종교는 완전한 신(神)을 받들건, 그렇지 않건 간에 그 신자들로부터는 신의 위상으로 받들어진다. 인간은 인생의 정신적인 기둥으로서 마음과 행동을 움직이고 국가와 민족 및 우주를 움직이는 절대자로서 종교에 경외감을 표시한다.

세계적으로 위력을 행사했거나 하고 있는 종교는 기독교(천주교 포함), 불교, 이슬람교 등으로서 3대 종교라 칭한다. 기독교는 예수 그리스도를, 불교는 석가모니를, 이슬람교는 마호메트를 창시자로 숭앙한다. 이 가운데 예수 그리스도는 성부, 성자, 성령으로 이루어진 삼위일체의 원리에 따라 신인 동시에 인간이다.

이러한 종교들이 충돌할 때는 희생자들이 엄청나게 많이 생긴다. 기독교 선교사들이 동양에 들어와 선교하면서 얼마나 많이 희생되었던가? 조선시대의 대원군은 천주교를 앞장서서 탄압함으로써 많은 희생자를 냈다. 오늘날 한국이 천주교를 국교로 하지 않음에도 불구하고 많은 성인을 배출한 것도 희생이 컸기 때문이다. 그리고 이슬람교를 신봉하는 과격파 그룹이 미국을 비롯한 유럽의 강국들을 향해 예측하기 어려운 테러를 자행하는 것을 보라. 종교는 이처럼 갈등의 선봉에 선다.

특히 사람들의 신앙심과 자존심에 민감한 영향을 주는 종교 간의 갈등은 국가 내부적으로 뿐 아니라 국가 간의 전쟁으로 불붙는 경우가 한둘이 아니다. 종교 간의 갈등 또는 전쟁은 인간에게 선익(善益)을 행사한다는 종교의 본질을 왜곡할 뿐 아니라 막대한 인명 피해를 냄으로써 인간의 존엄성을 해치는 심각한 역작용을 발생시킨다. 따라서 종교인은 누구보다도 자숙하는 것이 바람직하다.

종교와 다르지만 종교의 권위에 버금할 만한 영향력을 가진 존재는 위대한 사상가 그룹이다. 유럽에서는 플라톤, 아리스토텔레스, 칸트, 헤겔 등이, 중국에서는 공자, 맹자, 노자, 장자, 순자, 묵자 등이 한 시대, 한 국가뿐 아니라 여러 시대, 여러 나라에 중요한 영향력을 끼쳤다. 그러면서 이러한 사상가들을 따르는 후배와 학자들에 의해 각 그룹은 충돌과 살상을 야기하는 경우도 많다.

종교를 가졌든 갖지 않았든 간에 걸출한 통치자들도 분쟁 또는 전쟁의 중심에 선다. 동·서양에 걸쳐 거대한 영토를 확장하고 각국의 문화와 문명의 발전에 크게 기여한 몽골의 칭기즈칸, 유럽을 제패한 프랑스의 나폴레옹, 노예를 해방한 미국의 에이브러햄 링컨 등은 역사에 길이 남을 위인이었다. 그들은 한결같이 자신들을 반대하는 세력들과의 싸움에서 피와 땀과 눈물을 쏟으면서 위업을 성취했다.

이밖에 국내·외적으로 긍정적이든 부정적이든 큰 영향을 끼친 위인들이 많다. 외국의 예를 보면 민족자결주의를 설파한 윌슨, 공산주의 사상을 정립한 마르크스와 엥겔스, 공산주의 체제를 강화한 레닌과 스탈린, 비폭력 저항주의 노선을 정립한 간디, 사랑의 인술을 펼친 슈바이처 등이 그렇다.

국내의 대표적 인물로는 종교 지도자는 불교의 원효 대사, 의상 대사, 천주교의 김대건 성인, 기독교의 한경직 목사, 통일교의 문선명 총재 등이, 통치자는 고구려의 광개토대왕, 세종대왕, 영·정조, 이승만·박정희 대통령 등이, 사회 혁명가는 전봉준, 김옥균 등이, 예술가는 거문고를 제작한 왕산악, 한국화의 거장 김홍도, 비디오 아트의 창시자 백남준 등이, 애국지사는 강감찬, 삼별초, 칠백의총, 이순신, 윤봉길, 안중근, 유관순 등이, 기타는 장영실, 우장춘, 정주영, 김윤규, 박보희, 문현진 등이 손꼽힌다.

나는 이러한 인물들이 자신의 분야에서 또는 한 나라가 다른 나라를 정복하고 영향력을 행사하는 과정에서 갈등이나 전쟁을 촉발했다 하더라도 장단점을 비교하여 분석하고, 당대는 물론 그 이후의 시대까지 감안하여 긍정적인 요소를 추출하여 거시적인 안목으로 평가한다면 문명충돌론에서 뜻하지 않은 보석을 획득할 수 있으리라 생각한다.

2. 경제 블록화 현상

경제 블록화란 세계 각국이 자연적 조건, 자원 및 인구 분포 등의 지리적 조건, 경제 발전 단계, 기술 발달 정도 등이 다르기 때문에 상호 협력을 통해 경제적 이익을 얻거나 이해관계가 일치하는 국가들끼리 지역별 협력 기구를 만들어 공동보조를 취하는 경제의 지역주의화 현상을 의미한다.

20세기 후반부터 일어난 지역 경제 블록화 현상은 세계의 중심축이 유럽에서 미국과 일본으로 옮겨간 후 지난날 화려했던 유럽 국가들 사이에서 이미 20세기 중반부터 일어나기 시작했다.

특히 미국이 독주하기 시작하면서 상대적으로 소외된 그들은 과거의 갈등을 극복하고 연합해서 화려하고 웅장했던 유럽 시대를 열자는 집념으로 가득 찼다. 현재 위상이 저하되고, 미래 또한 암운이 드리울 것으로 예상되는 유럽의 각국이 과거의 꿈을 실현해 보자는 것은 너무나 당연한 논리의 흐름이다. 그럼에도 불구하고 이러한 시도는 가시적 성과를 올리지 못했다.

그러나 미국과 함께 세계를 제패했던 소련이 1987년 이념 갈등의 여파로 붕괴하는 대변화가 일어났다. 소련의 붕괴는 공산주의 70년 역사의 종언을 의미했으며, 공화국 연방 형태로 존속했던 소련이 연방의 해체로 러시아를 중심으로 한 공산권의 여러 국가로 쪼개지는 비운을 의미했다.

소련은 아시아와 유럽에 걸쳐 있는 거대한 국가였다. 소련 같은 냉전시대의 양축의 한쪽이 붕괴될 때 정치·경제적 여파는 물론 심리적 여파는 헤아릴 수 없을 정도로 크다. 유럽의 각국 국민들은 경악을 금치 못하면서 사태의 추이를 예의 주시하고 앞날을 걱정했다. 유럽 각국 지도자들은 이러한 민심의 흐름을 포착하지 않을 수 없었다.

유럽 각국은 다닥다닥 붙어 있다. 이들 나라 간의 국경은 국경으로서 존재했지만 이데올로기의 한 축이 무너지자 이념 대립의 장애를 넘어 동유럽과 서유럽, 동유럽 내의 각국, 서유럽 내의 각국 간에 유대를 형성해야 할 필요성을 공감했다. 그 가운데 가장 강력한 것이 경제 통합의 필요성이었다.

이것은 세계사적인 대 사건이었다. 지역 경제의 활성화는 지역 경제의 통합으로 이어지고, 지역 경제의 통합은 경제의 규제를 완화시키는 것을 의미했다. 이것은 또한 각국 간의 협력과 양보를 전제로 한다. 그러므로 한 시대를 풍미했던 민족주의는 차츰 위력을 상실할 수밖에 없는 운명에 처해진다. 유럽의 각국이 가장 먼저 이룩한 것은 경제의 혈액이라 할 수 있는 화폐 통합을 성취했다. 이것은 혁명적 변화였다.

그렇다면 주요 지역별 경제 블록은 어떠한 것들이 있는가?

첫째, 유럽연합(EU)

유럽연합은 유럽의 정치 · 경제를 통합하기 위해 1993년 11월 1일 발효된 마스트리히트조약에 따라 유럽의 12개국이 참여해 설립한 연합체다. 그 전신은 유럽경제공동체(EEC 즉 European Economic Community)다. 이 회원국은 벨기에, 프랑스, 서독, 이탈리아, 룩셈부르크, 네덜란드로 출발해서 1973년에 덴마크, 아일랜드, 영국이, 1981년에 그리스가, 1986년에 포르투갈, 스페인이 가입하는 등 그 수가 늘었다. 유럽연합은 2004년에 폴란드, 헝가리, 체코, 슬로바키아, 슬로베니아, 리투아니아, 라트비아, 에스토니아, 키프로스, 몰타, 2007년에 불가리아, 루마니아가 가입함으로써 27개국으로 증가하는 등 강력한 경제 블록으로 성장했다.

그러나 2016년 영국이 이 기구에서 탈퇴함으로써 세계적 화제로 등장했다. 영국(Britain)과 탈퇴(exit)를 합쳐서 만든 혼성어 '브렉시트(Brexit)'가 언론의 머리를 장식했다. 즉 영국은 2016년 6월 열린 국민투표 결과 72.2%의 투표율에 51.9%의 찬성(1,741만 742표), 반대 48.1%(1,614만 1,241표), 기권(2만 6,033표)으로 영국의 유럽 연합 탈퇴를 확정했다.

하지만 유럽연합은 경제 블록 중 가장 크고 역사의 중심축을 이뤄 온 유럽을 기반으로 하고 있으며, 미국의 경제적 영향력이 최고조에 이른 만큼 유럽의 생존을 위해서 반드시 필요한 기구로 손꼽히고 있다.

둘째, 아시아 태평양 경제협력체(APEC)

아시아의 12개국은 1989년 호주 캔버라에서 지속적인 경제 성장과 공동의 번영을 위해 매년 각료회의를 하기로 결정했으며, 1993년부터 매년 정상회의를 개최하는 등 그 격을 높이고 있다. 아시아 태평양 경제협력체는 회원국 간의 경제적 · 사회적 · 문화적 이질성을 극복하고 역내 지속적 경제 성장에 기여함으로써 궁극적으로는 아태 지역 경제공동체를 추구하는 데 그 목적이 있다. 이 협력체는 이러한 목적을 달성하기 위해 무역 · 투자 자유화 및 원활화, 경제 · 기술협력을 주요 활동 분야로 추진했다.

이 협력체는 2003년 기준 전 세계 GDP의 약 57%, 교역량의 약 46%를 점유하는 세계 최대의 지역협력체로서 미국, 중국, 일본, 러시아, 한국, 태국, 말레이시아, 인도네시아, 홍콩, 싱가포르, 필리핀, 브루나이, 대만, 베트남, 호주, 뉴질랜드, 파푸아뉴기니, 캐나다, 멕시코, 칠레, 페루 등 21개국이 가입하고 있다.

  셋째, 동남아시아 국가연합(ASEAN)

  동남아시아 국가연합은 동남아시아 국가들의 평화와 번영을 위한 토대를 강화하기 위해 평등성과 파트너십의 정신으로 공동 노력을 통해서 지역의 경제 성장, 사회 발전, 문화 발전을 촉진시킬 목적으로 결성되었다. 이 연합은 설립 당시 필리핀, 말레이시아, 싱가포르, 인도네시아, 타이의 5개국을 회원국으로 출발했지만 1984년 브루나이, 1995년 베트남이 가입한 후 라오스, 미얀마, 캄보디아가 가입하여 회원국을 10개국으로 늘렸다.

  넷째, 북미자유무역지대(NAFTA)

  북미자유무역지대는 미국, 캐나다, 멕시코 등 3국이 관세와 무역 장벽을 폐지하고 자유무역권을 형성하기 위해 1992년 12월에 조인해 1994년 1월부터 발효한 북미자유무역협정으로 출발했다. 이 협정은 비록 3개국 간에 이루어지고 있지만 인구 4억 7,000여 만 명에 이르는 단일 시장을 형성하면서 유럽연합을 능가하는 규모의 시장을 형성하고 있다.

  이 협정의 발효로 미국과 멕시코는 농산물 교역 물량의 57%에 대해 관세를 폐지하였고, 발효 후 10년간 전체의 94%를, 15년 내 모든 농산물의 교역을 완전 자유화했다. 자동차의 경우, 미국은 멕시코에서 조립 생산되는 자동차에 대한 수입 관세를 철폐했으며 멕시코는 5년 내 경트럭에 대한 수입 관세를, 10년 내 승용차에 대한 관세를 모두 철폐했다.

다섯째, 자유무역협정(FTA)

자유무역협정은 둘 또는 그 이상의 나라들이 상호 간에 수출입 관세와 시장 점유율 제한 등의 무역 장벽을 제거하기로 약정하는 조약이다. 이것은 국가 간의 자유로운 무역을 위해 무역 장벽, 즉 관세 등의 여러 보호 장벽을 철폐하는 것을 주요 목적으로 한다.

이 협정을 체결한 국가들은 상호 간 상품 및 서비스 교역에 대한 관세 및 무역 장벽을 완전히 철폐함으로써 마치 하나의 국가처럼 자유롭게 상품, 서비스를 교역할 수 있다. 이 협정은 최근에 상품뿐 아니라 서비스, 지적재산권, 정부 조달, 경쟁 정책, 환경, 노동, 무역구제제도 등에 이르기까지 협상이 대상을 확대하고 있다. 대한민국은 칠레, 싱가포르, 유럽연합, 미국, 인도, 콜롬비아 등과 자유무역협정을 체결한 데 이어 일본, 중국과도 이 협정을 체결하기 위해 노력하고 있다.

이처럼 여러 가지 경제 블록은 민족주의를 근간으로 한 국가 단위의 정치 질서와 엄격한 국경 개념을 해소 내지 약화시키면서 각국의 이해관계에 따라 많게는 수십 국이, 적게는 2개국이 협정을 맺어 교류를 확대하는 새로운 국제 관계를 형성하고 있다.

3. 종교, 세계 통일의 꿈

종교란 초인간적인 숭고하고 위대한 것을 경외하는 정의에 의거하여 이것을 인격화하고 신앙, 기원, 예배함으로써 안심입명, 축복, 해탈, 구제를 얻기 위한 봉사의 생활을 영위할 때의 관계를 의미한다. 기독교인들은 부활한 예수 그리스도의 재림, 불교인들은 석가모니의 환생을 강력히 믿는다. 각 종교의 세계적인 영향은 어떻게 변화했는가?

최근의 통계에 의하면 전 세계의 인구 71억 명 중 종교를 믿는 사람들의 분포로 볼 때 천주교와 개신교를 합한 기독교 신자가 23억 5,000여 만 명으로 가장 많고, 다음으로 이슬람 신자 16억 3,000만 명, 힌두교 신자 9억 8,000만 명, 불교 신자 5억 9,000만 명으로 나타나고 있다. 기독교를 천주교와 개신교로 구분할 경우 천주교 신자 12억 2,000여 만 명, 개신교 신자 4억 3,000만 명으로 집계되고 있다.

천주교는 중세 로마 시대에 극성기를 맞은 후 로마 제국의 침체와 함께 세력이 약화되었다. 이 종교는 이탈리아 반도의 바티칸을 거점으로 이탈리아, 프랑스, 스페인, 포르투갈 등에 뿌리를 내리고, 독일의 남부, 스위스 등에 영향을 끼치면서 남미로 진출해 많은 신자들을 확보하고 있다. 이 종교는 아시아의 경우 필리핀을 석권하고, 한국에서도 일정한 세력을 형성하고 있다. 교황청을 수뇌부로 하여 피라미드식 권위를 행사하는 것이 특징이다.

개신교는 중세를 거치면서 부패하고 일탈이 심해진 천주교를 비판하면서 16세기 초에 마르틴 루터의 종교 개혁을 신호로 유럽을 비롯해 세계 각국에 가장 많은 신자를 확보한 종교로서 그 위력을 발휘하고 있다. 이 종교는 20세기에 청교도 정신의 부활 이후 활기를 띠었지만 영향력은 강화되지 않고 있다.

이슬람교는 마호메트 이후 중동의 아랍권을 중심으로 강한 응집력을 보이면서 유럽, 아프리카, 아시아 등으로 퍼져가고 있다. 그러나 이 종교는 국가와 국가, 국가 내의 종족 간에도 대결 구도를 형성하는 등 강력한 지도력이 존재하지 않은 상태다. 이슬람교의 주도권은 이란의 붕괴로 이라크가 이어받았으나 후세인의 퇴진으로 오리무중 상태다.

힌두교는 불교와 토속 신앙을 바탕으로 인도에서 브라만교라는 형식으로 응집력을 보이면서 결속력을 강화하고 있는 종교다. 이 종교는 윤회 사상을 신봉하며 계급 간의 엄격한 질서를 반영하는 카스트 제도를 옹호한다. 신자들은 시바 신과 비슈누 신을 받든다.

불교는 기원전 6세기에 석가모니에 의해 인도에서 생긴 종교지만 인도에서 힌두교에게 자리를 내준 후 다른 나라로 뻗어가고 있다. 인도 마우리아 왕조 아소카 왕의 불교 귀의와 포교 사업을 계기로 인도 불교는 대승 불교와 소승 불교로 나뉜다.

대승 불교는 북방 불교라고도 하는데 오늘날의 중국, 한국, 일본 불교의 기원을 이룩하였다. 또한 소승 불교는 남방 불교라고도 하는데 스리랑카, 미얀마, 라오스, 캄보디아, 태국, 베트남으로 진출하고 있다.

이와 아울러 종교의 세계 지배라는 관점에서 그 발상지를 살피면 이스라엘의 예루살렘은 유대교, 천주교, 기독교의 성지로서 부동의 위상을 점하고 있다. 기독교 신자 중 성지순례를 하는 사람들이 첫 번째로 손꼽는 지역이 예루살렘임은 두말할 필요가 없다.

인도는 불교의 발상지이지만 힌두교가 대세를 이루고 있어 불교는 명맥만 유지하고 있을 뿐이다. 한 국가가 종교를 이처럼 거의 180도 바꾼 것은 역사상 유일한 사례다.

중국은 공자, 맹자, 순자, 묵자 등 기라성 같은 유학자들을 배출하고 그들이 집대성한 학문을 바탕으로 인의예지신 등을 덕목으로 한 유교에 국민들이 심취한 나라다. 중국은 유교의 발상지요, 극성지이긴 하지만 유교가 내세관을 도입하지 않음으로써 세상을 깨우치는 학문, 수련의 도일 뿐 종교의 범위에 넣지 않는다는 기준에 따르면 지배적인 종교가 없는 나라로 분류할 수 있다.

이밖에 대한민국에 매우 특이한 종교 현상이 일어나고 있다. 즉 문선명 총재가 창설한 통일교는 기존 3대 종교의 침체와 함께 세계 종교로 급성장하면서 20세기 종교의 통일을 구가하고 있다. 그러나 개신교는 통일교를 심하게 탄압하여 이를 이단으로 규정할 정도다. 그럼에도 불구하고 한국의 통일교는 국내에서 조직을 확장함과 아울러 전 세계로 영향력을 확장해 미국과 일본에서 급성장함으로써 세상을 깜짝 놀라게 하고 있다.

원래 종교 활동은 사회심리학적인 경향의 영역으로 보아야 한다. 종교사회학이란 종교학과 사회학에 걸친 한 부분으로써 종교 현상을 근본적으로 사회학적인 사실로 보고 그 성질과 기능 및 상호 관련성을 연구하는 실용학문이다. 나는 종교사회학적인 관점에서 21세기 후반에 한반도에서 세계의 종교 통일 가능성이 매우 높다고 본다.

다가올 21세기 통일한국은 문명의 발달과 거시적 문명의 이동에 의해 동북아로 이동하고 있는 한민족 300년 부흥설과 맞물려 단군 이래 가장 태평성대하고 부귀영화를 누려 세계 중심축이 될 것이다. 그러므로 한국은 이에 걸맞는 모든 종교의 중심축을 형성하리라는 것이 나의 결론이다.

예루살렘은 종교의 각축장이면서도 지금까지 영향을 끼치고 있다. 영원히 태양이 지지 않았던 중세의 로마는 천주교의 절대적인 영향력 아래 유럽을 지배한 후에 르네상스 문명으로 이어졌다. 이후 청교도 혁명 아래 대이동을 통해 독립하여 건국한 미국의 부활은 곧 기독교의 부활을 의미해 20세기 지구촌의 패권자로 미국을 군림케 했다.

이런 점에서 한반도는 전쟁과 문명의 서진설 및 한민족 300년 부흥주기설로 본 반도 문명의 정착 등 여러 가지 요소가 복합적으로 작용해 21세기에 세계의 중심으로 등장할 가능성을 키우고 있다.

불교는 고구려 시대에 중국으로부터 들어와 신라의 이차돈의 순교 등 천신만고 끝에 승인된 이래 호국 불교를 표방한 고려 시대에 가장 융성했다. 그러나 유교는 고려를 멸망시키고 세운 조선에 의해 중국으로부터 들어온 이래 경세 철학과 윤리학 및 통치 철학으로 견고한 위치를 점했다. 이처럼 불교와 유교는 국가 시책과 맞물려 빛과 그림자를 이루었다.

천주교는 청나라를 통해 서학이라는 이름으로 조선에 들어와 숱한 탄압을 받으면서도 꺾이지 않고 교세를 확장하면서 하나님의 존재를 신자들에게 확실하게 심어 주었다. 천주교의 사도신경과 주님의 기도는 탄압을 이겨내는 강력한 무기요, 내세에의 찬란한 희망이었다.

그리고 1885년 미국 선교사에 의해 들어온 개신교는 서양의 신문물과 학문을 아울러 도입해 이 분야에서 막강한 영향력을 구축했다.

민족 종교인 동학은 동학 혁명 시기에 강력한 원동력으로 작용하면서 사람들에게 혁명 사상을 주입했다. 이 종교는 최시형의 인내천(人乃天) 사상, 즉 사람이 한울님임을 천명함으로써 휴머니즘의 정수를 각인시키고, 사람을 억압하는 체제에 대해 반기를 들었다. 동학은 천도교로 이름을 바꿔 존속하고 있다.

앞에서 언급한 예루살렘은 유대교, 천주교, 기독교의 성지일 뿐 아니라 지척에 이슬람교의 성지와 닿아 있다. 그러므로 이곳은 사람들이 다른 종교를 부정하고 자기 종교만 내세우는 유일신 중심으로 사상이 굳어 있기에 날카로운 대립과 전쟁을 수반하는 분규의 원점이기도 하다.

그러나 대한민국은 종교의 자유가 넘쳐나고 종교끼리 선의의 경쟁을 할지라도 죽기 살기로 대결하거나 종교를 이유로 전쟁을 하지 않는 유일한 나라다. 이 나라에 불교(조계종, 천태종, 태고종 등), 천주교의 명동대성당 등 여러 성당, 마을 구석구석까지 진출한 개신교 교회, 천도교, 원불교, 유교, 통일교, 대순진리회 등이 각각 성지를 조성하고 신자들을 교화하고 있다.

대한민국은 제2의 이스라엘 예루살렘을 연상케 한다. 대한민국이 종교의 자유를 보장하고, 많은 종교가 선교의 꽃을 피우면서 사람들의 심성을 착하게 만들고, 내세의 영생을 강조함으로써 고난의 역사를 감내하면서 살아온 민족 공동체의 구성원들에게 용기를 북돋는 현상은 분명히 긍정적인 역할에 속한다.

유사 이래 세계 문명의 중심축과 세계 종교의 중심축은 항상 자리를 함께 했다. 따라서 통일한국이자 세계 문명의 축이 될 한반도는 세계 종교를 하나로 통일하려는 종교 활동을 활발히 전개하면서 인류의 평화와 발전에 기여할 것이 틀림없다. 대한민국은 세계의 종교 지도자들을 규합하고 지구촌 사람들로부터 적극적인 호응을 받으면서 제2의 종교 개혁, 종교 혁명을 이룰 절호의 기회를 맞고 있다. 이곳은 예루살렘 못지않은 성지순례의 핵심이 될 것이다.

통일한국은 지난날 로마, 영국, 미국이 그랬듯이 종교의 부흥을 최첨단 과학 기술, 경제, 예술, 문화, 환경, 인간의 존엄성, 평화와 결합해 새로운 형태의 르네상스 문화를 꽃피워야 한다. 통일한국이 세계 종교의 중심으로 도약할 때 세계에 퍼진 각종 종교의 지도자들과 신자들이 구름처럼 몰려들어 사랑과 평화와 평등과 정의의 복음을 전수받으려 할 것이다.

남·북한의 통일, 나아가 한민족의 대연합은 평화와 번영의 토대요, 우주를 하나 되게 하는 원동력이다. 대한민국에서 만발한 종교는 세계 통일의 나침반이요, 통일한국은 나침반에 의해 출렁이는 파도를 헤치고 인류를 유토피아로 인도할 조타수다.

4. 세계정부(WG)의 탄생

우리가 세계의 평화를 말할 경우 유엔의 역할을 긍정적으로 평가하지 않을 수 없다. 유엔은 세계 평화의 최후 보루요, 나쁜 세력을 응징할 수 있는 채찍이며, 약자와 가난한 자를 돕는 손길이다. 유엔 안보리의 결의가 있었기에 우리 국민은 6·25전쟁 때 공산주의자들의 손아귀에서 벗어날 수 있었다. 유엔이야말로 우리 국민에게는 최고의 은인이다.

그러나 유엔은 미국의 강력한 군사력과 경제력에 의해 영향을 받는 기구라는 한계도 지니고 있다. 만일 유엔에 막대한 자금을 대고 있는 미국이 유엔에서 탈퇴하면 이 기구는 거의 의미가 없어진다. 따라서 유엔은 크고 작은 문제에서 미국의 눈치를 보지 않을 수 없다.

그러므로 나는 유엔보다 더 강력하고 명분이 강한 세계평화기구가 필요하다고 믿는다. 가령 유엔에 등록된 NGO 단체의 하나인 세계평화초종교초국가연합(창시자: 문선명)은 유엔을 상원과 하원으로 운영할 것을 제창했으며, 이것을 보다 구체적으로 실현하기 위해 세계 191개국에 평화대사를 임명하고 이들을 규합하여 평화유엔 또는 초종교초국가평의회(IIPC: Interreligious and International Peace Council)를 설립했다.

유엔의 하원은 지금과 같은 유엔 기구로서 각기 자기 나라의 이익을 대변하며 협의하는 기구다. 그러나 유엔의 상원은 각국의 종교 지도자나 정신적 지도자를 중심으로 자기 나라의 이익이 아닌 세계 평화 즉 세계의 공익만을 추구하는 기구다. 문선명 총재는 유엔의 상원을 토대로 인류 행복의 근본적인 문제를 연구하고 해결하는 평화유엔(아벨유엔)으로 발전시켜야 한다고 주장했다. 일종의 세계정부를 창설하자는 이 발상은 놀라울 정도로 과감하다.

제1차 세계대전 이후 결성된 국제연맹(LN), 제2차 세계대전 이후에 창설된 국제연합(UN)에 이어 앞으로 있을지도 모르는 제3차 세계대전 이후에 등장할 세계정부(WG)야말로 인류를 구원하고자 하는 세계적 기구로서는 완결판이 될 것이다.

제3차 세계대전은 사상전으로서 공산주의와 민주주의, 진리와 비진리, 각 종교 간의 투쟁을 거쳐 최고의 선, 절대적 가치를 살리는 대화합의 장을 마련해야 한다는 당위성을 인류의 머리에 각인시킬 것으로 예상된다.

선지자나 선각자는 타락한 인간을 신에 대한 도전에서 신에 대한 이해와 복종으로 바꿔 놓았다. 그러나 이것을 신앙적 관점에서 살피면 창조주께서 역사의 중심에서서 장구한 역사를 섭리의 역사 즉 구원 섭리의 역사로써 이러한 과정을 마련하였다고 봐야 한다. 지금까지의 저급한 사상이나 종교는 고급 사상이나 종교로 흡수 통일되고 수렴된 것을 발견하게 된다. 이것이 창조주 하나님의 구원 섭리에 의한 진리이며 역사의 발전 법칙인 것이다.

세계 평화는 세계인들이 진정한 화해와 평화를 자기희생으로부터 도출하는 것이 바람직하다. 특히 가진 자, 힘 있는 자들은 못 가진 자, 힘없는 자들을 진정으로 도와야 한다. 세계 평화를 위한 NGO들이 공적 가치를 종합해 시너지 효과를 낼 수 있도록 체계적이고 조직적인 활동으로 세계 평화 운동을 제창하면서 세계정부를 구성한다면 인류는 한 가족처럼 평화롭고 협조적인 프레임을 구축할 수 있을 것이다. 이것이야말로 창조주 하나님의 오랜 구원 섭리의 완성이 아니겠는가.

나는 이것을 『코리안 드림』의 저자 문현진 박사를 통해 발견했다. 문현진 박사는 세계 평화라는 말보다 '원 패밀리 언더 갓'을 선언적으로 사용하며 세계의 많은 지도자들로부터 공감을 얻고 있다. '원 패밀리 언더 갓'은 세계 인류의 보편적 가치요 원칙이며 팩트라고, 비전을 제시하며 2009년 GPF재단을 설립 24개국에 지부를 두고 활발하게 활동하고 있다. 한국에서는 900여 개의 크고 작은 NGO 단체들이 참여하고 있는 AKU(통일을 실천하는사람들)를 물심양면으로 지원하고 있다.

그는 특히 미국의 싱크탱크인 해리티지재단, 부루킹스연구소, CSIS, 카터재단, 마루틴루터재단, 원코리아재단 등과 연대하여 각종 국제 컨퍼런스를 운영하며 세계 평화는 물론 미국의 동북아시아에 대한 비전, 정책, 한반도의 긴장 완화와 통일 정책 등을 제시, 세계 평화를 위하여 구체적인 실천 방향을 논하고 있다. 그는 한반도의 평화적 통일은 물론 크게 보아 세계평화정부(World Peace Goverment)를 구성하기 위해 철저히 준비하고 있다 할 것이다.

5. 문재인 정부의 결단을 촉구한다.

나는 한민족 대 연합론에서 한사람의 꿈은 꿈에 불과하지만 모두가 함께 꾸는 꿈은 현실이 된다는 칭기즈 칸의 원대한 꿈을 떠올렸다. 그리고 미래에 도래할 한민족의 거대하고 웅장한 나라를 꿈꾸며 국가최고통치전략으로 남과 북의 최고지도자가 합심하여 동북3성, 연해주, 중앙아시아, 몽골, 북한과 남한을 하나의 벨트로 묶어 한민족민주연방공화국을 창건하자고 제안 했다. 이의 연장선상에서 나는 작금의 한반도를 둘러싸고 전개되는 현실을 감안할 때 지금이야 말로 한반도의 위기를 통일의 기회로 삼아야 하는 것이 천의(天意)라고 생각하여 감히 문재인 정부의 현명한 결단을 촉구하고자 한다.

한반도는 지금 일촉즉발의 위기상황이다. 북한의 핵-미사일 개발이 북·미-남·북을 극도로 긴장시키며 전쟁의 위기로까지 급진전되고 있다. 트럼프 미국 대통령은 한반도 비핵화를 위해서는 북한을 궤멸(Destroy)시킬 수 있다고 경고했고 북한의 김정은은 이에 맞서 핵을 탑재한 탄도탄 미사일로 미국을 공격할 준비를 완료했다고 공언(신년사)하고 있는 것이다.

작금의 이와 같은 위기상황에서 가장 첨예한 당사자인 한국의 문재인 정부는 한반도에서 전쟁은 절대 안 된다며 한미동맹의 굳건한 유지, 친중 행보의 가속화, 북한과의 대화 등을 통해 이른바 통일의 운전수 역할을 하겠다고 밝혀왔다. 낙관적으로 전망하면 실제로 문재인 정부는 한반도에서 전쟁의 위기를 통일의 기회로 만들 수 있는 행운의 시점을 맞고 있다고 할 수 있다. 강리치 전 하원의장도 트럼프의 터프함과 한국정부의 합리성은 북한

핵을 다루는데 환상적인 조합이라고 했다.(2018/1/9 한국경제신문 인터뷰)

　남·북은 1948년 각자의 정부수립 이후 줄곧 공산주의와 민주주의라는 이념과 체제의 경쟁을 해왔으나 70년이 지난 지금 승패의 판정은 이미 끝났다. 남한은 미국식 자유민주의와 시장경제를, 북한은 쏘비에트식 계획경제를 지속한 결과 GDP기준 40:1로 국력편차를 드러내 보이고 있지 않은가? 분단 한반도에서 어느 체제가 정당한지 구체적으로 답이 나와 있는 것이다. 그런데 특이하게도 북한은 아직 국가로서 건재하다.

　물론 북한체제에 심각한 위기가 있었다. 미국의 (아들) 부시 대통령이 김정일의 북한을 악의 축으로 규정하고 핵 포기정책을 일관되게 주장할 때 북한은 극심한 기근이 들었다. 부족한 식량을 중국에서 조달해야 하는 상황이었다. 그러나 중국은 때 마침 이른바 '사회주의적 시장경제'의 이름으로 개혁·개방정책을 추진하면서 구상무역이 중단되고 현금거래만이 가능했다. 북한에서 300백만명의 아사자가 발생한 배경이다.

　만약 그때 남한에 보수정권이 탄생하여 대북정책을 미국과 함께했다면 북한은 생존을 위해 남한과 진지한 대화를 했을 것이다. 김대중의 무분별한 햇볕정책은 북한을 식량위기에서 탈출시키고 개인적으로는 노벨 평화상을 받는 행운을 누렸지만 평화적으로 통일 할 수 있는 기회를 잃어버린 꼴이 되고 말았다. 그 결과 지금 대한민국은 핵을 머리위에 이고 사는 처지가 되었다.

　부시 이후 클린턴 대통령이 감행하려했던 연변 핵시설 폭파는 김영삼 대통령의 강력한 반대로 무산된 사실은 널리 알려져 있다. 그후 오바마 집권 8년 동안 견지했던 '전략적 인내' 외교는 북한의 핵개발을 촉진시켰을 뿐이다. 결국 북핵은 이제 미국뿐 아니라 전 세계의 위협이며 국제사회가 해결해야할 최대의 고민거리가 되고 말았다. 그러나 천만다행으로 고민의 실타래를 풀 수 있는 징후들이 국제사회에서 드러나고 있다. 트럼프의 강력한 대북압박정책에 중국과 러시아까지도 동조하고 있는 현상이 이를 뒷받침한다. 냉전시대 이래 처음 있는 일이다.

그동안 유엔의 대북제재는 10년 이상 계속 되었으나 북의 핵개발을 저지하는데 별다른 영향을 미치지는 못했다. 중국이라는 구멍 때문이었다. 그럼에도 불구하고 북의 6차 핵실험과 대륙간 탄도미사일 발사이후 상황은 달라졌다. 중국도 이제는 국제사회의 눈치를 보지 않을 수 없게 됐다. 북의 핵미사일이 중국자신의 국익을 위협할지도 모를 상황이 됐기 때문이다.

북이 중국으로부터 수입하던 휘발유 · 경유 등 정제유(油) 년 500만 배럴 중 90%가 차단됐고, 북의 주요 수출품인 석탄 · 철광 · 섬유 등도 모두 막혔다. 연간 5억 달러 이상씩 벌어주던 해외 파견 노동자 6만여 명도 2년 안에 모두 철수해야 한다. 안보리 제재가 빈틈없이 가동 된다면 올해 북한의 수출은 예년의 9분의 1에 그칠 것으로 추정되고 있다.

대남 사이버 공격의 본거지로 알려진 선양의 칠보산 호텔이 중국에 의해 지난 1월 9일 전격 폐쇄됨으로써 북한은 금전적 손실 이상의 손해를 보게 될 것이다. 중국은 1월 6일부터 철강 기계수출도 전면 금지했다. 중국이 지금의 유엔제재만 충실히 지켜도 대외 무역의 90%를 중국에 의존하는 북한은 상당한 타격을 입게 된다. 실제 작년 11월 북 · 중 무역액은 3억 8,800만 달러 (약4,200억 원)로 전년 같은 기간보다 37% 감소했다. 북한의 대중 수출은 62% 줄었다.

평양의 특권집단을 제외하고는 전 주민이 장마당에 의존해 살아가는 것이 지금 북한의 현실이다. 일각에선 북한 내 석유 식량가격에 아직 큰 변화가 감지되지 않는다고는 하지만 지금 수준의 대북제재가 계속된다면 결국 김정은 체제는 뿌리부터 흔들릴 것으로 전망되고 있다.

문제는 역사의 전개과정에는 항상 돌발변수가 등장하게 된다는 사실이다. 한국의 정권교체시기가 바로 그렇다. 300만 명의 아사자가 생겨날 정도로 북한이 극도로 어려울 때 남한에서 진보 김대중 정권이 등장하여 북한의 숨통을 열어주었고 작금의 트럼프 발 대북제재가 북한의 숨통을 죄어가는 상황에서 진보 문재인 정권이 탄생한 것이다.

이것은 무엇을 암시하는 것일까? 문재인 대통령은 촛불혁명으로 얻은 권력이라고 여길 수는 있겠으나 개인적으로는 하느님께서 그에게 '통일 대통령'이 되라고 기회를 부여한 것으로 느껴진다. 통일을 위해 이렇게 좋은 기회는 다시는 없을 것으로 생각되기 때문이다. 그런 인식을 바탕으로 나는 문재인 정부가 작금의 한반도 위기상황을 천의(天意)로 받아드리고 오히려 이를 무조건 통일의 기회로 삼아야 한다고 본다.

문재인 정부가 통일을 먼 훗날의 일로만 여기고 평화를 명분삼아 당장 북한과의 관계 개선에만 계속 매달린다면 그것은 천의를 저버리는 잘못이라는 생각이 든다. 따라서 문재인 정부는 하루 빨리 최우선의 국정과제를 통일로 설정하고 그것을 중심으로 제반 국가현안을 풀어갈 준비를 하기 바란다. 만약 문재인 정부가 비핵화의 국제공조를 버리고 북한이 핵보유국으로서의 입지를 굳히는데 협조한 결과를 초래하게 된다면 이는 역사 앞에 씻을 수 없는 죄악으로 기록될 것이다. 문재인 정부의 현명한 선택을 촉구한다.

CHAPTER 9
외국의 통일 사례와 교훈

1. 오스트리아

비극을 딛고 일어선 오스트리아

오스트리아는 제2차 세계대전에서 패전국의 일원으로 1945년 4대 전승 국들에 의해 분할 점령되었지만 10년만인 1955년에 통일을 성취했다. 오스트리아의 통일은 제2차 세계대전의 결과로 분단된 한국, 독일, 오스트리아 3개국 중 가장 먼저 하나의 국가를 이룸으로써 세계의 이목을 끌었다.

오스트리아는 독일과 같이 프랑크 왕국에 그 뿌리를 둔다. 오스트리아의 근원은 합스부르크 왕가 시대로 올라간다. 당시 오스트리아는 신성로마제 국에 속해 17, 18세기 유럽의 주요 강대국 중 하나였다. 1804년 나폴레옹 이 프랑스 황제로 즉위하여 프랑스 제1제국 성립을 선포하자 이에 대항하 여 황제 프란츠 2세가 오스트리아 제국을 수립하였다.

1914년 6월 28일, 사라예보 사건이 발생한다. 이에 오스트리아-헝가리 제국이 1914년 7월 28일에 세르비아에 대해 선전포고함으로써 제1차 세계 대전이 시작되었다. 동맹국으로 참전했으나 패전하게 된다. 그 결과 제국 의 영토는 세르비아 중심의 유고슬라비아, 루마니아, 이탈리아, 폴란드에 넘어가고 남은 영토마저 오스트리아, 헝가리, 체코슬로바키아로 나뉜다. 유럽의 강대국 오스트리아는 사라지고 오늘날의 오스트리아가 된 것이다.

본래 오스트리아는 1438년부터 1806년까지 신성로마제국의 황제 직위 를 독점하면서 유럽의 패권을 장악한 강국이었다. 이 나라는 1772년, 1793 년, 1795년 폴란드 분할에 참여해 영토를 확장하였다.

그러나 오스트리아는 1806년 나폴레옹에 의해 제국이 해체되고, 1866년 프로이센에게 패하여 북쪽의 게르만족 중심의 프로이센과 남쪽의 소수 게르만족과 다수 이민족으로 국민을 구성했다. 와신상담한 이 나라는 1867년 '오스트리아 헝가리 제국'을 형성해 당시 5,100만의 인구를 거느리는 제국으로 부상하였다.

하지만 오스트리아의 황태자는 이 제국의 발칸반도령 보스니아의 수도 사라예보에서 세르비아의 범 슬라브주의자에 의해 암살되었다. 오스트리아는 이에 대한 보복으로 세르비아에 선전포고를 함으로써 제1차 세계대전을 일으켰다.

그러나 오스트리아는 독일, 터키와 함께 연합국에게 패배한 후 오스트리아 헝가리 제국마저 해체되었다. 1918년 약소한 공화국으로 축소된 오스트리아는 제국 시대의 인구와 영토보다 7분의 1로 줄어들었다. 더구나 오스트리아는 1938년 3월 아돌프 히틀러에 의해 독일 제3국의 1개주로 합병되었다.

1939년 히틀러의 강요에 의해 제2차 세계대전에 제3국의 일원으로 전쟁에 끌려갔다가 패전국의 오명을 쓰고 미국, 영국, 프랑스, 소련 등 4대 강국에 의해 통제 협약이 체결됨과 아울러 1945년 7월 4분되었다.

그러나 이 나라의 통일 기반은 4강의 분할 점령 3개월 전부터 닦여가기 시작하였다. 제1공화국 시절 수상을 정부가 역임했으며 온건 사회주의자인 칼 레너의 주도하에 임시 정부가 구성되었고 민주공화국의 재건이 선포되었다. 이 임시정부에는 사회주의자와 보수주의자 모두가 참여했다.

레너의 임시정부는 4강의 분할 점령과 통제위원회의 존재에도 불구하고 단일 행정 체제 아래 오스트리아 전역을 통합 구역으로 묶어두는 데 결정적 역할을 해냈다. 오스트리아 임시정부는 이 나라 통일의 기초가 되었던 것이다.

1945년 11월 총선을 통해 오스트리아는 연립정부를 수립했다. 국민당의 레오폴드 피글이 수상을 맡았고 사회당 인사가 부수상을 맡았다.

이목받는 중립화 통일

원래 소련은 레너가 사회주의자라는 점을 이용하여 오스트리아를 공산화시키려고 했다. 그러나 레너는 통일이 더 소중하다고 믿고 각계각층의 지도자들과 협력하여 중립적인 통일 국가의 형성에 앞장섰다. 결국 통일주의자였던 레너의 임시정부가 오스트리아의 통일에 결정적 기초를 제공했다.

1945년 11월 총선을 통해 오스트리아는 연립정부를 수립한다. 임시정부의 수상을 거쳐 초대 대통령으로 추대된 레너는 자국이 스위스처럼 강대국들에 둘려 싸여 있다는데 유의, 스위스식 영세중립화안이 이상적 모델이라는 데 착안하였다. 그는 서방측과 소련이 이데올로기로 무섭게 대결되어 있던 국제 구조 속에서는 더욱 그 길밖에 없다고 믿었다.

그는 1947년 1월 스위스식 중립화 방안을 적극적으로 연구하기 시작했다. 연립정부의 일원인 사회당도 중립화 통일 방식을 공식적으로 지지하고 국민당도 중립 노선을 표방하고 나섰다. 이어 피글 수상은 1949년 외세에 의존하지 않는 중립 노선을 명백히 했다. 주변 강대국들의 협력 유도에도 적극 나섰다.

소련은 오스트리아가 지리적으로나 정치·문화적으로나 서방 진영에 가깝다는 사실을 인지하고 있었다. 그래서 소련은 오스트리아에서 점령 군대를 빼고 영토적 통합을 허가해 줄 때 이 나라가 서방 쪽으로 흡수될 것을 우려하고 있었다. 여기에 오스트리아는 국제적인 중립을 되풀이 강조함으로써 독립 후의 오스트리아가 서방 진영에 동맹의 일원으로 가담하지 않으리라는 점을 확인해 주었다.

자신이 한때 독일에 합병되었던 역사적 사실을 유의하며 중립화를 내세워 이 나라가 또다시 독일과 손을 잡을 것에 신경을 쓰고 있던 서방 진영을 안심시킨 것도 오스트리아 지도자들의 현명한 판단과 국제 정치적으로 수준 높은 안목에서 비롯되었다.

오스트리아 의회는 1952년 이 문제를 유엔에 상정했다. 유엔은 같은 해 12월 오스트리아의 조속한 점령 종결과 주권 회복을 위한 조약 체결을 촉구하는 결의안을 채택한다. 반면 점령국들의 외상 회담은 1946년 2월부터 시작되었으나 소련과 서방 진영 간의 냉전으로 공전될 수밖에 없었다.

1년 후인 1947년 2월 4강국 외상들은 회담 의제를 '독립적이고 민주적인 오스트리아의 재건을 위한 조약'으로 겨우 합의했다. 당시 소련은 오스트리아가 서방 진영으로 흡수될 것이라는 불안감을 갖고 있었다. 오스트리아는 1955년 3월 소련과 직접 '모스크바 각서'를 교환, 소련의 불안감을 씻어 주었다. 영세중립을 택하겠다며 소련의 반대 입장을 유화시킨 것이다.

1955년 5월 15일 '독립적이고 민주적인 오스트리아의 재건을 위한 조약'은 4강에 의해 서명된다. 1955년 6월 1일 오스트리아 의회는 '모스크바 각서' 대로 영세중립국임을 선포하였다. 이어 10월 25일 4강의 분할 점령 군들이 모두 철수한다. 완전 통합과 완전 주권을 회복한 것이다.

오스트리아의 중립화 통일은 첫째로 분할 점령 이전에 태동된 레너의 임시정부가 중립화 통일을 중심으로 한 국민적 통일 의지를 결집함으로써 가능했다. 그리고 중립화라는 대안을 확실히 제시하면서 통일에 우호적인 분위기로 이끌어 갔다.

오스트리아는 1955년 영세중립을 전제로 하여 점령군이 철수하였고, 그해 12월 유엔에 가입하였다. 유럽연합에는 1995년에 가입하였으며 2002년부터 유로를 사용하였다.

2. 독일

독일 통일의 과정

히틀러는 한 때 위대한 독일 민족의 위광을 세계에 과시했지만 제2차 세계대전을 일으켜 독일을 재앙의 도가니로 빠뜨렸다. 히틀러는 이 전쟁에서 참패했다. 그 결과 미국과 소련의 영향력을 반영해 서독과 동독으로 나뉘어졌다.

1945년 패전에 대한 문책으로 미국, 영국, 프랑스, 소련에 의해 분할 점령당했지만 재통합을 이루려다가 냉전으로 서방 3국이 1949년 9월 7일 서쪽에 독일연방공화국을 건국하자, 10월 7일 소련은 자신이 점령하고 있던 동쪽에 독일민주공화국을 건국했다. 이로써 동·서독은 분단되고 만다.

그러나 외세에 의해 분단된 동·서독은 통일을 위한 노력을 물밑에서 전개했다. 서독은 공산체제에서 항거하다 체포된 동독인들의 인권과 자유를 위해 막대한 경비를 투자해 몸값을 지불하고 국경선의 기관총과 지뢰의 3분의 1을 철거해 동독의 서독 여행 제한을 완화시키려고 노력했다.

독일 통일의 주춧돌은 베를린 장벽이 구축될 당시 서베를린 시장, 1966년 대연립 정권의 외상 겸 부수상, 1969년부터 1974년까지 수상을 역임한 사회민주당 소속의 브란트였다. 브란트는 소련이나 동독과 대결하는 게 아니라 대화로서 평화 공존을 강화하면서 독일 통일의 가능성을 추구한다는 기본 전략을 추진했다. 이것이 이른바 동방정책(Ostpolitik)이다.

동방정책은 독일이 분단되어 두 개의 독일은 이미 기정사실이 되고 있다는 것과 독일의 동부 국경이 1945년 이후 크게 바뀌게 된 전후의 현상을 인정하고 '화해를 통한 변화'를 추구하려는 정책이었다. 동서 냉전의 긴장을 완화한다는 더욱 큰 목적에 비하면 통일은 부차적인 문제라고 간주한 동독의 입장을 브란트는 수용했다.

1970년 8월 브란트 수상은 소련의 코스킨 수상과 모스크바조약을 맺었다. 그 내용은, 서독의 사민당은 1960년 전반까지는 오데르-나이세 강 이동의 구영토의 독일 간 분쟁을 처리하는 수단으로 무력을 행사하지 않을 것과 유럽 현상의 국경을 존중할 것을 약속했다. 브란트는 동방정책을 채택함으로써 전략을 바꾸어 국경의 현상 유지를 확인한 것이다.

1971년 9월 3일 미국, 영국, 프랑스, 소련 사이에 4개국 협정이 서명되었다. 이 협정은 서독과 서베를린 사이에 원활한 교통과 인적 교류를 확보하려는 것으로 주로 베를린을 둘러싼 정세를 현실적으로 개선하고자 한 것이다. 서독으로서는 베를린에 관한 만족할 만한 합의를 달성하는 것이야말로 소련과 동유럽 나라들과의 관계 개선을 추진함에 있어 중요한 요소였다.

다음으로 독일 통일의 기둥은 서독의 헬무트 콜 총리였다. 그는 통일의 전제 조건으로 동독의 민주화를 촉구(1989. 8. 22.)한 이래 자유선거와 복수정당제를 실시하고 공산당이 권력 독점을 포기할 때까지 경제 지원이 가능하다고 말했다. 그는 '전체 독일인들이 민주적인 권리를 행사할 수 있는 분위기를 조성하는 것이 동·서독 재통일의 전제 조건'임을 강조했다.

동·서독은 분단 상태에서도 통신 교류 및 교통망을 사용했고, 통신 조약을 체결(1972. 5.)해 부모 형제에 한해서 1주 1회의 통신을 할 수 있고, 서독 주민들은 동독에 1일 여행을 통해 박람회에 참여하고 공공기관의 초청 장소를 지정하는 입국을 허용했다.

동·서독은 분단 초기부터 인적 교류를 시작해 1960년 110만 명, 1970년 125만 명, 1973년 227만 명 등 통일 전까지 500만 명이나 교환 방문했다. 통행 협정의 간소화는 이런 인적 교류를 가능케 했다.

1961년 동독의 20만 7,000명이 베를린 장벽을 뚫고 서독으로 탈출한 이후 1989년에는 동독의 10만 명이 국경선을 넘어 서독으로 진입했다. 동독인 100만 명은 동독에서 반체제 민주화 운동을 펼치면서 공산 정권 퇴진과 자유총선거 실시를 외치기도 했다.

동·서독은 1972년 11월 8일 상호 무력 사용 포기, 자주 독립, 영토 보존, 인권 보호, 차별 금지를 핵심으로 한 기본 원칙 조약을 체결하고 이를 바탕으로 통일 환경을 조성했다. 두 나라는 1973년 언론 매체 교환 조약 이후 1988년 서독 본에 6명의 동독 특파원, 동독의 베를린에 19명의 서독 특파원이 상주하면서 취재토록 했다. 이로써 동·서독인은 라디오 100%, TV 85%를 자유롭게 접할 수 있게 됐다.

동독은 1990년 3월 18일 총선거를 실시했다. 그 결과 보수 정당인 독일연합이 400석 중 192석, 사회민주당 88석, 민주사회당 66석을 차지했다. 이들 정당은 서독으로의 흡수 통합을 원했다. 동독은 5월 18일 서독과 경제 통합을 이룬 후 10월 3일 0시에 서독으로 편입되었다. 이로써 독일은 대망의 통일을 달성했다.

통일된 독일의 초대 총리는 콜 서독 총리가 유임됐으며, 부총리 겸 외상은 한스 디트리히 겐셔 외상이 차지했다. 동독의 로타르테 메지에르 총리와 자빈느플 인민회의 의장 등 5명은 통일된 독일의 각료로 기용됐다. 12월 2일 실시된 총선거에서 집권당인 기독교민주당이 656석 중 312석, 사회민주당 239석, 민주사회당 16석을 차지했다.

베를린 장벽의 급격한 붕괴

1989년 11월 9일, 동독 공산당 크렌츠는 당 중앙위원회에서 '여행 허가에 대한 출국 규제 완화에 대한 법령'을 발표했다. 이는 출국 규제가 완화된다는 선언이었다. 막 휴가를 마치고 복귀한 여당인 사회주의통일당 대변인 귄터 샤보프스키가 오후 6시 이 안에 대해서 기자 회견을 하기로 하고, 크렌츠로부터 서류를 받아서 발표를 하러 갔다.

샤보프스키는 '외국 여행(여행 목적, 친척 등)의 조건을 제시하지 않고 신청할 수 있다. 경찰의 여권, 등록 부서는 모든 출국 비자를 지체 없이 발급하도록 지시한다. 국외 이주에 대해서 동·서독 국경 혹은 동·서 베를린의 모든 검문소를 사용할 수 있다.'는 발표를 약간 잘못 읽어서 '동독 국민은 베를린 장벽을 포함하여 모든 국경 출입소에서 출국이 인정된다.'고 발표했다. 이 법률은 중앙위원회의 승인을 아직 받지 않았고, 내각에서도 결의되지 않은 사안이었지만. 샤보프스키는 이미 결의가 되었다고 착각하고 있었다.

샤보프스키가 이탈리아 통신사 기자의 질문을 받았다.

"자유화는 언제부터인가?"

샤보프스키는 11월 10일 아침에 발효될 예정이었음에도 서류에 날짜가 명기되어 있지 않았기 때문에 '지체없이(sofort, unverzuglich)' 발효된 다고 대답했다.

동독 자유화 분위기가 무르익던 상황에서 생중계된 이 기자회견을 본 동 베를린 시민 수천 명은 말 그대로 '당장' 장벽 앞으로 몰려들었다. 지시를 받지 못한 국경경비대는 어떻게 대응해야 할지 고민했다. 자유화 조치가 내려졌다고 해도 일단 방송 보도만 봐도 '비자와 여권을 필요로 하는 것' 이었으며, 사실상 이 조치는 그때까지와 크게 달라질 것이 없었다.

몰려든 군중들은 개방을 요구했고, 국경경비대는 비자와 여권을 가져오 라고 요구했다. 그러나 군중심리 때문인지 방송 내용을 완전히 오해한 군 중들은 '지금 즉시 국경은 개방되었다.'고 믿고 있었다. 군중들은 수비대 의 해명을 듣지 않고 점점 더 공격적으로 나오기 시작했다. 시간이 지날수 록 거기에 동조하는 사람까지 몰려들어서, 그 숫자가 검문소마다 수천 명 씩 나타날 정도로 점점 증가했다.

밤 10시 경 국경경비소에 모여드는 주민들이 1만 명에 달하게 되자 각지 의 국경경비소에서 더 이상 버티지 못하게 된다. 결국 시민들을 상대로 유 혈 진압을 하다가 분노한 시민들에게 죽도록 맞고 몰살당하든가, 지시도 없고 규칙에도 어긋나지만 얌전히 통과시키든가 둘 중 하나를 택할 수밖에 없었다. 경비대는 통과시키기로 결정하고 조용히 철수했다.

1989년 11월 10일 새벽에 주민들이 망치, 곡괭이, 그 외 중장비를 가져와서 무단으로 베를린 장벽을 철거하기 시작했다. 베를린 장벽뿐만 아니라 동·서독 국경도 몰려드는 군중의 압력에 견디다 못해 개방되었다. 동독 주민들은 트라반트를 타고 서독에 도착했으며 서독 주민들은 그들을 환영했다.

역사에는 우연이 엄청난 결과를 초래하는 경우가 가끔 있다. 독일 사태는 샤보프스키의 말실수와 언론의 오보, 군중심리가 시너지 효과를 일으켜 하룻밤 사이에 동·서독 국경이 허물어지는 대이변을 낳았다.

베를린 장벽 붕괴를 시작으로 동독 정부는 통제력을 상실했다. 동독의 모든 군과 경찰은 기능이 정지되었고, 악명 높던 슈타지의 지부는 시민들에게 습격되어 파괴당했다. 이런 사태에서도 동독 정부는 손도 쓸 수 없었다. 하루에 약 2,000명의 동독 주민이 서쪽으로 유출되었고, 동독 마르크의 가치는 10분의 1로 폭락했다. 동독은 자력으로 생존할 능력을 상실하게 되었다.

독일 통일의 직접적 요인

독일의 통일을 가능케 한 직접적 요인은 무엇인가? 독일 통일의 현장에서 그 과정을 관찰한 성균관대학교 국가전략대학원장 염돈재 교수의 관점을 인용한다.

첫째, 가장 중요한 요인으로 공산주의 종주국이었던 소련의 변화를 들 수 있다.

1984년 개혁주의자인 고르바초프가 소련 공산당 서기장에 취임한 이후 소련은 적극적인 개혁(Perestroika)과 개방(Glasnost) 정책을 추진했다. 특히 고르바초프가 '브레즈네프 독트린(Brezhnev Doctrine)'을 폐기, 동유럽 지배 포기 의사를 명확히 함으로써 동유럽 전체가 개혁 열풍에 휩싸이게 되었고, 이런 개혁 열풍이 동독 평화 혁명을 촉발하는 계기가 되었다.

더욱이 1989년 10월 7일 동독정권 수립 40주년 기념식에 참석한 고르바초프가 '인생은 늦게 오는 자를 벌한다.'는 소련 속담을 인용, 동독의 개혁을 공개적으로 촉구하자 동독 주민의 개혁 요구와 시위는 급속히 확산되었다. 또한 고르바초프는 10월 6일 동독 정치국원들과의 회합에서 소련군은 동독 시위에 일체 개입하지 않을 것이라고 경고하고, 주 동독 소련 대사를 통해 시위의 무력 진압에 반대한다는 의사를 전달함으로써 동독 공산 정권은 무력 진압을 포기할 수밖에 없었다.

둘째, 동유럽 국가들의 민주화 열풍이다.

소련의 개혁 · 개방 정책과 브레즈네프 독트린 폐기로 1988년 이후 동유럽 국가들은 민주화 개혁 열풍에 휩싸이게 되었다. 동유럽은 역사적으로 서구의 민주주의적 바탕을 가진 나라들이어서 소련의 통제가 풀리자 소련보다 훨씬 빠른 속도로 개혁이 이루어질 수 있었다. 그러한 위업을 달성한 국가는 헝가리, 폴란드, 체코, 루마니아다. 동유럽 인접국들에서의 민주화 열풍은 동독 주민의 개혁 욕구를 자극, 늦게나마 평화 혁명을 촉진하는 요인이 되었다.

셋째, 공산 정권에 대한 동독 주민들의 염증이 광범위하게 퍼져 있었다.

동유럽 국가들의 개혁 열풍을 계기로 동독 주민들 사이에서도 무언가 자기들에게도 변화가 있어야 한다는 인식이 퍼져가고 있었다. 그러나 1989년 6월 동독 공산 정권이 천안문 사태의 무력 진압을 공개적으로 지지하자 동독 주민들의 절망감은 더 커지게 되었다.

이제 동독에서도 일반 주민은 물론 공산당 간부와 가족들까지도 획기적인 개혁이 필요하다고 생각하고 있어 미봉적 조치나 무력 진압으로 시위 사태를 수습하기 어려운 상황이었다. 더욱이 군의 일선 지휘관들 가운데는 시위대를 향해 발포 명령이 내려지면 병사들이 명령내린 지휘관을 향해 총부리를 겨누게 될 것이라고 생각하는 사람도 많았다. 따라서 공산 지도부는 섣불리 발포 명령을 내릴 수 없었다.

넷째, 동독 경제가 파탄 상태였다는 점이다.

동독은 사회주의 경제 체제의 비효율성, 주민들의 서독 이주에 따른 노동력의 손실, 성장률을 상회하는 복지 지출의 증가, 1980년대 초 전자산업 투자 실패 등으로 1980년대 중반 이후 서독의 지원 없이는 주민 생활 수준을 20~30% 정도 낮추어야 할 형편이었다. 더욱이 1989년 9월 이후 시위와 탈출자 급증으로 경제 사정이 더욱 악화되어 서독과의 통합이 불가피했다.

다섯째, 공산 지도부의 체제 수호 의지가 매우 미약했다는 점이다.

1989년 9월 주민들의 대규모 탈출과 전국 규모의 시위가 시작되었을 때 공산 지도부는 여행 자유의 확대 등 몇 가지 개혁 조치를 취하면 사태를 진정시킬 수 있을 것으로 안이하게 판단했다. 그러나 10월 초 갑자기 시위가 확산되어 유혈 진압 없이는 사태 진정이 어려운 상황이 되었으나 목숨을 걸고 체제를 수호하겠다는 의지를 가진 공산 정권 간부는 아무도 없었다.

여섯째, 서독 정부가 베를린 장벽 붕괴 직후부터 확고한 목표와 의지를 가지고 동독 주민의 탈출과 시위 사태를 통일로 연결시켜 갔다는 점이다.

베를린 장벽 개방 3주 후 '독일과 유럽 분단 극복을 위한 10개항 계획'을 발표하여 이때까지 금기시되어 왔던 통일 논의를 공식화했다. 그 후에도 동독 탈출자의 제한 없는 수용, 1:1 화폐 교환 비율의 약속 등 서독 정부의 신속하고 적절한 조치는 동독 주민의 불만에 방향성을 제시하고 통일 에너지로 전환시키는 원동력이 되었다.

일곱째, 미국의 적극적 지원이 제2차 세계대전 전승 4대국의 승인을 얻는 데 결정적 역할을 했다.

미국은 동독 시위 사태 초기부터 통일 가능성을 염두에 두고 서독의 정책을 지지했고, 미국의 지원은 프랑스, 영국, 소련을 설득하는 데 큰 힘이 되었다. 이는 제2차 세계대전 이후 서독 정부가 일관성 있게 친미·친서방 노선을 견지해 온 데다, 베를린 장벽 개방 이후 미국의 요구를 조건 없이 수용하고 미국과 긴밀한 협의 하에 통일 작업을 추진했기 때문에 가능했던 일이다.

3. 예멘

예멘의 초기 통일

아라비아 반도의 남서부에 있는 예멘은 성서에 나오는 무역항으로서 시바의 영토였다. '아랍의 하와이'로도 불리는 이 나라는 16세기 터키제국의 지배로 들어갔다가 1918년 독립했으나 다시 열강의 약소국 쟁탈전의 희생양이 되어 영국의 식민지로 편입됐다가 1967년 해방되었다.

그러나 냉전의 회오리바람은 예멘을 고요히 놔두지 않았다. 미국과 소련 간의 이데올로기 전쟁이 치열한 가운데 예멘의 민족 지도자들의 이해관계가 얽혀 들었다. 그 결과 북예멘은 미국의 지원으로 민주국가인 예멘아랍공화국, 남예멘은 소련과 중국의 지원으로 아랍권에서는 최초로 공산주의인 예멘인민민주공화국으로 분열했다.

북예멘은 면적이 19만 4,000㎢로 강우량이 많고 비옥한 땅으로 이루어져 있다. 그 인구는 750만 명이다. 남예멘은 면적이 32만 3,000㎢지만 대부분 건조한 사막으로 이루어져 있다. 따라서 그 인구는 생활하기가 어려워 250만 명에 불과하다.

이러한 점을 감안하면 생활 환경이 좋고 자유로운 의사소통과 생산 및 분배 방식이 합리적인 북예멘은 공산주의를 신봉하는 1인 독재정권 치하의 남예멘보다 국력이 강할 수밖에 없다. 남예멘의 의식 있는 국민들은 북예멘을 부러워했다.

그러나 소련이 고르바초프 집권 후 동서 냉전을 종식하는 방향으로 노력하면서 남예멘에 대한 경제적 지원과 군사 원조를 대폭 축소키로 하였다. 또한 고르바초프는 '소련은 더 이상 예멘의 통일을 반대하지 않는다.'고 선언하였다. 남예멘으로서는 스스로 새로운 출로를 찾아야 했다. 남예멘은 정부가 주도하여 사회주의를 포기하고 사유 재산의 허용과 복수정당제를 추진하는 등 개혁에 나섰다.

통일은 급물살을 탔다. 남·북예멘은 1989년 11월 30일 통일헌법 초안을 승인했고, 1990년 1월 22일에는 양국 국경을 완전히 개방했다. 남·북예멘은 4월 22일에는 '예멘 공화국 선포 및 과도기 조직에 관한 합의서'를 발표했다. 그들은 당초 통일 선포일은 1990년 11월 30일로 하기로 합의했으나 여전히 통일에 반대하는 보수 강경파들의 반발을 우려하여 반 년을 앞당겼다. 1990년 5월 22일, 남·북예멘은 통일을 선언하였다. 이는 동·서독의 통일보다 4개월 보름이나 빠른 것이었다.

예멘의 통일은 세계적인 관심사가 되었다. 그때까지만 해도 자본주의를 추구한 북부와 사회주의를 추구한 남부가 오랜 갈등과 이념적인 대립을 해소하고 통일에 합의한다는 것은 거의 불가능에 가까운 일이라고 여기고 있었다. 더욱이 독일의 통일이 구 동독정권의 돌연한 붕괴와 정치적 혼란 속에서 진행된 반면, 예멘은 어려운 여건 속에서도 남북 정권의 주도 아래 대화와 타협을 통하여 비교적 순탄하게 합의를 도출했다는 점에서 거의 완벽한 평화 통일이었다.

그러나 통일이 반드시 서광을 비추지만은 않았다. 38개의 정당들은 자신들의 이익과 정권의 쟁취를 위해서 파벌을 조성하고 부족 간의 분열과 갈등을 부추겨 정치 불안을 불 질렀다. 사회가 불안하고 국민이 여기저기서 불만을 토로했다.

새로운 예멘공화국은 권력을 국력에 비례해 배분했다. 통일예멘의 과도 정부는 5인의 대통령 평의회에 의해 통치되도록 구성되었다. 5명 중 3명은 북예멘 출신으로 북쪽이 과반수를 확보, 주도권을 행사했다. 물론 대통령 도 북예멘의 대통령이 승계하였다. 동시에 평의회 부의장은 부통령으로 보 하게 되었고 이 부통령은 남예멘 출신으로 배정되었다.

수상은 남예멘의 대통령이 맡았고, 39명의 내각 중 20명이 북예멘 출신 으로 충당되었다. 통일예멘의 의회도 북예멘 의원 159명과 남예멘 의원 111명, 그리고 대통령이 임명한 케이스 31명으로 구성하였다.

그러나 인력 배치에서 요직의 독점 현상, 업무의 중복은 행정의 비능률 을 초래하고, 요직을 맡은 자들의 부패는 통일의 의미가 무엇인지에 대한 회의를 촉발케 했다. 우쭐대는 옛 북예멘 특권층들은 자기들보다 하위직을 맡은 남예멘 약자들을 조롱하기도 했다. 지렁이도 밟히면 꿈틀 하듯 남예 멘 출신들의 불만이 쌓였다.

특히 자동차와 기계류, 건설 장비인 불도저와 시멘트 믹서기는 물론 일 반 생활필수품이 13억 달러 어치나 밀수입돼 퍼지고, 부정과 부패는 차츰 늘어나 만연 상태가 되고 말았다. 인간을 차별하는 것만큼 설움을 부채질 하는 것은 없다.

식료품 가격은 2년 만에 4배나 올랐다. 사회주의 체제였던 남예멘에서는 체제 전환에 따른 극심한 부작용에 시달렸다. 예멘 각지에서는 파업과 시위가 반복되는 등 거의 무정부 상태에 직면하였다. 통일에 대한 환상과 기대는 사라졌다.

남예멘 사람들은 북예멘 사람들에게 비웃음의 대상이 되었을 뿐 아니라 공산 독재에 길들여져 단조로운 일만 하고 가난하게 살면서도 자유와 개방의 물결에 휩쓸려 소비를 지나치게 하고 방만해지며, 전통적인 문화도 팽개침으로써 정체성에 심각한 위기를 초래했다.

분열 후의 재통일

비록 통일을 이루었지만 남북 예멘인들 간에 갈등이 고조되고 있던 1991년 걸프 전쟁이 일어났다. 예멘은 쿠웨이트를 침공한 이라크를 지지했다. 오판의 대가는 참혹했다. 사우디아라비아를 비롯한 대부분의 아랍 국가들은 예멘 노동자들을 추방했다. 8만 명의 해외 노동자가 일자리를 잃고 귀국했다. 사우디아라비아는 예멘에 지원했던 연평균 6억 달러의 재정 지원도 중단했다. 1991년부터 1993년까지 1인당 소득은 석유의 증산에도 불구하고 46% 감소했다. 실업률은 1990년 4%에서 1993년 25%로 증가했다. 일부 지역에서는 폭동이 일어났다.

예멘사회당은 남예멘 군대에 대한 통제력을 포기하지 않았다. 몇몇 남쪽 부대가 북쪽으로 가고 북쪽 부대도 남쪽으로 왔지만, 대부분의 부대는 통일 이전의 군복을 그대로 착용한 채 자신의 주둔지를 유지했다. 이런 어수선한 분위기에서 남부 출신 정치인들에 대한 암살 사건이 잇달아 발생했다. 암살자들은 아프가니스탄 전쟁에 참여했던 북예멘 출신의 군인들이었다.

1993년 4월 통일헌법에 따라 실시된 총선은 파국으로 이어지는 뇌관이었다. 살레의 국민의회당이 40%, 북부 기반의 이슬람정당이 21%, 남부에 기반을 둔 예멘사회당이 18%를 얻었다. 나머지는 무소속과 소수 정당들이 차지했다. 예멘사회당은 남부 지역을 거의 싹쓸이했지만, 전국적으로 보면 초라한 성적이었다.

선거 이후 사회당은 연방헌법의 개정을 요구하고 50:50의 권력 분점을 법적으로 보장해달라고 요구했다. 그렇지만 살레는 이슬람당의 실체를 인정하는 삼자연합을 주장했다. 인구가 5분의 1에 불과한 남부가 50:50의 권력 배분을 요구한 것은 모순이었다. 권력 분점 합의와 총선 결과 사이에 모순이 발생했지만 합의가 어려웠다. 이 와중에서 알베이드 부통령은 남부 출신을 이끌고 아덴으로 철수했다. 통일 수도 사나에는 결국 북부 출신만 남았다.

요르단 국왕이 중재에 나섰고, 남·북예멘의 시민사회가 이성의 연합을 호소했다. 그런 상황에서 1994년 4월 남부 군대 야영지에서 남북 군대의 충돌이 발생했다. 쌓여 있던 불만을 활활 타오르게 하는 불씨였다. 결국 전면전으로 이어졌다. 전쟁은 두 달 동안 지속됐고, 5,000명 내지 7,000명이 사망했다. 전쟁은 북부의 일방적 승리로 끝났다.

살레는 전쟁에서 승리한 뒤, 남예멘의 사회당과 정치 엘리트들을 한꺼번에 제거했다. 전쟁 직후 2만여 명의 남예멘 군인들은 즉각 해고됐다. 대부분의 공무원도 일자리를 잃었다. 남예멘 경제도 붕괴됐다. 1994년 이전 남예멘에서 75개의 공장이 가동됐지만, 전쟁 이후 3개로 줄었다. 대부분의 국유재산이 민영화됐고, 살레의 측근들이 전리품으로 나눠가졌다.

남부의 박탈감은 점차 조직화됐다. 2007년부터 '남부운동'이라는 이름의 반정부 단체가 등장했다. 처음에는 통일국가를 인정하면서, 남과 북의 평등을 요구했다. 그러나 정부의 탄압이 강화되자 '남부운동'은 과격해졌다. 알카에다와 협력하면서 무장이 이뤄지고 테러가 빈번해졌다. 2009년부터는 과거 남예멘의 국기가 남부 전역에서 다시 나부끼기 시작했다. 남부는 다시 분단을 요구한 것이다.

그러나 2011년 '아랍의 봄'이 예멘을 덮쳤다. 예멘 군부가 살레 충성파와 반대파로 분열됐고, 시위와 탄압이 반복되면서 국가가 비틀거렸다. 결국 걸프협력이사회(GCC)가 나서서 살레 대통령의 퇴진을 이끌었다. 아랍에서 가장 오랜 33년 동안 철권을 휘두른 독재자 중 한 명이 물러났다. 그러나 그는 후에 사면되었으며 권력의 막후 실력자로 남아 있다.

남·북예멘의 통일 방식은 후진국도 평화적 타협에 의해 통합할 수 있음을 제2차 세계대전 이후 처음으로 실증해 주었다. 특히 남·북예멘의 통일은 자본주의와 공산주의라는 두 상극적인 체제가 두 정부 간의 타협을 통해 하나로 합쳐질 수 있다는 것을 표출시켰다.

더욱이 예멘의 통일은 두 개의 정부가 서로 국력의 비례에 따라 통합 정부의 권력을 배분하는 형태를 취했다는 점에서 특이하다. 예멘 통합은 양측 국력의 지분을 통일정부의 권력 구성에 반영시킨 비례식 통일 유형이라 하겠다.

그러나 예멘이 통일로써 정치적 통합을 이루었다 할지라도 북예멘의 살레 독재, 남예멘의 박탈감 고조로 사회적 통합에는 많은 문제점을 노출시키고 있다. 이것은 자본주의에 물든 사람들이 부정부패를 극복하고, 사회주의에 길든 사람들이 자본주의에 접목하는 것이 얼마나 어려운가를 일깨우고 있다.

4. 베트남

베트남의 무력통일 과정

베트남은 한자로 월남(越南)이라 한다. 월남은 남쪽으로 넘어왔다는 뜻이다. 중국은 베트남을 안남(安南)이라고도 부른다. 이것은 명나라 남쪽 야만인이 평정한 데서 나온 말임에 틀림이 없다.

청나라가 분열돼 쇠퇴일로를 걸은 후 서양 세력은 동양으로 물밀듯이 닥쳤다. 베트남은 프랑스의 먹이가 되었다. 이 나라는 프랑스의 식민 지배를 받다가 제2차 세계대전 때 독일에 의해 프랑스가 점령되었을 때는 독일 식민지가 되는 등 우환이 겹쳤다.

그러나 이런 우환은 더 꼬리를 물었다. 일본이 동아시아를 점령하면서 베트남 황제 바오다이를 사이공 괴뢰정부의 수장으로 임명했다. 이것은 요조숙녀를 동서양의 건달들이 번갈아 욕보이는 것과 크게 다를 바 없었다.

청나라에서 소련의 지령을 받은 공산당의 마오쩌둥이 민족주의자 장개석을 누르고 있었다. 그 영향을 받은 호치민이 독립연맹을 결성해 독립 운동에 앞장섰다. 독립 운동은 호치민을 베트남의 영웅으로 만들었다.

1945년 8월 15일 일본의 패망은 이 나라를 다시 한 번 소용돌이 속으로 빠뜨렸다. 프랑스는 그 해 9월 하노이가 베트남민주공화국을 선포하니 1946년 호치민을 주석으로 앉혀 승인하는 등 베트남을 갖고 놀았다.

그러나 1954년 7월 21일 프랑스 · 베트남 전쟁이 일어나 제네바 휴전협정까지 8년이나 이어졌다. 이 동안 베트남은 인적 · 물적 피해가 극심해 산에는 해골이 쌓이고 강은 피로 물들었다. 국토가 황폐화한 건 두말할 필요가 없다.

제네바협정은 북위 17도 선으로 베트남 국경을 양분(공산 월맹 9만 6,200㎢, 자유 월남 10만 500㎢)했다. 이 무렵 공산 월맹으로부터 자유 월남으로 80만 명이나 월남했다. 남으로, 남으로가 난민들의 구호였다.

월맹의 적극적인 지원을 받은 베트남 내 공산주의 세력인 베트콩(베트남 공산주의자)들은 1956년 베트남을 유린했다. 그들은 1960년 12월 20일 베트남 민족해방전선(NLF)를 결성해 전 국토를 공산화하려고 분발했다.

프랑스는 호치민과의 전쟁에서 패했다. 그리고 자유 월남에 고딘디엠 정권이 들어섰다. 미국의 존슨 대통령이 자유 월남을 지지했다. 1964년 월맹 어로선이 미국 제7함대 소속 구축함 매독스 호를 공격했다. 미국은 월맹과의 전쟁에 돌입했다.

그리하여 시작된 월남전은 숱한 사상자를 냈다. 한 때 미국, 한국, 필리핀, 오스트레일리아, 뉴질랜드, 타일랜드 등 군인 61만 명, 월남군 60만 명 등 120여 만 명이 월맹군에 대항해 싸운 이 세기의 혈전은 정글을 무대로 지루하게 펼쳐졌다. 월남전에 참전한 한국군 중 4,687명이 전사했다.

미국은 그 동안 1,410억 달러를 투입하고 5만 6,000여 명의 전사자를 냈다. 미국의 거의 전역에서 반전 시위가 불타올랐다. 존슨 대통령은 월남전에 대한 책임을 지고 재선에 불출마하겠다고 선언했다.

개전한 지 8년 5개월만인 1973년 1월 27일 파리에서 미국, 월남, 월맹, 베트콩 등 4자회담이 열려 베트남전 종식과 평화를 위한 협정을 조인하여 60일 이내에 미군이 철수하기로 결정했다.

1973년 3월 19일 미군은 철수했다. 미군이 철수하자마자 베트남은 월맹군과 베트콩의 천지로 변했다. 15만여 월맹군은 베트남으로 진격해 쑥밭을 만들었다. 월맹군은 드디어 사이공을 점령했다. 1975년 4월 30일 두옹반민 대통령은 항복했다. 민족 해방의 기치를 내건 월맹은 21년 만에 무력으로 공산화 통일을 완료했다.

베트남 공산화의 원인과 교훈

자유 월남 측이 121만 명 병력(미군 54만 명, 연합군 7만 명, 월남군 60만 명)과 세계 최고의 첨단장비를 보유하고도 월맹군에게 대패해 공산화의 길을 터준 베트남전은 전 세계에 큰 충격을 던졌다. 따라서 베트남전에 대한 관심과 연구가 줄을 이었다. 베트남 공산화의 원인과 교훈을 살펴보자.

그 가장 큰 원인은 월맹의 공산주의 혁명 세력들이 목숨을 걸고 민족 해방을 위해 투쟁했다는 점에 있다. 그들은 빈부의 격차에 불만을 품고 세상을 엎어버리고자 하는 민중의 분노에 불을 지를 전략과 전술을 환히 터득하고 있었다. 불이 낮은 곳으로부터 일어나 높은 빌딩도 삼켜버리듯 그들은 민중의 분노에 기름을 붓고 불씨를 던져 고관대작들을 불태워 죽였다.

다음으로 월맹 혁명 세력들은 오랜 프랑스 식민 시대를 거치고 제2차 세계대전 때는 일본의 지배를 받은 월남 민중들이 외세를 싫어한다는 사실을 간파하고 외세 배척 운동으로 확전하는 동시에 미국이 월남전에 참전하자 극도의 반외세 투쟁으로 전열을 가다듬었다. 반외세 민족 통일은 식민지를 체험한 국민을 상대로 쉽게 형성할 수 있는 전선이었다.

그리고 월맹 혁명 세력들은 타락한 유산계급과 권력욕에 눈이 어두운 권력자들을 민족의 적으로 규정하고 강력하게 규탄했다. 못가진 자들은 전쟁 중에도 부패한 정부 요인들이 무기를 팔아 사익을 채우는 현상을 목격하고 치를 떨었다. 그러한 미제 무기는 다음 날 베트콩에게 넘어가기도 했다.

이 세상을 척결해야 할 악의 화신들이 득실대는 곳으로 인식한 언론인, 종교인, 교사 등 지식인들이 반정부 대열에 적극 가담한 것은 우연이 아니다. 혁명 세력은 이 같은 지식인들을 내세워 민중들을 선동하여 강력한 반정부 전선을 구축했다. 분노의 불길이 이글이글 타올랐다.

이와는 달리 미군과 연합군은 베트남 정부의 부패와 독재, 국민들의 외세 배척에 의해 환영받지 못하고 있는 데다 정글로 이루어진 지형에 대한 사전 훈련의 부족, 장기전에 따른 피로의 누적, 신경을 거스르는 반전 운동, 끊임없는 사상자의 발생으로 사기가 형언할 수 없을 정도로 추락했다.
월맹 혁명 세력은 빈약한 장비와 상대적으로 소수인 정규군에도 불구하고 사기가 충천한 베트콩, 세상을 확 엎어야 한다는 헐벗고 굶주린 민중에게 더욱 가까이 다가가 누구나 평등한 상태로 지상의 낙원을 건설하겠다고 유혹하여 결사 항전의 자세를 더욱 굳히게 했다.

그러나 월맹은 공산화 통일을 달성한 후 반정부 데모에 앞장서 부정과 부패로 얼룩진 베트남 정권을 타도하고 평등한 세상을 건설하는 데 진력해 온 언론인, 종교인, 교육자 등을 썩어빠진 자본주의에 물든 반동분자로 몰아 강제노역장과 교도소로 보내거나 신속한 재판을 거쳐 처형하고 만다.

이렇게 희생된 베트남의 지식인들은 공산화 통일이 성취되었을 때 다른 나라 지식인들의 운명이 어떻게 될 것인가라는 물음에 대한 모범 답안을 제시하고 있는 셈이다. 그것은 체제가 바뀌면 그 때까지 기득권을 누렸던 사람들은 정치인이나 경찰관이 아니더라도 숙청된다는 공식이다.

공산주의자들의 잇따른 탄압에 못 이겨 90여 만 베트남 국민들은 정글을 헤치고 이웃나라로 잠입하거나, 보트를 타고 해외로 빠져나갔다. 그들은 도중에 죽기도 하고, 천신만고 끝에 다른 나라로 가도 나라를 지키지 못한 국민이라는 점에서 환영받지 못했다.

공산주의자들은 통일된 베트남 국민들의 기본권을 압살하고, 14%의 경제 성장을 약속했지만 반대로 경제를 황폐 상태로 이끌고 개혁이라는 이름 아래 행정의 전문성을 망쳐 나라를 거대한 수용소 또는 황무지로 만들고 말았다. 가령 한국은 1975년의 국민소득 532달러에서 1991년 6,498달러로 급상승했지만 공산화 통일된 베트남은 1992년 250달러에 불과했다.
다급한 월맹은 소련의 페레스트로이카를 모방해 1986년에 도이모이(개혁)를 도입해 체제 개혁에 착수했다. 즉 그들은 서양 자본주의 기술과 자본을 적극적으로 들여와 사유재산 소유와 자유기업 체제를 부분적으로 허용했다. 그러나 이것은 사후약방문 격이 되고 만다.

베트남 국민들은 무력에 의한 적화 통일과 통일 후의 숙청으로 120만 명이나 목숨을 잃었다. 거기에 6,600만 국민은 최저생계비를 오르내리거나 아사 직전의 상황으로 몰리고 있다. 공산화 통일은 민족 의식을 고취시켰다는 긍정적인 측면과 아울러 빈곤의 악순환이라는 족쇄를 채웠다는 부정적인 측면을 지니고 있다.

5. 미국

남북전쟁과 미국의 분열

미국은 남북전쟁 전후로 반쪽으로 분열됐지만 마침내 북부군의 승리와 링컨 대통령의 포용 정책으로 하나로 통일되었다. 이러한 사례는 비록 한 나라 안에서 내란으로 일어난 일이긴 하지만 자칫하면 둘로 나뉘어 비극을 초래할 가능성을 차단하고 일어섰다는 점에서 매우 중요한 교훈을 준다.

당시 노예제를 찬성한 남부의 주들은 인구가 900만 명, 노예제를 반대한 북부는 2,200만 명에 이르렀다. 노예제 반대론자의 대표적 존재는 에이브러햄 링컨이었다. 링컨은 1860년 대통령 선거에 출마해 당선됐다.

이를 계기로 사우스캐롤라이나, 미시시피, 플로리다, 앨라배마, 조지아, 루이지애나 그리고 텍사스의 순으로 1861년 2월까지 7개 주가 독립을 선언했다. 이어서 버지니아, 아칸소, 노스캐롤라이나와 테네시 등 4개 주가 더 독립에 참여하여 11개 주가 남부연합(Confederate States of America)을 결성하고 제퍼슨 데이비스를 대통령으로 옹립했다.

이에 반해 캘리포니아, 코네티컷, 델라웨어, 일리노이, 인디애나, 아이오와, 캔자스, 켄터키, 메인, 메릴랜드, 매사추세츠, 미시간, 미네소타, 미주리, 뉴햄프셔, 뉴저지, 뉴욕, 오하이오, 오리건, 펜실베이니아, 로드아일랜드, 버몬트, 위스콘신 등 23개 주는 북부군에 가담했다. 전쟁 중에 네바다와 웨스트버지니아는 북부군의 새 주로 합류했다.

1861년 사우스캐롤라이나가 북부군 즉 연방군이 있는 섬터 요새를 공격하면서 남북전쟁(American Civil War)이 일어났다. 남부는 초반에 유리한 국면을 조성했지만 인구가 압도적으로 많은 북부군에게 밀리기 시작했다. 링컨 대통령은 1863년 1월 1일 흑인 노예의 해방을 선언했다.

1864년 초에 링컨은 그랜트 장군을 모든 북부연방군 사령관으로 임명했다. 북버지니아의 군대를 이끄는 리 장군은 1865년 4월 9일 애퍼매턱스 코트 하우스 마을의 맥린 하우스에서 항복을 했다. 5일 후인 1865년 4월 14일 링컨 대통령은 남부 동정론자인 존 윌크스 부스에게 저격을 당했다. 링컨은 다음 날 아침 일찍 사망했으며, 앤드류 존슨이 대통령직을 맡았다. 그동안 남부 전역의 남부군이 리의 항복 소식을 듣고 항복했다.

미국은 내전을 통해 분열할 수 있던 상황에서 300만 명의 노예를 해방하기 위해 남북에서 60만 명을 희생시키는 아픔을 통해 마침내 통일을 이루었다. 남북전쟁은 미국사뿐만 아니라 인류의 역사에서 노예를 해방시킨 거대한 횃불로 영원히 타오르고 있다.

링컨의 연설의 의의

남북 전쟁 중 재선한 링컨 대통령은 노예 해방이라는 역사적 업적을 남긴 채 암살됐지만 인류 역사상 자신의 목숨을 바쳐 노예를 해방한 위대한 대통령으로서 확고한 위상을 정립했다. 그는 1863년 11월 19일 게티즈버그 연설로서 기념비적 업적을 남겼다. 이 연설의 전문은 다음과 같다.

여든 하고도 일곱 해 전, 우리의 선조들은 자유 속에 잉태된 나라, 모든 사람은 평등하다는 믿음에 바쳐진 새 나라를 이 대륙에 낳았습니다.

지금 우리는 그 나라, 혹은 그같이 태어나고 그 같은 믿음을 가진 나라들이 오래도록 버틸 수가 있는가를 시험받는 내전을 치르고 있습니다.

그리고 우리는 그 전쟁의 거대한 격전지가 되었던 싸움터에 모였습니다. 우리는 그 땅의 일부를, 그 나라를 살리기 위하여 이곳에서 생명을 바친 이들에게 마지막 안식처로서 바치고자 모였습니다.

이것은 우리가 그들에게 해 줘야 마땅하고 옳은 일인 것입니다. 그러나 보다 넓은 의미에서, 우리는 이 땅을 헌정하여 봉헌하거나 신성하게 할 수 없습니다.

이곳에서 싸운 죽은, 혹은 살아남은 용사들이 이미 이 땅을 신성하게 하였으며 우리의 미약한 힘으로는 더 이상 보탤 수도, 뺄 수도 없기 때문입니다.

우리가 지금 이 자리에서 말하는 것을 세상은 주목하지도, 오래 기억하지도 않을 것입니다. 하지만 그 용사들이 이곳에서 한 일은 결코 잊지 못할 것입니다.

우리, 살아남은 이에게 남겨진 일은 오히려, 이곳에서 싸운 이들이 오래도록 고결하게 추진해온, 끝나지 않은 일에 헌신하는 것입니다.

우리들에게 남은 일은 오히려, 명예로이 죽은 이들의 뜻을 받들어, 그분들이 마지막 모든 것을 바쳐 헌신한 그 대의에 더욱 헌신하는 것입니다.

그것은 그분들의 죽음이 헛되지 않도록 하고, 신의 가호 아래, 이 땅에 새로운 자유를 탄생시키는 것입니다.

국민의, 국민에 의한, 국민을 위한 정부는 이 땅에서 영원할 것입니다.

에이브러햄 링컨의 게티즈버그 연설 중 마지막 구절 즉 '국민의, 국민에 의한, 국민을 위한 정부는 이 땅에서 영원할 것입니다.'는 자유민주주의의 원리와 그 영원한 생명력을 갈파한 것으로서 최고의 찬사를 받고 있다. 이것은 민주주의의 알파요, 오메가다.

이어서 링컨 대통령은 남북전쟁의 종료를 37일 남긴 1865년 3월 4일 두 번째 취임 연설을 했다. 그는 취임 한 달 만인 4월 14일 암살자의 총탄을 맞고 4월 15일 서거했다. '누구에게도 원한을 품지 말고, 모든 이를 사랑으로' 감싸자고 호소한 이 연설도 민주주의의 역사에 길이 남을 만하다. 그 전문은 다음과 같다.

친애하는 국민여러분! 대통령직 취임선서를 위한 본인의 이 두 번째 자리는 첫 취임식 때처럼 긴 연설을 할 상황이 아닙니다.

첫 취임식 때에 본인은 우리가 과연 어떤 길을 추구해야 할지에 대해서 다소 자세하게 말할 필요가 있었습니다. 그로부터 4년이 지난 지금 이 나라의 모든 눈과 힘은 여전히 남북 내전에 집중되고 있습니다.

지난 4년간 남북 갈등에 관한 모든 문제와 모든 국면들에 관해서는 이미 수많은 공식 발표문들이 나왔기 때문에 본인이 지금 새삼 꺼내놓을 말은 별로 없습니다. 지금 모든 것은 전쟁의 진행 상황에 달려 있고 그 전황은 본인은 물론 모든 국민들에게 잘 알려져 있습니다.

현재 상황은 우리 모두에게 대체로 만족스럽고 고무적인 것입니다. 우리는 미래에 대해 높은 희망을 갖지만 어떤 예측도 할 수 없습니다.

4년 전 이맘 때 모든 사람들의 생각은 임박한 내전에 쏠려 있었습니다. 모두가 전쟁의 발발을 두려워했고 모두가 전쟁만은 피하고자 했습니다.

그때 바로 이 자리에서 취임사를 하면서 본인은 전쟁이 아닌 방법으로 미연방을 구출해야 한다고 말했지만 이 도시 한쪽에서는 반란자들이 전쟁이 아닌 방법으로 연방을 파괴하는 방안, 즉 합중국을 해체하고 협상을 통해 나라를 쪼개자는 안을 주장하고 있었습니다.

전쟁을 반대하기는 양쪽이 다 마찬가지였습니다. 그러나 한쪽은 연방을 살려두느니 차라리 '전쟁을 해야 한다'는 주장이었고, 다른 한쪽은 연방을 죽이기보다는 전쟁이라도 감수하겠다는 생각이었습니다. 그렇게 해서 남북전쟁이 일어났습니다.

이 나라의 인구 8분의 1이 흑인 노예들입니다. 그들은 이 나라 모든 지역에 퍼져 있는 것이 아니라 남부지역에 몰려있습니다. 노예의 소유는 특수하고도 강력한 이해관계를 구성하고 있습니다. 그 이해관계가 남북전쟁의 원인이라는 것을 우리 모두 알고 있습니다.

전쟁을 일으켜서라도 그 이해관계를 강화하고 영속화하며 확장하려는 것이 바로 반란자들의 목표였던 반면, 정부는 그 이해관계의 영토적 확장을 제한해야 한다는 것 이상의 주장을 한 바가 없었습니다.

그렇게 해서 일어난 전쟁이 이처럼 규모가 커지고 이처럼 오래 계속되리라고는 어느 쪽도 예상하지 못했습니다. 어느 쪽도 남북 갈등을 초래한 원인이 전쟁 종식의 순간에, 혹은 전쟁 종식 이전에 제거될 수 있으리라 생각하지 않았습니다.

양측은 모두 손쉬운 승리를 기대했을 뿐 이처럼 근본적이고 놀라운 결과가 초래되리라고는 생각하지 않았습니다. 양측은 모두 같은 성경을 읽고 같은 하나님께 기도하며 서로 상대방을 응징하는 데 신의 도움이 있기를 간청하고 있습니다.

남이 흘린 땀으로 자기 빵을 얻는 자들이 감히 정의로운 하나님의 도움을 청한다는 것은 이상한 일입니다만, 그러나 우리가 심판받지 않기 위해서는 상대를 심판하지 않도록 합시다.

남북 어느 쪽의 기도도 신의 응답을 받을 수 없습니다. 지금까지 어느 쪽도 신의 충분한 응답을 받지 못했습니다.

전능한 하나님은 그 자신의 목적을 갖고 계십니다.

"사람을 죄짓게 하는 이 세상은 참으로 불행하여라. 이 세상에 죄악의 유혹은 있게 마련이나 남을 죄짓게 하는 자는 참으로 불행하도다."

미국의 노예 제도가 바로 그 같은 세상의 죄 가운데 하나이고 신의 뜻대로 이 세상에 있게 마련인 죄의 하나라고 한다면, 그러나 신이 정한 시간 동안 지속된 그 죄를 신께서 이제 그만 거두시고자 한다면, 그리고 그 죄를 짓게 한 자들로 인한 재앙을 징벌하고자 신께서 남과 북으로 하여금 이 끔찍한 전쟁을 치르게 하신 것이라면, 살아계신 하나님을 믿는 자들이 언제나 그 분의 것이라 생각하는 그 신성한 뜻이 아닌 다른 어떤 뜻을 우리가 이 전쟁에서 찾을 수 있을까요?

이 거대한 재난의 전쟁이 하루 빨리 끝나기를 우리는 간절히 바라고 열심히 기도합니다.

그러나 품삯 한 푼 주지 않고 노예의 땀으로 모은 250년의 재산이 모두 다 탕진될 때까지. 3천 년 전의 말씀이 이르듯 채찍으로 남의 피를 흘리게 한 자가 스스로 칼에 맞아 그 피 한 방울 한 방울을 자기 피로 되갚게 되는 날까지 이 전쟁을 지속시키려는 것이 신의 뜻이라면, 우리는 그저 '하나님의 심판은 참되어 옳지 않은 것이 없도다.' 라고 말해야 할 것입니다.

누구에게도 원한을 갖지 말고, 모든 이를 사랑하는 마음으로, 신께서 우리더러 보게 하신 그 정의로움에 대한 굳은 확신을 가지고 우리는 지금 우리에게 안겨진 일을 끝내기 위해, 이 나라의 상처를 꿰매기 위해 이 싸움의 부담을 짊어져야 하는 사람과 그의 미망인과 고아가 된 그의 아이들을 돌보고 우리들 사이의 그리고 모든 나라들과의 정의롭고 영원한 평화를 이루는 데 도움이 될 모든 일을 다 하기 위해 매진합시다.

과연 링컨 대통령은 위의 연설에서 갈파한 대로 흑인이라는 노예를 해방시키기 위한 제단에 목숨을 바쳤다. 그러면서도 그는 어느 누구에게도 그 폐해의 책임을 물어 돌을 던지거나 단죄하는 것을 막으려 했다. 이것이 통합 또는 통일을 위해 진정으로 노력한 위대한 인물의 본질이 아니고 무엇이겠는가.

통일을 성취하려는 국가나 단체나 개인은 타의에 의해 나뉘어 존립해온 상대방, 때로는 적으로 마주쳐 피 흘리며 싸운 상대방을 적개심을 가지고 보복의 차원에서 대할 것이 아니라 사랑과 화해, 상생과 관용의 정신으로 포용할 때 진정으로 하나될 수 있다. 이러한 마음가짐과 몸가짐을 링컨은 우리에게 일깨우고 있다.

CHAPTER 10

비전 코리아

1. 문명의 서진설

문명의 서진설(西進說)이란 문명은 태양을 따라 동쪽에서 서쪽으로 이동한다는 설이다. 다시 말하면 문명은 우주의 중심인 태양을 중심으로 이동하기 때문에 태양은 아침에 동쪽에서 떠서 저녁에 서쪽으로 지는 것과 같이 지구가 정체해 있는 태양을 중심으로 이동하다 보니 이와 함께 지구의 중심축도 옮겨간다는 것이다.

이 설은 우주의 중심을 태양으로 보고 우주의 항성들과 그 안에서 활동하는 모든 생물과 무생물 및 그것들의 통합체로서의 만물과 그것이 변화하는 방식을 규정하되 상수인 태양이 변수인 지구의 모든 것을 지배한다는 자연법칙에 입각하고 있다.

그러나 적지 않은 사람들은 방대한 저서 『역사의 연구』를 쓴 영국의 문명사학자 아놀드 J. 토인비가 이 문명 서진설을 갈파한 것으로 오해하고 있다. 특히 한국의 상당수의 지식인들과 그들이 여기저기에 잘못 쓴 글들을 확인하지 않고 옮겨 쓴 사람들에게 영향을 받은 선량한 국민들이 이 그릇된 가설의 오류를 반복해서 범하고 있다.

토인비는 역사 시대의 인류 문화 전체를 20여 개의 문명으로 파악하고 그 제 문명의 문화적 동질성에 입각한 비교 연구를 통해 거기에 일관되어 있는 역사의 법칙을 세웠다. 즉 그것은 '문명이란 것은 생명에 대한 도전에 대한 응전에서 나온다.'는 너무나도 유명한 토인비의 '도전과 응전(challenge & response)'론이다. 그는 문명에 나타나는 도전과 응전론을 역사에 도입하여 역사의 법칙으로 삼았다.

『역사의 연구』는 비중을 높이 두어 탐구한 서구문명조차 쇠퇴와 해체의 과정을 겪을 수 있다는 것을 경고하며 앞으로의 주도 문명은 비(非)서양이 될 것임을 암시하기도 했다. 그러나 토인비가 역사의 발전 과정을 세분하여 구체적으로 문명의 서진설을 갈파하지는 않았다. 그의 두꺼운 책 어느 곳에도 문명의 서진설은 눈에 띄지 않는다.

그럼에도 불구하고 사람들은 토인비가 서구 문명의 쇠퇴를 경고했다는 점에서 그가 문명사의 이동이 유럽 → 미국 → 아시아로, 즉 서진한다고 갈파한 것처럼 유추해석을 하는 경향이 강하다. 이 점은 우리나라의 유수한 학자들(서양사학자를 제외한)까지 상상력을 발휘하여 토인비가 문명의 서진설을 제창한 것처럼 글로 쓰고 있음을 감안하면 그 오류가 만만치 않다.

그러나 문명의 비중이 옮겨가는 역사의 실제 발자취를 추적하면 문명의 서진설은 비록 토인비의 학설은 아니지만 강한 설득력을 갖고 우리에게 다가온다. 즉 그것은 팍스 로마나 → 팍스 브리태니카 → 팍스 아메리카나로 이어지는 역사의 중심 무대다.

팍스 로마나는 B.C. 1세기 말 제정(帝政)을 수립한 아우구스투스 시대부터 5현제(五賢帝) 시대까지의 약 200년간 계속된 평화 시기를 말한다. 이 시기를 핵심으로 하여 이탈리아를 거점으로 아시아의 일부, 동유럽, 중유럽을 거쳐 프랑스와 스페인에 이르기까지 로마가 장악한 거대한 영토와 문물이 다양하게 응결한 로마의 전성기를 팍스 로마나로 확대 해석하는 경향도 있다.

팍스 브리태니카는 영국이 세계 무대를 주름잡던 19세기 대영제국(大英帝國) 당시의 황금기를 말한다. 18세기 중엽에 산업혁명을 성공적으로 이룩함으로써 산업자본주의의 기틀을 다진 영국은 국내적으로는 경제 · 교육 · 군사 · 사법 등 제도의 개혁을 통해 근대화를 달성하는 한편, 대외적으로는 17세기 이후 계속된 식민 정책을 강화하면서 제국주의를 발전시키는 데 주력하였다.

그들이 18세기까지 신대륙과 동양으로의 진출은 물론, 북아메리카 · 서인도제도 · 인도 등의 식민 지배 체제를 구축하였고, 19세기에는 캐나다 · 오스트레일리아 · 뉴질랜드 · 남아프리카 등에 대한 지배 체제를 확립하였다. 이로써 대영제국은 '해가 지지 않는 나라' 로 이름을 세계 만방에 떨쳤다.

그러나 영국의 영광도 19세기 후반부터 시들기 시작해 1900년대 이후에는 독일의 확장 정책과 미국의 영향력 증대, 러시아의 약진 등 신흥 강대국들의 등장으로 인해 영향력을 상실하고, 마침내 제2차 세계대전 이후에는 미국이 주도하는 팍스 아메리카나에 영광의 자리를 양보하고 말았다.

팍스 아메리카나는 미국이 옛 소련이 해체된 후 경제적 어려움이 가중된 러시아를 누르고 정치적 · 경제적 · 군사적인 면에서 세계 최강의 자리를 굳히면서 독보적인 리더로 등장하는 시기다. 미국 위에 경쟁국 없고, 미국 밑에 경쟁국 없는 '천상천하 유아독존' 의 존재가 오늘날의 미국이다.

나는 이상과 같은 국제 정치의 주요 흐름을 분석하는 것과는 달리 세계사의 발자취를 고대로부터 현대에 이르기까지 일별하면서 문명의 서진설을 살피고자 한다.

고대의 이집트는 피라미드, 스핑크스, 문자 창제 등 고대 문명의 발상지였다. 문명의 가교 역할을 했던 에게는 해양 문명의 중심이었다. 그리스 문명은 고대 철학과 조각 문명의 꽃을 피웠다.

중세의 로마제국 문명은 종교를 바탕으로 유럽과 아시아의 일부를 평정했지만 철학 사상은 후퇴했다. 스페인과 네덜란드는 해양 개척의 신기원을 열었다.

18세기의 영국은 산업혁명을 일으켜 기계를 통한 대량 생산을 선도하고, 증기기관차의 발명으로 교통 및 생활의 획기적 발전을 이룩했다. 영국은 확실히 '해가 지지 않는 나라'로서 세계 최고, 최강의 나라로 군림했다.

그러나 구교와 신교 간의 갈등으로 영국에서 아메리카로 이주한 청교도들이 개척한 미국은 영국의 식민지에서 벗어나려고 영국과의 전쟁에서 프랑스와 스페인의 지원을 받아 승전함으로써 독립의 영광을 거머쥐었다.

그들은 식민지 개척 시대에 중서부의 땅을 일구고 남부의 목화 농장 개발을 위해 아프리카로 데려온 흑인과의 남북전쟁의 와중에서 링컨의 리더십으로 다시 뭉쳤으며, 풍부한 자원을 배경으로 급성장했다.

한편 일본은 동남아를 식민지로 편입하고 진주만까지 공격해 미국의 분노를 샀다. 미국은 히로시마와 나가사키에 원자폭탄을 투입해 가공할 피해를 냄으로써 일본의 항복을 받았다. 미국은 비로소 채무국에서 채권국으로 바뀌고 세계 문명의 중심축을 영국으로부터 확실하게 양도받았다.

이상과 같은 흐름을 종합하면 이집트로부터 그리스로, 그리스에서 로마제국으로, 로마제국에서 영국으로 문명의 중심이 이동하기까지는 문명 북진설이라고 표현하는 것이 보다 합리적이겠다. 그러나 그리스, 로마, 영국은 크게 보아 유럽권이다. 유럽권이 미국권으로 옮겨간 것은 서진설의 확실한 징표라고 말할 수 있겠다.

2. 아시아적 가치

미국은 동쪽으로 대서양을, 서쪽으로 태평양을 거느리고 있다. 유럽권으로부터 문명의 축을 양도받은 미국은 힘찬 서부개척시대를 거쳐 눈부신 태평양 너머 아시아권으로 눈을 돌리고 활발한 교역을 통해 환태평양시대를 열기 위해 활발히 움직이고 있다.

지금까지 문명의 양맥은 유럽과 아시아다. 전자는 크게 보아 구대륙 즉 유럽대륙과 신대륙 즉 아메리카 대륙을 포함하며, 후자는 한국, 중국, 일본을 거느리는 동북아시아, 러시아, 인도, 중동 등을 포함한다. 넓이를 따지면 아시아는 6대주 중 가장 넓다.

아시아의 지붕 히말라야 산맥과 유럽의 지붕 알프스 산맥 사이를 대부분 아시아가 차지하고 있다. 알프스 산맥 서쪽은 상대적으로 좁은 땅이 대서양으로 막혀 그 기가 뻗어가지 못한다. 그러나 알프스 산맥 동쪽에서 히말라야 산맥까지 광활한 토지가 펼쳐지고, 그것을 적시면서 태평양과 인도양이 출렁이고 있다. 이 서기(瑞氣)가 충만한 축복의 땅 아시아를 우리는 주목한다.

아시아와 북남미 대륙을 포괄하는 환태평양으로 국한해서 보더라도 미국, 캐나다, 멕시코, 브라질, 아르헨티나, 칠레 등으로 이어지는 남북 아메리카 대륙과 러시아, 일본, 한국, 중국, 동남아시아로 이어지는 아시아 대륙과 남태평양에 떠있는 오스트레일리아 대륙이 얼마나 아름다운가? 태평양은 전 세계 5개의 대양 중에서 가장 넓은 대양으로서 전 세계 6개 대륙

중 아시아, 남북 아메리카, 오스트레일리아 등 4개 대륙을 포괄하고 있으니 세계의 심장이라고 말해도 과언이 아니다.

환태평양에 속하는 국가는 과테말라, 나우루, 뉴질랜드, 니카라과, 대만, 대한민국, 동티모르, 러시아, 마셜 제도, 말레이시아, 멕시코, 미국, 미크로네시아 연방, 바누아투, 베트남, 브루나이, 사모아, 솔로몬 제도, 싱가포르, 아메리칸 사모아, 에콰도르, 엘살바도르, 오스트레일리아, 온두라스, 인도네시아, 일본, 조선민주주의인민공화국, 중화인민공화국, 칠레, 캄보디아, 캐나다, 키리바시, 코스타리카, 콜롬비아, 타이, 통가, 투발루, 파나마, 파푸아뉴기니, 팔라우, 페루, 피지, 필리핀 등이다.

특히 환태평양에 속하는 국가 중 아시아권 국가는 문명의 서진설에 비추어 가장 이목을 받는 지역으로 손꼽히고 있다. 우선 정치 경제적으로 미국 다음으로 영향력이 큰 중국, 한때 중국과 러시아를 패퇴시킨 일본, 러시아, 새로운 강자로 급속히 떠오르는 대한민국 등 동북아시아 국가, 동남아시아 국가, 인도와 옛 소련에 속했던 중부 아시아의 여러 나라 등은 잠재력이 엄청난 것으로 정평이 나있다.

한편 아시아에 있는 나라들을 분류하면 동북아시아에는 중국, 한국, 일본, 몽골, 극동 러시아, 대만 등이, 동남아시아에는 필리핀, 싱가포르, 브루나이, 인도네시아, 말레이시아, 타이, 미얀마, 베트남, 라오스, 캄보디아 등이, 중앙아시아에는 카자흐스탄, 우즈베키스탄, 키르기스스탄, 투르크메니스탄, 타지키스탄 등이, 서북아시아에는 터키, 시리아, 레바논, 이스라엘, 요르단, 사우디아라비아, 바레인, 예멘, 쿠웨이트, 이라크, 이란, 아프가니스탄이, 서남아시아에는 인도, 파키스탄, 방글라데시, 네팔 등이 있다.

동북아시아는 일본, 중국, 한국을 아우르며 유교 문화권이지만 한국의 경우는 천주교와 개신교도 강한 종교 혼성 지역, 동남아시아는 아열대 우림지대로서 불교 문화권과 이슬람 문화권의 혼성 지역, 중앙아시아는 초원지대로서 이슬람 문화권과 러시아정교 문화권의 혼성 지역, 서북아시아는 사막이 많은 곳으로서 이슬람 문화권, 서남아시아는 이슬람 문화권으로 분류된다. 그러므로 종교도 유교, 불교, 이슬람교, 러시아정교, 힌두교 등 다양한 형태를 띠고 있다.

아시아권 국가들은 과거부터 현재에 이르기까지 몽골의 칭기즈칸이 세계를 정복한 것을 제외하고는 유럽의 열강들의 지배를 받으며 설움을 키워 왔다. 그러나 이들 국가는 시련을 통해 강해지고, 탄탄한 문명으로 정신세계에서 위대한 업적을 남긴데 이어 오늘날에는 중국, 한국, 일본을 선두 그룹으로 괄목할 만한 경제 성장을 이루면서 세계의 관심을 집중시키고 있다.

유사 이래 서양에서 머물고 있던 문명의 태양은 동 · 서양의 중간 격인 아메리카 대륙의 로키 산맥을 넘어 서쪽으로 이동해 태평양을 가로질러 아시아로 그 서기(瑞氣)을 강렬하게 투사하고 있다. 따라서 21세기의 문명은 아시아에서 화려하게 꽃필 것이 틀림없다.

특히 아시아 중 동북아시아에 속한 중국, 한국, 북한, 일본, 몽골, 극동 러시아, 대만 등 7개 국가들은 우주의 중심이 태양을 따라 움직이듯 해 뜨는 곳으로서 문명 서진설에 의해 활기를 띄는 아시아의 다른 국가들을 선도하는 입장이다. 이들 국가가 상호 협력하면 엄청난 잠재력을 발휘할 것이다.

동북아시아 국가들의 잠재력은 중국과 대만의 경우 풍부한 노동력(13억 명), 군사력, 관광력, 과학기술력, 고도 성장력이 강하고, 통일한국의 경우 남한은 자본과 기술과 포용력, 북한은 값싼 노동력과 풍부한 자원, 그리고 단결된 힘이 강하며, 일본의 경우 경제력, 기술력, 해양력이 강하며, 극동 러시아의 경우, 지하자원(천연가스), 산림자원, 어류자원, 응집력이 강하다.

한마디로 말해서 여러 종교를 기반으로 정신세계를 깊고 풍부하게 하고, 새로운 경제 강국으로서 물질적 풍요를 아울러 누릴 복 받은 나라를 많이 포괄하고 있는 아시아는 아시아만의 행복으로 그치지 않고 세계의 행복을 견인하는 강력한 존재로 떠오르고 있다.

3. 한국, 40년 주기의 서광

『구약성경』의 출애굽기를 보면 모세는 이집트에서 430년 간 노예 생활을 하던 이스라엘 백성을 탈출하게 하여 가나안으로 향할 때 사탄 세력의 강력한 성, 여리고성을 무너뜨려야 하는 운명을 맞이하게 된다. 모세는 정탐꾼 12명을 보내 40일 동안 그 성을 탐지하게 하였다. 그 성을 탐지하고 돌아온 10명의 정탐꾼들은 그 성은 너무도 견고하고 두려운 성으로 평가, 보고하므로 백성들을 두렵게 하여 온 백성들이 하나님과 모세를 원망하며 이집트로 다시 돌아가자고 하였다.

이에 진노한 하나님은 저들이 40일 정탐한 사실에서 하루를 1년으로 계산하여 40년을 광야에서 유랑하게 하였다.(민수기 14장 34절) 광야에서의 유랑은 극심한 고통을 의미했다. 정탐꾼 중의 2명인 여호수아와 갈렙은 우리에겐 이집트의 왕 바로에게 쫓길 때 하느님의 권능으로 홍해 강을 갈라 평지로 만들어주는 기적이나, 먹거리가 없을 때 만나와 메추리를 내려준 것으로 보아 충분히 무너뜨릴 수 있다는 확신과 강한 믿음의 보고를 하여 살았고 그들과 함께 믿음을 같이 했던 자들과 20세 이하로 불평과 원망에 가담하지 않은 세대는 모두 가나안에 들어갔다. 그러나 광야에서 죽었으면 하고 소원한 자들은 거기서 모두 죽었다. 저들이 죽은 것은 저들의 소원대로 되었던 것이다.

성경에 보면 40수가 중요한 때에 꼭 등장한다. 노아 때의 홍수심판 40일, 모세 때의 바로궁중 40일, 여리고성 정탐 40일, 광야생활 40년, 예수 때의 금식 40일, 예수 부활 후 지상에 머무는 기간 40일 등, 40수가 주요 사건이 있을 경우 나타나는데 40수가 갖는 의미는 무엇일까?

현대신학의 거두 서남동 박사는 그의 저서『전환시대의 신학』(한국신학연구소 1982)에서 통일교 창시자 문선명 총재의 『원리강론』에 대하여 "원리강론은 지금까지의 한국의 신학계가 산출한 신학서 중에서 그 양에 있어서나, 그 상상력과 독창성에 있어서 최고의 것으로 인정됨직한 것이다"고 경탄하고 있다.

그가 밝혀낸 원리강론의 책임분담론과 탕감복귀원리에 의하면 타락한 인간이 창조본연의 위치와 상태로 돌아가려면 반드시 잃어버린 4수, 즉 4위기대수(4수, 40수, 400수)를 찾아 세워야하며 이때 세우는 조건을 '탕감조건'이라하며 탕감조건을 세워 본래의 위치와 상태로 돌아가는 것을 '탕감복귀'라 한다. 그리고 탕감조건을 세워서 창조본연의 인간으로 복귀해 나아가는 섭리를 '탕감복귀섭리'라고 규정한다.

탕감조건은 첫째, 동일한 조건으로 세우는 것, 둘째, 보다 작은 조건으로 세우는 것, 셋째, 보다 큰 조건으로 세우는 것으로 나뉜다. 이 가운데 셋째 조건이 중요하다. 그 사례는 아브라함 때는 비둘기와 양과 염소를 바치는 헌제에서 실수하였기 때문에 그의 탕감조건은 가중되어서 그가 100세만에 얻은 독자 이삭을 제물로 바치게 되었고, 모세 때에는 이스라엘 민족이 40일의 정탐기간을 뜻에 맞게 세우지 못하였기 때문에 그 탕감조건이 가중되어 40년을 광야에서 표류하지 않으면 안 된 데서 드러난다.
그러면 어찌하여 탕감조건을 다시 세울 때에는 더 큰 조건을 세워야 하는가? 그것은 어떠한 섭리적 중심인물이 탕감조건을 다시 세울 때에는, 그가 세워야 할 본래의 탕감조건과 함께 그에 앞선 인물들의 실수로 인한 탕감조건까지도 첨가하여 세우지 않으면 안 되기 때문이라고 『원리강론』은 설명하고 있다.

나는 탕감복귀의 섭리를 한국 현대사에 적용할 때 주목할 만한 주요 현상을 포착할 수 있었다. 즉 그것은 한국 현대사에서 한민족은 탕감복귀섭리사의 중심국가로 지정되었기 때문에 한민족은 특수운명을 살 수밖에 없다는 것과, 40년을 주기로 서광이 비친다는 점이다. 나는 이 패턴을 첫째 고역기, 둘째 분단기, 셋째 통일기로 호칭한다. 이 40년 주기의 서광설은 하느님이 한민족을 천손민족으로 길러 오시며 인류구원을 위한 섭리의 중심국가로 세워오셨기에 근, 현대사에 우리나라가 40년을 주기로 어떤 선을 긋고 새로운 도약의 기회를 맞아 마침내 대망의 통일한국을 반듯이 성취하게 된다는 사실이다.

그러면 첫째, 고역기란 무엇인가? 1905년부터 1945년까지 40년을 말한다. 조선은 1910년에 한일합방으로 국권을 상실했지만 1905년 을사보호조약체결로 사실상 외교권을 일제에게 빼앗겼으므로 1905년을 국가의 수치로 받아들여야 마땅하다. 그리하여 조선은 일제 강점기를 거치며 일본인으로부터 말로 형언할 수 없는 종살이, 고난과 고통으로 40년간 신음하다가 1945년에 미국에 의해 해방되었다. 일제로 부터의 해방은 첫 번째 서광이다. 이어서 우리 민족은 1945년부터 1948년까지 미소의 신탁통치를 거치며 분단을 기정사실화 하는 혼란기를 거쳐야 했다.

둘째, 분단기란 무엇인가? 1945년부터 1985년까지 40년을 말한다. 한민족은 미소의 간섭도 있긴 했지만 해방공간을 민족통일로 승화시키지 못한 채 남쪽은 1948년 8월 15일 대한민국 정부를, 북쪽은 같은 해 9월 9일

조선민주주의인민공화국 정부를 세움으로써 분단시대로 들어서고 말았으며 1985년 8월 15일 꽉 막혔던 판문점을 통로로 남북 연예인이 서울·평양을 동시 교환 방문하기까지 40년 동안 극한 대립을 면치 못했다. 남북 연예인의 서울·평양 동시방문은 두 번째 서광이다. 이어서 우리 민족은 1985년부터 1988년까지 남북한 간의 자존심 대결을 거치며 혼란기를 면치 못했다.

여기에서 1945년 해방부터 1948년 남북 각각의 정부가 들어설 때까지 3년간은 신탁통치 찬반양론으로 국론이 분열되며 극심한 혼란의 시기였는데 40년 후인 1985년부터 1988년 까지 3년간은 전두환 정권의 호헌론과 개헌론으로 연일 체류탄까스가 서울과 지방주요도시에서 바람 잘 날이 없었다. 노태우의 6,29선언과 13대 대선, 88올림픽의 성공적 개최는 천운이 한반도에 축을 내리며 분단기가 끝나고 통일기로 접어든다는 신호탄 이였던 것이다.

셋째, 통일기란 무엇인가? 1985년부터 2025년까지 40년을 말한다. 한민족은 1985년부터 화해, 교류, 협력의 방향으로 숨통을 트며 1991년 통일교 문선명 총재와 김일성 주석의 특별한 만남, 현대그룹의 창업자 정주영 회장의 1001마리의 소떼몰이와 금강산 관광전개를 계기로 2000년 6월 15일 김대중 대통령과 김정일 국방위원장의 정상회담을 거쳐 통일을 위한 대장정에서 구체적인 성과를 거뒀다. 한민족은 이러한 진전을 바탕으로 남북한 이산가족 상봉을 추진하고, 금강산 관광, 개성공단 운영, 박상권의 평화자동차 공장건설, 김윤규 현대아산 회장의 45개 북한개발 프로젝트 외 다양한 대북활동 등으로 적대감을 상당히 해소했던 것이다.

한민족의 특수운명과 섭리의 때를 모르고 통일문제를 접근하려던 이명박과 박근혜 정부가 들어서면서 일시적인 교착상태를 거치고는 있으나 천주의 대 운세는 2025년 대망의 통일한국을 향해 변함없이 구체적으로 진전되고 있다고 나는 확신하며 2025년 대망의 통일, 이것이 세 번째 서광이다. 나는 이러한 논리를 졸저 『통일문화정책』(다나기획, 2004)에서 구체적으로 피력한 바 있다.

나의 이러한 예측과는 별도로 최근 소설가 김진명씨는 장편소설 『예언』(새움, 2017)에서 1991년 김일성주석을 만나고 돌아오는 길목에서 비행기를 타기 직전 문선명 총재와 북측의 김달현과 윤기복이 나눈 대화를 소개하면서 문총재가 다음과 같이 통일을 예측했다고 소설의 끝부분에서 묘사해 비상한 관심을 끌고 있다.

그들(윤달현과 윤기복)은 문이 비행기를 타기 직전 참고 참았던 말을 못내 터뜨려 내고 말았다.
"문총재님, 통일은 언제쯤 오겠습네까?"
이들의 조급한 얼굴을 한참이나 바라보던 문은 어딘지 애잔한 얼굴로 혼잣말처럼 흘렸다.
"형이 조금만 더 살면 바로 통일이 오는데 불행이도 ……. 상당히 오래 기다려야 하게 됐어."
"네? 언제까지 기다려야 합네까?"
"2025년!"
지구상에서 유일한 분단민족으로서 비애와 고통으로 몸부림쳐온 우리 민족은 남·북간 이질화된 정치, 경제, 사회, 문화, 종교의 벽을 넘어 민족 동질성을 찾고, 통합과 소통의 미덕을 발휘하여 상호 노력함으로써 꿈에도 소원인 민족통일을 성취해야만 한다.

누구든 신이 아닌 이상 통일의 시점을 정확히 예측하긴 어렵다. 그러나 나는 한국 현대사에서 40년 주기로 서광이 비친 사실에 주목하면서 통일기의 정점인 2025년 민족통일의 때를 맞이하여 세계에서 가장 모범적이고 비전이 담긴 위대한 통일국가건설을 위하여 남북한이 총 매진해야 한다고 역설하는 바이다.

4. 통일한국의 위대한 꿈

통일한국은 중국과 일본과는 달리 갈라진 민족이 하나 됨으로써 남·북한의 장점과 강점을 융합하고 비약함으로써 비전 코리아의 위광(威光)을 전 세계에 떨칠 수 있다. 통일한국의 꿈은 화려하고 내실이 있다. 우리는 동북아시아는 물론 세계의 평화와 행복에 크게 기여한다는 신념을 바탕으로 꿈을 펼쳐야 한다.

국제금융시장에서 투자 업무와 증권 업무, 투자 관리, 기타 금융 서비스를 기관투자자들에게 주로 서비스를 제공하는 대표적인 미국계 다국적 투자은행인 골드만삭스(Goldman Sachs)가 있다. 1869년 독일계 유대인인 마르쿠스 골드만이 뉴욕에 차린 약속어음 거래 회사를 모체로 시작된 이 회사는 국제금융시장에서 가장 권위 있는 존재로 정평이 있다.

골드만삭스는 남·북한이 평화적으로 통일을 달성할 경우 통일된 후 20년 안에 세계 5위의 경제 대국이 되며, 30년 안에 세계 2위의 경제 대국이 될 것으로 전망한 바 있다. 골드만삭스가 통일한국의 위상을 이처럼 화려하고 구체적으로 묘사하고 있음에노 불구하고 통일한국의 주역인 우리가 국내의 일시적인 정치 혼란이나 북한의 허장성세에 위축되거나 자신을 스스로 비하해서는 결코 안 된다. 나는 한다면 한다는 한국인의 강인한 기질이나 강렬한 의지로 보아 뜻을 세우면 골드만삭스의 20년 30년의 예언보다 훨씬 앞당길 것으로 보며 통일한국의 위대한 꿈을 여섯 가지 관점에서 펼치고자 한다.

첫째, 동북아시아의 중심축 형성

앞에서 언급했듯이 동북아시아에 속한 국가는 한국, 북한, 일본, 중국, 러시아, 몽골, 대만 등 7개국이다. 그러나 동북아시아의 중심에 위치하고, 국력의 신장 속도가 빠르며, 지리적으로 밀착한 나라는 한국, 일본, 중국이다. 따라서 협의의 동북아시아는 한국, 일본, 중국 등 세 국가를 포함한 지역을 가리킨다.

누구나 다 알 듯이 대한민국은 중국과 일본의 중간에 있다. 풍수지리학의 원조국인 중국은 곤륜산을 세계의 핵으로 보고 거기서 뻗어져 나간 무수한 맥 중에서 고비 사막을 거쳐 백두산에 이르는 맥을 중시하고 있다. 풍수지리학의 대가였던 당나라의 국사 양균송은 『감룡경(撼龍經)』이란 책에서 '곤륜산에서 동쪽으로 뻗어간 맥의 한 지맥이 베이징을 거쳐 중국 본토로 뻗어나갔다.'고 썼다. 중국이 백두산에 이르는 맥, 거기서 삼천리 금수강산을 이루는 한국에 관심을 갖는 것은 당연하다.

백두산에서 기를 뻗치기 시작해 백두대간을 형성하고, 그것이 무수한 지맥을 거느리고 그 사이를 흐르는 강과 내를 거느리는 한반도야말로 명당 중의 명당이다. 한반도가 서기(瑞氣)의 응결체라면 이곳을 옹위하는 좌청룡은 캄차카 반도에서 발원한 일본이요, 우백호는 중국 본토다. 한반도는 가까이는 대만을, 그리고 멀리는 오스트레일리아를 안산으로 삼아 거대하게 용틀임을 하고 있다.

중국이 청나라의 전사들을 동원해 일시적으로 유린하고, 일본이 36년간 식민지로 운용했지만 한반도는 끝내 이들을 몰아내고 다시 낙원을 회복했다. 한반도가 비록 대륙과 해양에 걸친 22만㎢에 지나지 않은 좁은 땅이지만 이곳으로 흐르는 땅의 기가 강하고 그 위에서 사는 사람들의 에너지가 왕성하기 때문에 넓은 땅과 사람으로 세상을 지배하려는 중국과 한 때 중국과 러시아를 패퇴시켰으며 천황을 위해서는 국민 모두가 죽더라도 싸우겠다는 가공할 단결력을 가진 일본도 영원히 차지하지 못하는 까닭은 여기에 있다.

대한민국은 지금은 비록 외세에 의해 분단된 채 민족의 에너지를 분산시키고 있지만 통일을 주도해 통일한국의 에너지를 결집하면 강한 민족으로 거듭나서 중심축을 형성해 좌청룡과 우백호를 거느리면서 일본과 중국의 화해도 이끌어내고, 그럼으로써 본체와 좌청룡, 우백호의 통합된 에너지로 세상에 우뚝 설 것이다.

둘째, 동북아의 중심 도시 연결망 구축

지나간 시대에는 농자천하지대본(農者天下之大本) 즉 농업이 천하의 가장 큰 바탕이라는 말이 통용되었다. 농업은 확실히 제1차 산업의 주류였다. 그러나 산업혁명이 일어난 후 농업을 기반으로 한 농촌은 대량 생산을 위주로 산업 발전을 견인하는 도시에게 주도권을 빼앗겼다.

1960년대와 1970년대에 농업의 중요성을 강조한 한 농민 운동가는 "농촌은 뿌리요, 도시는 꽃이다. 뿌리가 시들면 꽃도 시든다."라고 역설해 사람들로부터 많은 박수를 받았다. 그러나 국가 경제에서 농업이 차지했던 비중이 상업과 중공업에게 자리를 물려준 후 이러한 구호는 빛을 잃었다. 도시는 제2차, 제3차 산업혁명에 이어 제4차 산업혁명을 향해 달리고 있는 경제의 사령부 몫을 담당하고 있다.

통일한국은 현재 분단 상태에서 대한민국의 수도는 서울, 북한의 수도는 평양으로 갈라져 있지만, 통일의 위업을 성취한 후에는 서울을 중심으로 남으로는 수원, 평택, 천안, 대전을 포괄하고 북으로는 파주, 포천, 개성까지 아우르며, 동으로는 광주, 여주, 이천을 흡수하고, 서로는 부천, 인천을 거느리는 광활한 벨트를 형성하는 동시에 남한강, 북한강, 임진강, 예성강을 혈맥으로 거느리는 세계 최고의 수도를 만들어 에너지를 극대화할 수 있다.

그리하여 통일한국은 서울을 중심으로 동으로는 도쿄, 서로는 베이징, 남으로는 상하이, 북으로는 블라디보스토크, 남동으로는 부산, 큐슈, 남서로는 칭다오, 서북으로는 평양, 동북으로는 알라스카의 주노를 사방팔방으로 엮어 동북아 도시를 활성화하는 핵심 거점으로 삼아야 한다.

통일한국은 스마트폰으로 세계 시장을 석권한 삼성전자의 위력, IT산업에 있어서 선두 그룹을 형성한 한국인의 저력, 전자게임과 제4차 산업혁명을 선도하기 위해 대기 중인 무수한 신진기예들의 기상, 전자게임 산업에서 선두 그룹을 석권하는 부동의 강자들의 저력, 각종 중공업 분야에서 탁월한 저력을 발휘하는 자본가와 노동자들, 예술의 천재들, 한류의 열풍을 주도하는 연예인 등 풍부한 지적 · 인적 · 물적 자산을 보유함으로써 기대가 아닌 현실로써 동북아의 주요 도시의 핵으로 군림할 수 있다.

통일한국의 지도자는 서울을 정치, 경제, 사회, 문화, 예술, 과학, 기술, 체육의 센터로 구축하고 각 분야의 조직을 관장하고 서울에 각 분야의 네트워크를 주도할 건물을 지어 서울이 각종 회의의 본산지가 되도록 배려해야 마땅하다. 그리하여 서울에서 수시로 열리는 각 분야의 회의에 참석하기 위해 서울을 오가는 주요 인사들과 관광객, 각 분야의 정보를 얻기 위해 오가는 전문가들로 인해 인천국제공항이 항상 만원이 될 때 서울은 단연 세계 최고의 수도로서 부동의 위치를 장악할 것이다.

서울은 정신과 자본이 흐르는 곳에 힘이 실린다는 법칙에 따라 동북아의 주요 도시의 거점으로서의 위상을 확립한 후에도 그 시너지 효과로 인해 일본에서는 도쿄 외에도 오사카, 니가타, 삿포로를, 북한에서는 평양 외에도 원산, 남포, 함흥, 청진을, 중국에서는 베이징과 상하이 외에도 홍콩, 항저우, 톈진, 선양, 하얼빈을, 극동 러시아에서는 하바르프초크를 석권할 수 있다. 이쯤 되면 통일한국의 수도 서울이 어찌 위대하다고 말하지 않을 수 있겠는가?

셋째, 대륙과 해양의 징검다리 건설

한반도는 6대주 중에서 가장 큰 아시아 대륙과 5대양 중 가장 큰 태평양을 잇는 22만㎢ 밖에 안 되는 작은 반도지만 광활한 대륙과 거대한 해양을 이어주고 있다. 두 개의 강한 기 중 어느 한쪽이 다른 쪽을 압도하거나 두 쪽을 잇는 선이 약할 때 강한 쪽이 약한 쪽을 점거하고 그 사이를 잇는 선은 분해되고 말 것이다. 그러나 한반도는 팽팽한 긴장 상태에서 두 기를 잇고 있다. 이것은 선이 약하면 불가능한 일이다.

국제 정치학의 역학 관계에서 보더라도 한반도는 해양 세력의 강자인 미국과 일본, 그리고 대륙 세력의 강자인 러시아와 중국에 끼어 4대 강국의 각축장으로 불안하고 불행한 역사를 여러 차례 경험했다. 그럼에도 불구하고 우리 민족은 일시적으로 외세에 의해 지배를 받거나 일시적으로 약탈당했을지라도 그 근본을 파괴당하거나 민족의 얼을 상실하지는 않았다.

한민족은 해양 세력과 대륙 세력에 시달리면서도 헤겔 철학의 정반합(正反合) 이론의 실천으로서 양쪽의 어깨 위에서 통일을 달성하면 두 세력의 모순을 극복하고 화해시킬 수 있는 입장을 취하게 될 것이다.

분단의 상징인 군사분계선이 거둬지는 날 우리 민족은 대륙 세력과 해양 세력의 갈등과 대결 구도를 마감하고 두 세력이 공존하고 소통하는 징검다리를 마련할 수 있다. 통일한국이 러시아가 보유하고 있는 유라시아 철도의 극동 종착역인 블라디보스토크에서 북한을 통해 부산 또는 목포까지 이 철도를 연결하면 해양 세력과 대륙 세력을 소통하고 결합하는 쾌거를 이룩하게 된다.

뿐만 아니라 우리는 온라인으로도 서울에서 대륙과 해양을 이어 동북아시아의 중심 도시들을 서울의 수준까지 끌어올려 동반 성장할 수 있도록 시간과 기술을 전수하고 이러한 힘을 바탕으로 희망과 평화와 번영과 행복을 동북아시아로부터 세계를 향해 뻗칠 수 있다. 이것이야말로 4대 강국의 각축장을 4대 강국의 협력의 장으로 변모함으로써 국제 정치학 교과서를 새로 써야 할 위업이 아니고 무엇이겠는가?

넷째, 이데올로기의 상생 패러다임 확립

대한민국과 북한은 비록 외세에 의해 분단되어 피눈물을 흘려왔다. 양측이 때로는 적대 관계를 형성하면서 군사분계선에서 서로의 가슴에 총부리를 들이대고, 때로는 남북 간에 대화를 통해 평화 통일을 달성하자고 선언한 후 마파람에게 게 눈 감추듯 그것을 파기하며, 때로는 정권과 정권 간에 물밑 접촉을 통해 자기들만의 이익을 꾀하기 위해 야합을 하는 등 민족과 인류의 행복과 평화를 등지는 행동을 보여 왔다.

그러나 양측은 고도의 인내심을 발휘하고 아픈 상처를 다독이면서 이러한 부작용 또는 역기능을 극복하고 하나의 민족으로 평화롭게 통일을 달성함으로써 '인내는 쓰지만 그 열매는 달다.' 라는 속담이 사실임을 입증하면 분단의 고통과 통일의 환희를 종합하여 위대한 문화 · 예술 · 학문의 정수를 산출할 수 있다.

동양철학은 만물을 상극과 상생의 관계로 해석한다. 이것은 오행이론(五行理論)에서 명확히 드러난다. 오행이란 금목수화토(金木水火土)다. 여기서 금은 쇠나 바위(바위 안에 금의 성분이 들어 있다.)요, 목은 나무요, 수는 물이요, 화는 불이요, 토는 흙이다. 우주의 만물은 이 다섯 가지 성분 중 어느 하나로 수렴된다고 오행이론은 풀이한다.

오행이론은 오행의 관계를 상극설(相剋說)과 상생설(相生說)로 설명한다. 상극설은 서로 극하는 관계를 설정한다. 즉 금은 목을 극하고, 목은 토를 극하며, 토는 수를 극하고, 수는 화를 극하며, 화는 금을 극한다. 한편 상생설은 서로 살리는 관계를 설정한다. 즉 금은 수를 살리고, 수는 나무를 살리고, 나무는 불을 살리고, 화는 흙을 살리고, 흙은 금을 살린다.

사회과학과 현실 세계에서 자본주의와 공산주의는 상극의 이데올로기다. 역사에서 공산주의가 자본주의를 타도하기 위해 프롤레타리아 혁명을 일으켰으며, 자본주의는 자신을 수호하기 위해 피를 흘렸으며, 마침내 소련을 해체함으로써 그 밑둥을 잘라냈다. 그러나 공산주의는 아직 중국, 북한, 쿠바 등에서 명맥을 유지하면서 무시할 수 없는 위험을 주변에 조성하고 있다.

자본주의와 공산주의의 충돌로 6·25전쟁 하나만 보더라도 천문학적인 피해를 낸 한반도는 인류학, 정치학, 사회학, 경제학, 국제정치학, 문학, 예술, 철학 등 거의 전 영역에서 탐구할 소중한, 그러나 피눈물 나는 상극(相剋)의 유산을 간직하고 있다. 이 골육상쟁의 터, 이 외세 충돌의 터, 이 비장의 터는 고통과 눈물과 피로 얼룩진 비극의 응결체라 아니할 수 없다.

그러나 통일한국은 자본주의와 공산주의의 대립 관계, 적대 관계를 극복하고 서로 살리면서 통합하는 상생 패러다임을 입증하는 놀라운 기적을 한반도뿐 아니라 전 세계에 보여줄 것이다. 자본주의가 통일한국의 원칙과 방법을 주도하되 공산주의의 장점을 살리면서, 양자가 보복하지 않고 화해와 평화와 축복의 자세로 만나는 것은 어느 모로 보나 아름답다.

자본주의와 공산주의는 2개 이데올로기에 불과하다. 그러나 이 이데올로기와 관련되는 이론, 체제, 산업, 사람 간의 이해관계는 사생결단의 과정을 거치면서 분열과 파쟁을 야기했다. 이것들이 서로 극한다면 오행이론의 상극 관계보다 훨씬 더 복잡하게 파괴적으로 나가고, 서로 생한다면 오행이론의 상생 관계보다 훨씬 더 다양하게 건설적으로 나갈 수 있다.

통일한국은 민족의 역량을 집결해 이데올로기 연구소와 이데올로기 박물관을 설립해서 자본주의와 공산주의의 투쟁 과정에서 생긴 모든 비극과 피해 상황을 주도면밀하게 분석하고, 민족 분단의 주역인 미국과 소련이 한반도에서 남긴 긍정적 요소와 부정적 요소를 샅샅이 점검하며, 그것들이 한국인의 심성에 미친 영향을 검증하고, 통합 과정에서 그것을 어떻게 극복했는가를 상생의 패러다임으로 구성해야 한다.

세계의 저명한 인류학자, 사회학자, 정치학자, 국제정치학자, 문인, 예술가들이 상생의 패러다임을 도입하고 연구하며 인류의 평화와 행복 증진에 도움을 받는다면 우리는 상극을 상생으로 통합한 위대한 민족으로서 그 위상을 세상에 떨칠 것이 틀림없다.

다섯째, 세계 종교의 꽃밭 조성

종교는 국경을 따지지 않는다. 큰 종교들은 각자 발생지를 달리 하면서 다른 나라로까지 뻗어나가 서로 신자들을 확보하기 위해 각축전을 벌이고 있다. 인도의 석가모니가 창립한 불교, 이스라엘의 믿음의 조상 아브라함과 야곱이 창립한 유대교, 베들레헴의 예수 그리스도가 창립한 천주교와 기독교, 아라비아의 모하메드가 창립한 이슬람교, 인도 브라만교가 민간신앙과 결합한 힌두교 등이 세계적인 종교로 꼽히고 있다. 내세관은 없지만 유교도 종교의 형식을 빌려 많은 신자를 거느리고 있다.

대한민국은 종교의 자유를 최대한으로 보장하고 있다. 그렇지만 분단 상태의 북한은 사실상 종교의 자유를 불허하면서 조선노동당이 조종하는 꼭두각시 종교를 대외적으로 활용하고 있다. 그러나 종교는 마음의 작용이요, 구원의 열쇠인 이상 국가를 지향하므로 국가 권력이 간섭해서는 말이 되지 않는다.

대한민국은 종교의 꽃밭이라 할 만큼 큰 종교와 민족종교, 그리고 헤아릴 수 없이 많은 신흥종교들이 뿌리를 내리고 있는 곳이다. 10년마다 한 번씩 통계청이 실시하는 종교 분포 조사에서 2015년 신자 수가 가장 많은 종교는 개신교로 나타났다. 2016년 12월 19일 통계청이 발표한 '2015 인구주택총조사'는 한국에서 종교가 있는 국민은 43.9%, 없는 국민은 56.1%라고 밝혔다.

1995년부터 10년 주기로 실시된 이 조사에서 전체 조사 대상자 중에서 개신교를 믿는다는 사람이 19.7%(967만 명)였고, 불교를 믿는다는 사람은 15.5%(761만 명)로 나타났다. 천주교는 7.9%(389만 명)였다. 종교가 있다고 답한 국민의 98.3%가 이 세 종교를 가지고 있다고 답했다. 그리고 원불교, 유교, 천도교 등이 뒤를 이었다. 그러나 이것은 주요 종교의 분포도를 언급할 뿐 얼마나 많은 종교가 한국에서 뿌리 내리고 있는가를 여실히 보여주지는 못하고 있다.

한국의 신흥종교는 유교에서 분파된 김항(金恒, 1826~1898)의 영가무도교, 강대성(姜大成)의 일심교(一心敎) 등 6개 종파, 불교계에서 분파된 천화불교(天華佛敎)·불입종(佛入宗) 등 64개 종파(계룡산에만 40종), 단군 신앙에서 분파된 광명대도(光明大道)·불아신궁(佛亞神宮) 등 17여 종파, 동학에서 분파된 천진교(天眞敎)·수운교(水雲敎) 등 20여 종파, 강일순(姜一淳)에서 분파된 보천교(普天敎)·태을교(太乙敎)·증산교본부·미륵불교·대순진리회(大巡眞理會)·태극도(太極道)·증산법종교·모악교(母岳敎)·삼덕교(三德敎) 등 47개 종파, 무속 신앙에서 분파된 천심교(天心敎)·관성묘(關聖廟)·무량교(無量敎) 등 20여 종파로 대별된다.

이밖에 기독교에서 파생된 통일교(세계기독교통일신령협회)·전도관(박태선 장로교로서 천부교(天父敎)로 개칭)·조선 기독교·천국 복음교회·밀알 복음전도선교회(동방교)·한국기독교 에덴성회·실로등대 중앙교회·영생교(永生敎) 하나님의 성회·애천교회(낙성대교회)·한국기독동신회·기독교복음침례회(구원파)·칠사도(七使徒) 교회·엘리야복음선교원·세계일가공회(世界一家公會)·새일수도원·장막성전 등 25개 종파가 있다.

이밖에 외국에서 파생된 신흥종교는 미국계인 여호와의 증인(왕국회관)·몰몬교, 중국계인 국제도덕회·대한도덕회·국제도덕협회·신령도덕회·도덕성회, 일본계인 천리교(天理敎)·창가학회(創價學會)·옴진리교, 이슬람계의 바하이교 등이 있다. 이들 외래 신흥종교들은 한국인 신자들을 확보하기 위해 해당 국가의 언어를 가르치거나 주로 영세민들에게 접근해 물질적 혜택도 주는 등 다양한 방법으로 포교하고 있다.

신흥종교에 따라서는 미신에 치우치기도 하고, 허황된 교리로 신자들을 현혹하거나 굿 또는 기도를 명목으로 금품을 갈취하기도 하며, 점을 쳐주고 돈을 받는 등 부작용을 일으키기도 한다. 한국에서 활동하고 있는 이들 신흥종교는 300개 이상, 신자 수는 250만 명에 이르는 것으로 추정되고 있다. 이것은 결코 적은 수가 아니다.

그러나 나는 우리나라 사람들이 종교에 심취하고 있으며, 다른 나라에 비해 특정 종교인들을 배격하고 살육하는 잔인한 모습을 현재로서는 보이지 않고, 오히려 다른 종교인들에 대해 관대하며 우호적이라는 점은 민족의 화해와 화합을 위해, 그리고 세계 평화를 위해 긍정적인 요소라고 본다.

특히 외래의 크고 작은 종교들이 우리나라에 와서 크게 융성하고 근세에 와서 신흥종교들이 우후죽순으로 번성하는 것은 무언가 우리 민족만이 해내야 할 영적 사명이나 뜻이 일을 듯싶다. 통일한국은 이러한 점을 살려 종교의 꽃밭을 조성하고, 각기 다른 꽃들을 피워 올려 공존과 상생의 원리를 선양한다면 종교가 다른 세계인들이 서로 포교를 위해, 그리고 관광을 위해 구름처럼 몰려들 것으로 예상해 본다. 그렇게 되면 우리나라는 특정한 종교가 아닌 범 종교의 메카가 되어 새로운 문명과 문화의 선도자가 될 수 있다.

여섯째, 제4차 산업혁명의 견인

제4차 산업혁명이란 '다보스 포럼'이란 명칭으로 널리 알려진 세계경제 포럼 회장 클라우스 슈밥이 야심적으로 선언한 인류 역사상 네 번째 산업혁명이다. 이 혁명은 로봇 공학, 인공 지능, 나노 기술, 생명 공업 혁명 등을 수반해서 인류의 사고와 행복을 근본적으로 좌우할 미래의 화려한 꿈이요, 현실이기도 하다.

제3차 산업혁명이 진행 중인 지금의 세계는 제러미 리프킨을 대표로한 학자들이 3차 산업혁명이란 제목을 가지고 인터넷 커뮤니케이션을 독려했다. 새로운 화두로 등장한 인터넷은 수억 명의 사람들이 자신의 가정과 직장, 공장에서 정보를 교환하고 광범한 네트워크의 형성을 가능케 했다. 이로써 수평적 권위가 광범하게 확산되었다.

제3차 산업혁명 시대에 우리나라의 삼성전자는 정보 혁명의 총아로 등장한 스마트폰을 개발해 미국의 애플사 제품을 누르고 세계를 석권했다.

이 작은 기기로 TV, 동영상, 녹음기, 필기도구, 사진, 인터넷 검색, 대화, 화상회의 등 우리들의 생활을 혁명적으로 변화시키는데 사람들은 성공했다. 전 세계의 스마트폰 애용자들은 대한민국 삼성을 놀라운 눈으로 바라보기 시작했다.

그러므로 통일한국은 이러한 탁월한 능력을 기반으로 인공 지능, 로봇 공학, 양자 암호, 사물 인터넷, 무인 운송 수단, 3D 프린팅, 나노 기술, 연결 및 표시 기술을 획기적으로 개발하고 개선해 인류에게 편익과 행복을 누리게 하는 첨단 대열을 형성함으로써 자랑스러운 홍익인간의 전통을 확고하게 구축할 수 있다.

나는 1년 전 아주 우연히 소중한 청년들 몇 명을 만났다. 그들은 길게는 5년 짧게는 2년의 만남을 통해 형제 이상의 우정을 갖고 있었으며 기술로서 인간의 존엄을 실현해보자는 의지를 갖고 4만 명이 넘는 개발자들의 모임을 이끄는가 하면 인문학으로 시대정신을 이끄는 스터디 모임의 리더들이었다. 나는 이들을 만나면서 맏형 노릇을 하며 뒷받침을 해 오고 있다.

어느덧 개발자들의 작은 스터디 그룹이 발전하여 이제는 당당하게 정부로부터 사단법인 한국인공지능협회(KORAIA)로 허가 받았다. 정부의 설립 인가는 짧지만 5년 전부터 스타트 업을 준비하는 개발자들의 모임으로 출발한 것이 앞으로 대한민국을 크게 업그레이드시킬 것을 다짐하고 준비를 단단히 하고 있다.

사단법인 한국인공지능협회는 진취적이며 역동적인 젊은이들을 중심으로 한국에서 뿐 아니라 세계를 상대로 인공 지능과 제4차 산업혁명 분야에서 가장 강력하고 가장 큰 영향력을 SNS에서 행사할 것이다. 인공 지능을 탑재한 인공 지능 미래산업박람회, DNA 플랫폼 개발, 인공 지능과 산업 윤리, 기술과 역사 인문학으로 비전 대한민국을 제시하며 통일한국을 실현시킬 것이다. 나는 지속적으로 인공 지능 기술로 제4차 산업혁명을 이끌 젊은 인재들의 역량이 파워 있게 결집되고 있음을 보면서 통일한국도 머지 않았음을 직감하며 매우 기쁘게 생각한다.

통일한국은 이상과 같은 여섯 가지 역할을 수행함으로써 찬란한 미래를 열어갈 수 있다. 과연 우리는 동북아의 중심축을 형성하고, 동북아의 중심 도시 연결망을 구축하며, 대륙과 해양의 연결고리를 건설하고, 이데올로기의 상생 패러다임을 확립하며, 세계 종교의 꽃밭을 조성하고, 제4차 산업혁명을 견인함으로써 세계사의 중심임을 분명히 하자.

통일한국이 세계의 5대 강국에 이어 2대 강국으로 우뚝 서는 날, 하늘에 계신 창조주 하나님과 천사와 선령들이 우리 민족의 번영과 안전을 축복할 것이고, 지하에 계신 선열들도 우리에게 격려를 보낼 것이며, 세계의 이웃들도 우리와 어깨동무를 하고 기쁨을 함께 나눌 것이다.

일곱째, 평화통일의 달성

문재인 정부는 한반도에서 무력 충돌을 탈피하고 평화체제 구축 차원에서 남북대화에 공을 들이고 있다. 그러나 미국을 비롯한 국제사회는 이 정책이 제재와 압박을 회피하기 위한 북한의 전략에 이용당할 수 있다는 우려를 감추지 못하고 있다. 대북 유화 정책에 기초한 일방적인 대북 정책은 국민적 합의가 부족한 상태에서 남남 갈등을 고조시킬 뿐이다.

미국은 문재인 정부의 대북 유화 전략에 대해서 공개적으로 비판하지는 않지만 최근 남북대화 분위기 속에서도 북한에 대한 초고강도의 대북제재를 추가로 시행하고 한미통상 압력을 가중시키는 등 한국 정부에 대한 트럼프 행정부의 불편한 심기를 나타낸 것으로 볼 수 있다. 이는 문재인 정부의 대북 유화정책이 자칫 북한에 대한 국제사회의 일관된 제재 노력을 이완시키고 한미동맹을 훼손시킬 수 있다는 우려를 반영한 것으로 보인다.

앞으로 북한은 문재인 정부의 대북 유화 정책 속에서 매 사안마다 남한 정부에게 민족공조와 한미동맹 사이에 선택을 강요할 것이다. 이럴 경우 자칫하면 한미공조가 깨지고 한미동맹이 위험한 상황으로 나아갈 공산이 크다. 북한은 애초부터 이와 같은 상황이 유도되길 바라고 문재인 정부의 대북 유화 정책에 호응한 것이다.

그러나 북한은 우리가 항상 경험했듯이 그들의 뜻대로 상황이 전개되지 않을 경우에는 언제라도 남북유화 국면을 접고 대남 강경 카드를 내놓을 것이다. 이런 측면에서 볼 때 전략적인 차원에서 대북 유화 정책은 비록 남북한 정상회담이라는 가시적 효과를 도출할 지라도 북한의 태도 변화를 유도하지 못하고 한미 간에 균열만 일으키는 양날의 칼이 될 수 있다.

북한은 핵보유국이 되기 위한 확고부동한 의지를 가지고 있다. 이것은 비민주적인 세습 독재 정권이라는 속성에서 비롯된다. 핵무기를 정권의 생존수단으로 삼고 있는 상황에서 그들이 스스로 핵을 포기하기는 어렵다. 이렇듯 북한은 스스로 핵을 포기하지는 않을 것이므로 현재와 같은 상황에서 국제사회는 두 가지의 옵션을 선택할 수 있다. 외교적으로 가능한 루트를 통해 북한이 핵 프로그램을 포기하도록 만들거나, 아니면 무력 충돌 국면으로 접어드는 것이다. 이 두 가지 방법을 검토해보자.

첫 번째 옵션은 북한이 대화나 협상을 통해 핵을 포기하는 경우이다. 가능성은 희박하지만 희망컨대 북한이 핵을 포기하거나 동결하는 조건으로 북한 체제를 보장받고 국제사회로부터 대규모의 지원을 확보하여 정권의 생존을 유지해 나가는 경우가 될 것이다. 이 경우 북한이 핵을 포기하였지 남북한의 상황은 크게 달라질 것이 없다. 단지 핵의 위험이 제거되었다고는 하지만 여전히 재래식 무기에 의한 군사적 충돌과 전쟁의 위험은 상존한다.

두 번째 옵션은 군사적 수단을 통해 북한의 핵을 포기시키는 방법이다. 이 방법은 한반도에서 전쟁 상황을 가정하는 것이며, 엄청난 희생을 감수해야 하는 옵션이다. 한반도에서 전쟁은 재래식 전쟁을 넘어 핵무기와 생화학 무기가 동원되는 전쟁이 될 것이며 대량의 파괴와 인명 살상은 물론 국제사회도 세계적인 전쟁으로 휘말려 들어갈 공산이 크다. 한반도의 전쟁은 21세기 최대 재앙이 될 것이며, 이는 결코 선택해서는 안 될 옵션이다.

그렇다면 국제사회가 선택할 수 있는 제3의 길은 없는 것인가? 제3의 길은 바로 한반도의 평화적인 통일이다. 국제사회는 한반도의 평화통일을 최종 목표로 설정한 후 북한의 비핵화 문제에 접근해야 한다. 다시 말해, 분단된 남북한의 아픔은 역사의 뒤안길로 보내고, 전 인류를 이롭게 하는 정신에 맞게 통일된 나라를 건설할 수 있도록 국제사회가 협조해야 한다.

무엇보다도 앞선 북한의 평화적 통일의 전제 조건은 북한 체제의 근본적 변혁 외에는 길이 없다. 그리고 북한 사회의 근본적 변화를 위해서는 외부로부터 다양한 정보유입을 확산시켜 북한 주민들을 각성 유도해야 한다. 그들이 민주주의와 인권의 가치를 알 수 있도록 맞춤형 교육과 각성을 위한 콘텐츠를 제작하여 유입시켜야 한다.

국제사회로가 강력한 제재와 압박을 통해 북한 정권의 생존에 압박을 가하고 북한 주민의 체제에 대한 불만을 고조시켜 사회 변혁의 욕구를 증대시켜야 한다. 또한 북한 엘리트들의 권력 카르텔을 깨뜨려야 한다. 북한 체제가 극도의 위기 상태로 진입하면 북한 정권 엘리트들은 생존을 위한 개별적인 선택과 행동을 실행해 나갈 것이다. 이는 정권의 결속력을 약화시키고 북한 사회를 통제하는 힘이 약화되는 방향으로 나아갈 것이다.

우리는 북한 체제가 근본적 변혁을 통해 새로운 리더십을 구성하고 민주주의와 인권 등 인류 보편적 가치에 부합하는 방향으로 국가 정책을 세우고 추진해 나가려는 의지를 국제사회에 보여줄 수 있도록 유도해야 한다. 그리고 이러한 바탕 위에 남북한 정부가 민족 공통의 통일 비전에 합의하고 통일 국가를 건설하기 위한 과정에 참여하게 해야 한다.

다음으로 제시할 수 있는 남북한 간의 평화적 통일의 전제조건은 남북한 동포들이 역사 속에서 공유했던 바를 구현하는 것이다. 한민족 건국정신인 홍익인간 정신은 이 점에서 매우 잘 맞아 들어간다. 홍익인간 정신은 우리 민족에게 고유한 것이라는 점에서 민족 주체적이면서도 그것이 지닌 보편적 인류애는 어떠한 사상이나 이념도 뛰어넘어 인류 모두의 영원한 이상이 될 수 있다.

통일을 통해 우리가 실현할 새로운 나라는 민주주의와 인권이 보장된 나라여야 한다. 이러한 나라는 우리 민족의 건국 정신이 지향해 온 이상국가의 모습이다. 널리 인간을 이롭게 하라는 홍익인간 정신 속에 인간의 절대적 가치를 옹호하는 내용이 들어 있다.

홍익인간 정신은 통일한국이 지향해야 할 궁극적인 인간관과 사회관 및 세계관의 토대를 제공할 수 있다고 본다. 이런 측면에서 북한 체제의 근본적 변화와 더불어 남북한이 홍익인간 정신에 기초하여 민족 공통의 통일 비전을 세우는 것은 한반도 평화통일 실현에 있어서 가장 중요한 바탕이 된다.

부록

통일 관련 양서 탐방

1. 문현진의 『코리안 드림』

'코리안 드림'이란 무엇인가?

인류사는 언제나 꿈꾸는 사람들에 의해서 발전해 왔다. 꿈이 있는 사람은 자기 시대의 한계를 넘어 새로운 가능성을 모색하고 사람들이 그 꿈을 실현하도록 영감을 준다. 그리고 일정한 과정을 거쳐 세상을 놀랍고 전혀 예측하지 못한 방식으로 변화시킨다. 동·서양의 두 가지 예를 들어보자.

첫째, 칭기즈 칸은 '한 하늘 아래 하나된 세계'를 꿈꿨다. 13세기 전반, 그는 기동성이 뛰어나고 잘 훈련된 기병대를 이끌고 몽골 초원지대를 누볐다. 신속한 군사 작전을 통해 그는 알렉산더 대왕이나 로마 제국이 이룩한 것보다 더 광대한 역사상 유례없는 대제국을 단기간에 건설했다.

어린 시절엔 족장인 아버지가 죽고 난 뒤 형제들이 어머니와 함께 가문에서 쫓겨나 도적들 무리에 붙어 살아야 했고, 후에는 그의 첫 번째 부인 보르테가 적군인 메르키트 부족 전사들에게 납치당해 포로가 되는 수모를 겪기도 했다.

하지만 그는 역경에도 굴하지 않고 현실을 뛰어넘는 꿈 즉 친족만을 보호하고 경쟁자는 무너뜨리는 부족장이 아니라 몽골 부족을 하나로 통합하여 수 세기 동안 지속된 투쟁의 역사를 종식시키겠다는 꿈을 꾼 것이다.

"한 사람이 꿈을 꾸면 단지 꿈에 지나지 않지만 모두가 함께 꾸면 그것은 현실이 된다."라고 그는 말했다. 이것이 그의 성공의 비결이다. 그의 '한 하늘 아래 하나된 세계'는 '보편적 문화와 세계 질서의 기초'를 놓았다.(잭 웨더포드의 『칭기즈 칸, 잠든 유럽을 깨우다』 참조)

몽골 법전 야사(Yassa)는 제국 전체에 걸쳐 부족 간 분쟁과 갈등의 오랜 원인들을 억제함으로써 평화와 번영의 시대를 촉진했다. 그 결과 몽골제국에 의한 평화를 의미하는 팍스 몽골리카는 13세기 중반 몽골 제국의 정복이 끝나는 시점부터 14세기 말까지 지속된다.

제국이 주도하는 평화는 동서 문명 간 교역의 촉진과 더불어 아시아에서 만든 물품과 기술을 유럽 세계에 소개했다. 칭기즈 칸이 아니었다면 유럽은 훨씬 오랫동안 깊은 잠에 빠져 있었을 것이고 근대 세계로의 발전은 그만큼 후에 가능했을 것이다.

역사적으로 분명한 사실은 칭기즈 칸을 이끈 것은 권력욕이 아니었다는 점이다. 그가 세운 '한 하늘 아래 하나된 세계'라는 비전은 권력이나 신분에 상관없이 모두에게 적용되는 변치 않는 보편적 법칙의 출발점이며, 그 속에 내포된 보편적인 염원과 원칙과 가치가 그를 위대한 인물로 만들었던 것이다.

둘째, 근대 세계로의 길을 연 아메리칸 드림이다. 인권과 자유에 관한 근대적 사상의 태동에 일조한 이 아메리칸 드림은 오늘날까지 전 세계에 영향을 미치고 있다.

북미 대륙은 최초로 입헌정치를 실시하고 시민들의 기본권을 보장했던 영국적인 전통을 기반으로 형성되었다. 아메리칸 드림은 건국의 기틀이 되었던 원칙과 가치에 있었다. 그 출발은 1776년 7월 4일 건국의 아버지들이 작성하여 서명하고 선포한 독립선언서에 있다.

건국의 아버지들은 군주의 권위가 절대적이라는 생각을 거부했다. 그 대신 독립선언서는 인간의 기본적 권리와 자유는 국가나 군주가 아니라 창조주가 인간에게 직접 부여한 것이라고 선언했다. 정부의 설립 목적은 이러한 권리를 보호하는 데 있다.

실제로 미국은 개인의 자유와 권리에 대한 보장을 최고의 가치로 끌어올리며 유례없는 혁명적 실험을 감행했다. 미국의 건국 원칙과 가치들은 전 역사를 통해 정치 경제 시스템 안에서 작동하며 활력과 기회, 자유가 충만한 현재의 미국을 만들어 왔다. 초대 대통령 조지 워싱턴이 고별 연설에서 한 말 '미덕과 도덕이 국민 정부의 원천'이 진정한 의미에서 미국의 발전을 이끌었다.

바다에서는 나침반으로 길을 찾듯, 미국 독립선언서는 안내자가 되어 국민의 정부와 자유시장이 보다 높은 이상을 향해 움직이도록 했으며 미국을 비롯한 전 세계에 영감을 주었다. 이것은 전 세계의 억압받는 사람들에게 희망의 등불이 되었다.

독립선언서의 정신은 미국 사회의 혁신을 위한 기반이었다. 자유, 진취성, 창의성으로 대변되는 기업가 정신은 가난뱅이에서 벼락부자가 되었다는 성공담을 통해 장려되었다.

미국은 전 세계에 자유 수호의 의지를 행동으로 보여주었다. 이를 위해서는 본토에서 아무리 먼 전쟁터라 할지라도 희생을 무릅쓰고 자국의 젊은이들을 파병했다.

다음으로, 우리 민족의 홍익인간 이념이다. 우리 민족은 수많은 외세의 침략과 도발에도 불구하고 다른 나라를 침략한 역사가 없었다. 이것은 주변국 역사와는 판이한 특징이다. 그 답은 고조선의 건국이념인 인간을 널리 이롭게 한다는 홍익인간에 있다.

나는 국제회의에서 단군 이야기와 홍익인간의 정신을 발표한 적이 있다. 그 때 참석자들, 특히 두 명의 미국 하원의원은 홍익인간 비전이 미국의 독립선언서와 같은 원칙과 가치를 추구한다는 설명을 듣고 단군신화에 매료되었다.

미국의 탄생과 더불어 인류의 사상이 오늘날만큼 무르익게 되었는데, 한민족은 그보다 4,000년이나 앞서 이미 근대적 의미의 계몽된 통치사상을 발전시켰다.

인류에게 봉사한다는 홍익인간의 정신 속에 표현된 당위성으로 인해 유사 이래로 한민족은 어떠한 사상보다도 인간의 삶을 가장 소중한 가치로 여겼다. 우리는 항상 암묵적으로나 명시적으로 인류는 평등하며 하늘을 대표한다고 믿어 왔다.

19세기 동학운동을 통해 표현된 인내천(人乃天) 사상은 단군신화에 뿌리를 둔 이러한 전통을 잘 보여준다. '사람이 곧 하늘'이라는 말은 인간이 행복한 세상이 곧 하늘이 행복한 세상이고, 하늘이 원하는 세상이라는 의미다.

우리 민족은 세계에 봉사한다는 신성한 운명을 자각했다. 이상국가 건설의 안내자는 진리다. 진리에 근거한 홍익인간의 비전은 한민족의 희망이요, 우리의 본질이자 유전자다. '코리안 드림'이란 홍익인간의 이념에 입각한 우리 민족의 원대한 꿈이다.

홍익인간의 이념

홍익인간의 이념은 이상국가 건설의 꿈이다. 한민족의 저력은 홍익인간의 철학에서 나온다. 우리 민족은 무수한 고난의 역사를 견디는 동안 계몽된 국가에 대한 간절한 염원을 홍익인간의 이념에 녹였다.

우리 민족의 역사를 돌이켜보면, 예외 없이 고조선을 근원으로 삼아 이로부터 왕조의 정통성을 주장했다. 13세기에 기록된 『삼국유사』에 의하면 단군왕검이 고조선을 건국한 시기는 기원전 2,333년으로 거슬러 올라간다. 고구려, 백제, 신라 등 3국은 고조선으로부터 정통성을 찾고 있다.

TV에 방영해 인기를 끌었던 고구려의 시조 주몽은 단군이 세우려고 했던 이상향을 천명하여 옛 고조선의 영토를 회복한다는 목표로 국경을 넓혀 나갔다. 이 같은 경향은 신라와 백제에서도 보인다. 이처럼 영적인 기초 위에 세워진 나라들이 높은 영적 열망, 원리, 그리고 가치를 추구한 것은 지극히 자연스러운 일이다.

다른 동아시아 주변 국가들도 종교와 윤리의 영향을 받았지만 우리처럼 모두를 통합, 발전시킨 사례는 극히 찾아보기 힘들다. 이처럼 이질적인 종교 간 융합이 가능했던 것은 홍익인간이라는 정신이 우리 민족으로 하여금 영적 진리와 정의, 그리고 올바른 통치제도를 수용하도록 만들었기 때문이다.

승려이자 화랑의 스승인 원광법사는 세속오계를 설정했다. 그것은 사군이충, 사친이효, 교우이신, 임전무퇴, 살생유택을 말한다. 이것은 유교, 불교, 도교의 사상을 모두 아울러 우리 민족의 고유한 윤리관으로 융화된 것이다. 세속오계는 홍익인간의 철학을 실현하여 이상적인 국가 건설을 이루고자 하는 우리 민족의 근본 열망에 부응했다.

그러나 통일신라는 우리 민족 고유의 유산과 목표를 잃어버리고 내부 분열과 왕과 귀족의 사치로 쇠락의 길을 걷게 된다. 이러한 상황 속에 민족 통일과 우리 민족이 추구해온 이상국가를 건설한다는 명분으로 왕건이 고려를 건국했다.

불행하게도 고려는 몽골 침략을 비롯해 끊임없는 외세의 침략에 시달려야 했다. 그러나 오히려 이러한 고난은 단군이 꿈꾸었던 이상 국가 건설에의 열망을 일깨우는 계기가 되었다. 승려 일연의 『삼국유사』와 이승휴가 쓴 『제왕운기』는 민족의식을 고취하고 한민족의 나아가야 할 길을 제시하기 위해 단군신화를 역사의 출발로 삼았다.

고려가 망하고 이성계에 의해 우리 민족의 건국신화에 담겨 있는 이상국가 건설에 대한 열망이 다시 한 번 피어올랐다. 그는 새로운 국가의 이름을 조선이라 지어 그 뿌리가 단군이 세운 고조선에 있음을 천명하며, 민족의 시조로서 단군을 기리기 위해 마니산을 비롯해 전국 각지에 사당과 신전을 세웠다.

민본주의를 표방했던 조선의 정치제도는 역대 어느 왕조보다 홍익인간의 정신을 실현하는 데 중점을 두었다. 조선의 민본주의 정치사상은 "왕은 나라보다 중요하지 않으며, 나라는 백성보다 중요하지 않다."라는 말로 정의된다. 이는 현대 서구 민주주의가 추구하는 이상과 상당히 비슷하다.

조선시대의 제4대 임금이자 우리 역사에서 가장 존경받는 세종대왕은 그러한 군주의 역할을 잘 보여준 훌륭한 귀감이다. 표음문자인 한글의 창제는 여러 업적 가운데 단연 두드러진다. 그는 백성들이 쉽게 읽고 쓸 수 있는 문자 체계를 개발하기 위해 직접 나서서 수십 년간 열정을 쏟았다.

세종은 유교정치의 기틀을 마련하여 윤리적이고 도덕적인 정부를 운영했으며 조세법을 다듬어서 억울하게 세금을 더 내고 있던 백성들의 짐을 덜어 주었다. 군사력을 강화하고 여러 차례 외교적 승리를 이끌어내면서 조선의 영토도 확장했다.

뿐만 아니라 직접 설립하고 감독한 집현전을 통해 각 분야에서 우수한 학자들을 모집하여 학문을 연구하고 과학기술의 발전에도 기여했다. 학자이자 사상가들인 조선의 선비들은 저술 활동과 상소문과 같은 글을 통해 도덕적인 원칙에 입각하여 나라를 다스릴 것을 끊임없이 주문한다.

실학자들은 토지개혁을 실시하고 과학을 장려하여 기술을 발전시키는 실용적인 정책을 펼 것을 주장했다. 이는 중국 성리학의 영향을 받은 과도한 형이상학과 경직된 유교적 사회 구조를 타파하고 조선 자체의 실용적인 학문을 일으켜 모든 백성들이 골고루 잘사는 나라를 만들기 위한 노력이다.

다산 정약용은 『목민심서』를 편찬하여 백성을 대하는 관리의 책임과 의무를 이론적으로 상세하게 제시했다. 그의 또 다른 저작인 『경세유표』는 윤리적 국가 경영의 청사진을 밝힌 것으로 조선말과 근대 초까지 큰 영향을 끼쳤다.

정도전의 『조선경국전』은 여러 차례 수정을 거쳐 성종 때인 1485년에 『경국대전』으로 완성되었다. 이에 따라 왕은 사사로운 감정이나 충동이 아닌 법 체제 안에서 협의를 통해 국가를 다스려야 했다. 이러한 법전은 왕뿐 아니라 관료들의 권력을 견제하고 백성을 위한 선한 정치를 강조했다.

홍익인간은 우리 민족의 영적 의식을 담아내는 그릇이자 고귀한 원칙과 가치에 기반한 이상적 국가 건설을 염원하는 항구적인 비전이다. 그 결과 우리 선조는 조선 왕조 시기에 제한적이나마 준 입헌제 형태의 정부를 구사했고 근대 자유민주주의 시장경제에서 볼 수 있는 다양한 특징들을 보여주었다.

홍익인간은 한국이 민본주의 철학을 무한히 발전시켜 나갈 수 있는 토대를 마련해 주었다. 이 고귀한 건국의 이상을 통해 우리 민족은 진리와 계몽, 선과 미덕을 추구하는 심오한 영적 의식을 발휘했다. 이러한 이유로 우리의 정치, 종교, 사회의 지향점은 인간적 존엄성을 앙양하는 철학에 기초한다. 한민족은 이 일을 위해 특별히 선택받았다.

분단의 역사적 맥락

1910년 8월 22일 일본의 강제 합병으로 일본의 지배가 가혹해지면서 한반도와 중국을 비롯한 여러 지역에서 독립운동의 열기가 고조되었다. 여러 집단이 다양한 유형의 국가, 신앙 전통, 사상에서 도움을 받아 일본 압제의 멍에에서 벗어나고자 했던 것은 장차 분단의 한 요인으로 작용하게 된다.

어떤 이들은 소련식 공산주의를, 또 다른 이들은 미국식 민주주의를 주장했다. 그 외에도 여러 주의와 주장들이 있었다. 김구 같은 이들은 홍익인간의 원칙에 바탕을 둔 독특한 민족적 비전으로 미래의 독립국가 건설을 희망했다. 그래도 이들 모두의 저항은 대중의 지지를 이끌어내면서 1919년 3월 1일 전국 방방곡곡에서 독립만세운동이 일어났다.

1945년 제2차 세계대전 종전과 함께 한민족은 악몽과 같은 일제 식민통치에서 벗어나 마침내 통일된 자주국가를 건설할 수 있으리라는 열망을 품게 되었지만, 이 꿈은 아직까지 실현되지 않고 있다.

일본의 무장을 해제하기 위해 북한에는 소련군이, 남한에는 미군이 진주하며 분할 점령이 시작되었다. 일본이 패망하고 떠난 공간에는 이념을 둘러싼 새로운 갈등인 냉전이 시작되며 분단은 더욱 고착되었다.

이러한 두 세력의 갈등에 민족 지도자들의 야심과 개인적 성향이 더해지며 국내 정치는 실종되고 혼란은 가중되었다. 결국 통일된 자주독립 국가의 꿈은 무너지고 1948년 남쪽에는 대한민국, 북쪽에는 조선민주주의인민공화국이라는 두 개의 정부가 들어섰다.

그리고 1950년 6월 25일 조국 통일이라는 미명 아래 북한 인민군이 남한을 기습공격하면서 민족상잔의 전쟁이 벌어졌다. 비록 한반도에서 일어난 전쟁이지만 중국과 소련이 북한을 지원하고, 미국을 포함한 UN 산하 16개국이 남한을 돕기 위해 참전하면서 상황은 국제전 양상으로 발전했다.

사상자 피해는 막대했다. 한국군과 UN군 약 50만 명이 전사했거나 부상, 실종되었고 북한과 중공군은 그 수가 110만 명에서 150만 명으로 집계되었다. 민간인 사상자는 약 250만 명을 헤아린다. 서울은 초토화되었다. 1945년 해방과 더불어 피어올랐던 희망의 불꽃이 꺼지고 우리만의 철학과 기개가 남긴 주권국가 설립과 조국 통일은 좌절되고 말았다.

이 비극들은 다양한 측면을 가지고 있지만 가장 오랫동안 우리를 괴롭히고 있는 부분은 바로 인간적인 고통이다. 그 가운데 이산가족의 고통은 반인륜적인 비극이다. 너무나도 많은 한국인들이 전쟁과 분단으로 인해 고통스러운 경험을 안고 살고 있다.

2,000년 이후부터 지금까지 이산가족 상봉은 19차례밖에 열리지 않았고, 희망을 가슴속에 묻은 채 눈을 감는 노인들의 수는 매일 늘고 있다. 북에 있는 친족들을 보고자 등록한 12만 5,000명 가운데 지금까지 불과 1만 7,000여 명만이 상봉의 기회를 얻었다.

오랜 기간 소강상태를 보내고 마침내 2014년에 한 번 더 상봉이 이루어졌다. 96세의 할머니와 93세의 할아버지를 포함한 한국 측의 83명이 이북에 있는 178명의 친족들과 눈물의 상봉을 했다.

연어는 한민족을 상징하는 것 같다. 우리는 우리가 태어나고 다음 세대에게 넘겨줄 땅, 즉 우리의 본향으로 돌아가야만 한다. 그 땅은 우리 민족의 역사 내내 홍익인간의 원칙으로 대표되던 단군의 건국신화와 함께 열린 것이다. '모든 인간을 이롭게 하고' 인류에 봉사하는 것은 신에 의해 정해진 우리의 운명이다.

나는 어릴 적부터 내 아버지(고 문선명 총재)의 삶을 통해 조국의 분단 상황이 한민족의 미래를 좌우하게 해서는 안 된다는 점을 배웠다. 북한에서 비참한 투옥 생활을 직접 경험한 아버지는 반인륜적인 잔학행위를 정당화하는 공산주의 사상이 평화 이상 세계 건설의 최대 장애라는 것을 확신했다.

공산주의는 인간의 정신을 물질 작용의 소산이라고 설명한다. 공산주의가 반인륜적 범죄와 잔학행위를 정당화할 수 있는 근거가 여기에 있다. 국제사회에서 공산주의는 외면당하고 있다.

군사력만으로는 공산주의에 대항할 수 없다. 그래서 아버지는 공산주의 사상의 문제점을 알리기 위해 국제적인 승공운동을 시작했다. 아버지는 단순히 공산주의를 반대한 것이 아니라 인권과 자유가 창조주 하나님으로부터 시작된다고 하는 원칙을 옹호하는 도덕적 비전을 제시함으로써 공산주의 사상을 물리쳤다.

아버지는 서울 올림픽이 중요한 역사적 전환점이 될 것으로 생각했다. 민주세계와 공산세계를 대표하는 나라들이 함께 스포츠 경기를 한국에서 했기 때문이다. 아버지는 서울 올림픽이 냉전의 종식을 알리는 역사적 이벤트가 될 것이며 향후 한반도 통일도 현실적으로 가능하리라 확신했다.

놀랍게도 서울 올림픽 이후, 미하일 고르바초프 소련 공산당 서기장의 개혁, 개방정책들은 더욱 가속화하기 시작했으며, 그 결과 예상보다 빠르게 소련의 해체와 냉전의 종식을 가져왔다. 아버지는 1990년 4월 모스크바에서 국제회의를 개최하고 고르바초프를 만나 유물론을 포기하고 신앙의 자유를 보장하도록 촉구했다.

사람들은 1991년 12월 나의 아버지가 북한으로 가 김일성 주석을 만났을 때 더욱 놀라워했다. 아버지는 만수대의사당에서 북한 지도부에게 시종 단호하고 위엄 있는 태도로 두 시간에 걸쳐 연설했다. 그러면서 북한의 미래가 밝아지려면 주체사상을 포기하고 하나님의 존재를 받아들여야 한다고 역설했다.

김일성 주석은 얼마 지나지 않아 함흥에 있는 자신의 관저로 아버지를 초대했다. 나중에 김일성 주석은 참모들에게 문선명 목사야말로 북한 밖에서 자신이 신뢰할 수 있는 유일한 인물이라고 말했다는 이야기를 다른 증언을 통해 전해 들었다. 나는 한국인 그리고 한국이라는 나라의 운명과 떼어놓을 수 없는 아버지의 유산을 이어가야 할 책임을 절감한다.

통일을 위하여(1)

20세기는 독립된 통일 조국에 대한 한민족의 꿈이 가장 혹독한 방식으로 좌절된 시기였다. 그 결과, 안보는 위협받고 있으며 경제적 손실도 상당하지만 그 피해 중에 인도적 고통이 제일 크다고 말할 수 있다. 북한 주민이 처한 상황은 UN인권위원회보고서가 언급한 것처럼 세계의 도덕적 양심에 대한 질문이지만 일차적으로 대한민국 국민과 해외 동포들의 몫이다.

통일은 정부뿐 아니라 시민 사회와 NGO를 포함한 모든 국민들의 최우선 과제가 되어야 한다. 우리 사회 내의 목소리를 하나로 모으지 않으면 일제시대 독립운동 단체나 해방 후의 좌우 진영 간에 벌어졌던 내부의 분열을 반복할 위험이 있다. 최근의 예로, 나의 아버지께서 김일성과의 만남을 통해 남북대화의 물꼬를 텄을 때, 국가적 차원에서 그 기회를 어떻게 활용할지에 대한 합의와 공감대가 마련되어 있지 않았다.

1998년부터 2008년까지 10년 동안 김대중 대통령과 후임 노무현 대통령은 북한과의 관계를 개선하고 평양이 핵과 경제정책을 바꾸도록 유도하기 위해 햇볕정책을 추진했다. 비록 의도는 좋았으나 제대로 실행되지 못해 반대의 결과가 나왔다.

냉전이 끝난 이래로 평양은 현금이 부족했고 소련의 지원을 대체할 수 있는 수입원을 찾기에 혈안이 되어 있었다. 햇볕정책의 지지자들은 그것을 동독에 대한 서독의 동방정책에 비교하거나 심지어는 북방정책이라고 설명하기도 했다. 그러나 남한으로부터의 지원에는 어떤 조건이나 통제도 없었기 때문에 북한은 자기들이 원하는 대로 사용할 수 있었다.

이 시기 북한의 행적을 보면 햇볕정책이 전혀 영향력을 발휘하지 못한 것 같아 보인다. 2003년 북한은 핵확산금지조약 탈퇴를 선언했다. 그리고 2005년 6자회담을 통해 핵비무장화에 합의했음에도 불구하고 그 다음 해인 2006년에 첫 핵 실험을 강행했다.

실제로 북한은 햇볕정책의 수혜로 남한으로부터 감시받지 않는 자금을 받았으나 그 대가로 한 일은 아무것도 없다. 남한에서 지원된 자금이 핵 개발 프로그램에 직접 사용되었는가 하는 것은 논외다. 서울이 평화에 좀 더 가까이 다가가고 있다고 상상하는 동안 북한은 선군정책을 강화하고 핵과 미사일을 개발할 수 있는 지원을 얻으며 여유를 갖게 되었다. 여기에서 우리는 반드시 분명하고 포괄적인 비전을 바탕으로 대북관계를 풀어가야 한다는 교훈을 얻었다.

코리안 드림이 중요한 이유는 과거에 없었던 비전이 제시되었다는 점이다. GPF가 주도적으로 참여한 '통일을 실천하는 사람들(Action for Korea United)'은 다양한 성향의 정치·종교계를 대표하는 약 300여 시민단체들로 구성된 연합체이며 한국 사회에서 코리안 드림에 대한 합의의 토대를 만들어 내고 있다. 그리고 시민사회와 NGO 활동을 통해 북한 주민들과도 코리안 드림을 공유하게 될 것이다.

내가 설립한 자원봉사단체 '서비스포피스재단(Service for Peace, 2001)'은 2006년 금강산 부근에서 온돌 난방을 위한 보일러 설치를 시작했다. 이 프로젝트는 나중에 주택 건축으로까지 확대되었다. 남한을 포함해 세계 각지에서 참가자들이 북한을 돕기 위해 자발적으로 찾아왔다. 구호단체의 참가자들이 북한 주민들과 얼굴을 맞대고 봉사할 수 있게 한 것은 처음 있는 일이었다. 이들은 남·북한 관계 악화로 2008년 중단될 때까지 모두 2,000개의 보일러를 설치했고 새로 104채의 가옥을 지었다.

남·북한 주민 간의 직접적인 접촉과 지원 프로그램을 통해 북한 주민과 공유할 수 있는 통일한국의 비전이 구축되면 폭력과 유혈사태의 위험성이 최소화될 것이다. 합의는 무력 충돌을 피할 수 있는 최선의 방책이다. 북한이 코리안 드림의 비전을 공유하고 동참하게 될 때, 우리 스스로 우리 운명의 주인이 될 수 있다.

우리 한민족은 한반도 전역의 주민들과 모든 해외 동포들을 아우르는 하나의 대가족이다. 에이브러햄 링컨은 "스스로 분쟁하는 집은 바로 설 수 없다."라고 경고했다. 분단의 상처를 치유하고 한민족이라는 가족을 온전히 세우지 못하면, 홍익인간 속에 담긴 건국의 비전을 구현할 기회 또한 놓치게 될 것이다.

홍익인간의 정신 안에 내재된 우리의 염원에는 역사적으로 하나였던 민족이 집단의식을 일깨워 분단의 상처를 치유할 수 있는 힘이 있다. 그럼으로써 우리의 '집'은 굳건히 서게 되고 궁극적으로 역사적 운명이 실현될 것이다. 이제 우리에게 필요한 건 통일된 비전이고 그것은 바로 코리안 드림이다.

통일을 위하여(2)

북한에 대해 상대적으로 열린 관계를 맺고 있는 민주국가로서 몽골은 다양한 차원에서 북한과의 대화에 중립적 중재자로 기여할 수 있는 이상적인 위치에 있다. 몽골은 이미 2012년 일본과 북한 관리들을 수도 울란바토르로 초청해 일본인 납북자 문제에 관한 논의를 중재함으로써 그런 역할을 수행한 바 있다. 컬럼비아대학의 찰스 암스트롱 교수는 "몽골은 한반도 문제와 관련하여 신뢰할 만한 중개인으로서의 이미지를 보여주는 데 성공했고 남·북한 모두 믿을 수 있는 유일한 나라라고 본다."라고 말했다.

나(문현진)는 여러 차례 몽골 대통령 엘베그도르지를 만나 동아시아에서 몽골의 역할에 대해 대화를 나눈 적이 있다. 나는 대통령에게 몽골과 한국의 역사적 관계가 얼마나 깊고 오래 되었는지를 상기시키면서 몽골은 한반도 통일과 관련해 북한 측에 중재자의 역할을 할 수 있는 특별한 위치에 있다고 말했다.

2011년 8월, 나는 '동북아시아 평화와 한반도 통일'이라는 주제를 놓고 울란바토르에서 글로벌피스리더십콘퍼런스(GPLC, 지구촌평화지도자회의)를 개최했다. 이 회의는 정부 청사가 있는 대통령궁에서 열렸고, 몽골

정부가 후원했다. 회의의 목적은 대통령과 논의한 바 있듯 6자회담에 참여할 경우 몽골 정부의 역할을 규정하는 것이었다.

그 뒤 엘베그도르지 대통령은 2013년 10월 북한을 방문해 메시지를 전달했다. 그는 김정은이 권력을 잡은 이후 북한을 방문한 첫 번째 해외 정상으로 김일성대학에서 학생과 교수진에게 매우 솔직하게 자신이 의사를 전달했다. 그는 번영을 위해서 뿐 아니라 인간 본성의 기본적인 염원으로 자유의 중요성을 역설하면서 다음과 같이 말했다.

"어떤 독재도 영원하지 않으며 자유는 인류에게 부여된 자산이다. 자유는 모든 인간이 자신의 기회를 발견하고 실현하게 한다. 자유롭게 살려는 것이 인민의 바람이며 이것만이 영원한 힘이다." 또 그는 '그것이 아무리 달콤하더라도 타인의 선택에 의해 사는 것보다 비록 고통스럽더라도 스스로의 선택에 의해 살아가는 것이 더 낫다.'는 몽골 속담도 함께 인용했다.

대통령은 과거 20년 동안 몽골의 GDP에서 민간 부문이 차지하는 비율이 10퍼센트에서 80% 이상 증가했다고 말했다. 핵 보유국이자 경제 강국인 중국, 러시아와 국경을 접하고 있지만 몽골은 핵무기가 없어도 안보를 보장받고 있고 실제로도 비핵국가로 알려져 있다.

2011년 12월, 나는 서울에서 '동아시아 평화 구축과 한반도 통일'이라는 주제 하에 제3회 글러벌피스컨벤션(GPC, 지구촌평화회의)을 개최했다. 당시 많은 전문가들이 통일은 비현실적이라고 주장하며 반대 의사를 표시했다. 통일은 먼 미래 이야기로 한국인들의 관심을 끌지 못한다는 것이다. 그럼에도 나는 원래 계획대로 행사를 밀고 나갔다.

당시 나는 남·북한 주민 모두 공통의 비전을 바탕으로 서로가 함께 할 것을 제안했다. 나는 화해의 차원을 넘어 궁극적인 통일로 가는 길을 찾기 위해 어떠한 비전이 요구되는지를 모두가 진지하게 고민해야 할 시점에 와 있다고 강조했다. 아시아정당국제회의 공동의장이자 GPC 공동의장을 맡고 있는 호세 데 베네시아는 '이데올로기를 배제하고 남·북한 화해를 진척시킬 수 있는 창의적이고 실용적인 방법'을 촉구했다.

서울 회의가 끝나고 약 2주 뒤인 2011년 12월 17일에 북한 지도자 김정일이 갑자기 사망했다. 그가 죽은 이후로 북한에는 많은 사건들이 일어났고 북한에 대한 주변국들의 전망과 정책에도 변화가 생겼다.

이것이 하나의 기회이자 필연임을 직감한 나는 GDF 한국지부의 파트너들과 협력해 일반 한국인들이 통일 문제에 참여할 수 있는 풀뿌리 연합체를 만들도록 했다. 그렇게 해서 탄생한 '통일을실천하는사람들'은 300여 시민, 종교, 인권단체 및 NGO들을 불러 모았다. 그리고 2만 명이 참석하고 TV조선에서 생중계한 가운데 2012년 8월 여의도 한강공원에서 대대적인 발족식을 가졌다. 각자 이념적 배경이 다른 단체들이 '통일을실천하는사람들(약칭 통일천사)'에 가입했다.

통일천사의 목표는 한국 사회 전 분야를 끌어안고 정치적 이념과 종교의 차이를 좁혀 통일을 향한 합의의 토대를 구축하는 데 있다. 나의 아버지께서 김일성을 만난 이후 북한의 문은 열렸지만 당시에는 한국 사회에 공유된 목표나 전략도 명확한 국가적 비전도 없었다.

코리안 드림은 북한 주민을 포함해 모든 한민족을 공통의 정체성과 운명 공동체로 묶을 수 있는 비전을 제시한다. 그리고 통일천사는 그 위에 실질적이고도 조직적인 틀을 형성하는 것이다. 다음 단계는 기구들 간에 통합을 확대하고 시민사회와 정부 간 협력관계를 만들어 통일을 추구하도록 하는 일이다.

한반도 통일은 한국이 주도하여 이끌어갈수록 성취 가능성이 높아진다. 그리고 이때 냉전시대에 형성된 반목의 관계가 사라지고 대신 평화와 안정, 경제 발전이라는 지역적 공통 목표를 향한 길이 시작될 것이다. 통일 이후 일정 기간이 지나면 한국 경제를 압박하는 현재의 여러 가지 제약은 사라지고 성장과 발전의 새로운 추진력이 등장할 것이다.

골드만삭스 보고서는 통일한국이 독일과 일본을 제치고 2050년에 세계 제8위의 경제 대국이 될 것으로 전망했다. 하지만 나는 개인적으로 이 예상이 평가 절하된 면이 있다고 보며 통일한국은 세계 5위 안에 들 것이라고 확신한다.

역사의 변곡점에 서 있는 우리는 암울했던 과거의 구조와 관계를 단절해야만 한다. 한민족 스스로 운명을 결정할 수 있는 특별한 기회는 바로 지금이다. 이 기회를 잡느냐 무시하느냐에 따라 우리의 미래가 결정될 것이다. 냉전의 마지막 잔재와 이에 따른 대결의 역학 구조를 제거함으로써 새로운 통일한국이 출현할 수 있다.

이러한 변화를 이끌어내기 위해서는 무엇보다 우리 사회를 하나로 묶고, 정치적 이해관계를 뛰어넘을 수 있는 위대한 비전을 세워야 한다. 우리 민족을 하나로 묶어 20세기의 아픈 역사를 반전시킬 수 있는 비전이 바로 홍익인간 사상에 뿌리를 둔 코리안 드림이다.

세계적인 힘의 중심축이 동쪽을 향해 대서양에서 환태평양으로 이동하고 있다. 이러한 과정에서 보편적인 원칙에 입각해 평화적 통일을 성취한 새로운 통일한국은 실로 막강한 도덕적 권위를 행사하게 될 것이다. 그 같은 권위는 통일한국으로 하여금 역내 가교형 국가로서 역사적인 분쟁을 중재하고 지역의 협력을 도모하며 인권과 자유를 증진하도록 할 수 있다.

한국 가족문화 예찬

공자는 모든 인간이 하나의 가족처럼 살아가는 대동세계를 이상적인 사회로 제시했다. 가족 내에서의 친밀함과 질서는 사회, 국가, 세계로 확장된다. 이를 집약적으로 표현한 '수신제가치국평천하(修身齊家治國平天下)'

는 문자 그대로 자기를 먼저 수양하고 가정을 화목하게 이끈 후에 나라를 다스려야 능히 세상을 평화롭게 만들 수 있다는 의미다.

유교는 인의예지(仁義禮智)를 인간이 갖추어야 할 근본적인 덕목이라고 가르친다. 인은 측은지심 즉 불쌍한 것을 보면 가엾게 여기는 마음이요, 의는 수오지심 즉 불의를 부끄러워하고 악한 것을 미워하는 마음이요, 예는 사양지심 즉 자신을 낮추고 겸손하며 사양하고 배려하는 마음이요, 지는 시비지심 즉 옳고 그름을 가릴 줄 아는 마음이다.

이러한 덕목을 갖춘 사람을 '군자'라고 했다. 지도자가 되기 위해서는 마땅히 군자가 되어야 한다. 군자로서 최상의 모범이 통치자라고 하여 '군왕'이라고 불렀다. 위의 모든 덕목을 가장 먼저 배우고 실천할 수 있는 최적의 학교가 바로 가정이다.

조선 왕조의 통치자들은 우리 민족의 고유한 가족문화를 장려했고 이상적인 유교적 가족상을 통치 체제와 철학에도 적용했다. 조선은 동방의 이상적 유교 국가임을 천명했고 그러한 나라는 강력하고도 도적적인 가족의 토대 위에 뿌리내려야 함을 인식하고 있었다.

조선 중기부터 가묘(家廟)를 중심으로 집성촌 문화가 형성되었는데 집성촌은 100여 가구로 구성된 최소 정치 단위다. 집성촌은 또 매매가 이루어지는 경제 단위이자 가묘를 중심으로 종교적인 의례를 행하는 종교공동체이기도 했다. 모두가 혈연관계에 있는 집성촌 문화에서 유교적 도덕 지침인 삼강오륜(三綱五倫)이 한국 문화에 깊이 뿌리를 내리게 된다.

삼강은 정치적 목적을 위해 만들어졌고 그래서 가부장적이고 전체주의적인 과잉을 초래한다는 비난을 종종 받지만 오륜은 공자의 본래 가르침에서 유래하는 것으로 오늘날에도 중요한 가르침을 준다. 오륜은 부자유친 즉 부모와 자식 사이에는 친함이 있어야 한다, 군신유의 즉 임금과 신하 사이에는 의리가 있어야 한다, 부부유별 즉 부부 사이에는 분별이 있어야 한다, 장유유서 즉 어른과 아이 사이에는 순서와 질서가 있어야 한다, 붕우유신 즉 친구 사이에는 신의가 있어야 한다는 것이다.

조선은 가정의 윤리에 모범이 될 만한 사람들을 충신과 같은 차원에서 널리 기렸다. 그래서 애국자를 위해 세워주는 충신각과 마찬가지로, 효자에게는 효자비를, 그리고 남편에 대한 지극한 사랑과 정절을 지킨 여인을 위해서는 열녀비를 세워 기념하게 했다. 효자비나 열녀비를 받은 집안은 충신각을 받는 것과 같은 정도로 가문의 영광으로 삼았다.

한국적 가족주의가 갖는 특이한 점 중의 하나는 충, 효, 열과 같은 덕목들이 정성으로 실천되었다는 점이다. 충, 효, 열은 정성을 다해서 실천하는 것으로 이는 보다 숭고한 차원에서의 성실한 자기희생을 요구한다. 『심청전』이나 『춘향전』과 같은 고전 소설은 그 주인공들이 보여주는 정성이 깊은 감동과 함께 교훈적 내용을 전달한다. 궁극적으로 한국적 미덕은 유학자들의 윤리적 가르침에서 머무르지 않고 한민족의 평범한 가족 안에서 두루 구축되었고 민간 문화를 통해 널리 칭송되면서 교육되어 오고 있었다.

임진왜란 당시 조선으로 귀화한 일본인 장수 사야가라는 3,000명의 병력을 이끌고 연전연승을 거두고 있었다. 그러던 중 조선인들의 한결같은 미덕에 감동을 받고 이런 사람들을 죽이는 것은 짐승만도 못한 짓이라고 판단하여 조선에 투항한다. 그리고 조선 병사들에게 조총 사용법을 가르쳐 주면서 일본군에 대항해 싸웠다. 훗날 이러한 공을 인정받아 역사에 기록되었는데, 그가 바로 김충선 장군이다.

영국의 저명한 문명사학자인 아놀드 토인비 박사는 한국의 한 언론인을 만난 자리에서 한국의 효 사상과 경로 문화를 듣던 중 감동하여 눈물을 흘렸고, "만일 한국인들이 이러한 전통적 덕목을 세계에 전파한다면 세계사에 큰 기여를 할 것이다."라고 했다고 전해진다.

우리의 가족주의는 고상한 열망을 가정 내의 일상적인 삶에서부터 실천하게 만듦으로써 민족의 정체성을 형성한다. 건국 이상을 구현할 때도 예의범절과 사회 규범을 통해 이러한 열망을 내면화한다. 먼저는 가족에 대한 사랑과 희생적인 헌신을, 다음으로 집성촌 공동체와 지역 사회에서의 협동심을 익히며, 계속해서 국가 및 세계로 그 이상을 확장했다.

이러한 연유로 우리에게 인류는 확대된 가족이며 따라서 보편적인 공통의 열망과 원칙과 가치를 토대로 평화적인 공존을 모색하는 일은 지극히 자연스러운 현상이자 마땅히 실생활 속에서 달성해야 할 의무다. 이 점이 우리 가족주의가 갖는 예외적인 특징이며, 한민족에게 있어서 가정은 하늘로부터 부여받은 운명을 감당하고 홍익인간의 이상을 품은 인격적인 시민을 양성하는 학교가 된다.

세속화되고 냉소적으로 변해가는 세상에서 도덕적 인격, 진실한 미덕, 지속적이며 성실한 인간관계를 강조하는 한국의 전통적인 가족문화는 얄팍한 소비주의와 함께 표출되는 대중문화의 척박한 땅에서 오아시스와 같다고 할 수 있다. 한국의 가족주의는 근본적으로 인간이라면 당연히 열망해야 할 유익한 가치와 규범을 제공하기 때문에 보편적으로 통용될 수 있는 막강한 호소력을 갖는다.

한류는 유사한 문화와 종교 전통을 갖고 있는 아시아뿐 아니라 미주, 유럽, 아프리카, 중동을 비롯한 세계 도처로 빠르게 확산되고 있다. 한국에서 제작된 TV 드라마가 전 세계 안방을 점령했다. 이는 한국의 가족관계에서 볼 수 있는 높은 수준의 헌신이나 정성, 희생적 사랑이 세계인의 공감을 사기 때문으로 풀이할 수 있다.

내가 들은 바로는 많은 미국인 부모들이 한국인 며느리에게서 큰 감동을 받았다고 하는데, 그 이유가 효심으로 모든 정성을 다해 자신들을 돌보기 때문이다. 한국인 며느리들은 결혼하면 시댁 식구를 포함해 남편을 뒷바라지하고 자녀 교육을 책임지는 것을 당연한 것으로 여긴다. 얼마나 아름다운 일인가? 나는 한국의 가족문화를 '모든 인간을 이롭게 하기' 위한 하나의 방편으로 세계에 보급할 수 있는 우리만의 고유하고도 소중한 문화라고 생각한다.

그러나 안타깝게도 우리 민족이 가장 소중한 가치로 여겨왔던 전통적인 가족문화가 사라지고 있다. '가문' 을 고리타분한 구시대적 제도로 보는 경향이 일반화되었다. 효와 공경의 문화가 사라지고 있다. 젊은이들에게 이러한 가치들이 제대로 교육되지 않고 있는데 이는 우리의 정체성을 약화시키며 이 사회의 미래를 위험에 빠뜨리는 심각한 문제다.

현재 우리 사회에는 '핵가족화' 가 거침없이 진행되고 있다. 이제는 한 지붕 아래 삼대가 함께 사는 경우를 찾아보기가 매우 어려우며, 사실상 가족에 대한 개념이 전반적으로 달라지고 있다. 이렇게 '해체된' 가정들이 심각한 사회적 · 경제적 · 도덕적 결과를 가져온다는 사실을 뒤늦게 깨달은 선진국들은 대책 마련에 부심하고 있다.

대중의 힘

우리 민족의 역사는 치열한 대중운동으로 점철되어 왔다. 40여 년이나 계속된 대몽전쟁과 삼별초의 항쟁은 민족의 고귀한 이상을 지키기 위한 충성심으로 무장한 민초들이 있었기에 가능했다. 지방 토호의 학정에 못 이겨 농민들이 자발적으로 일으킨 동학운동의 중심에는 거대 지주를 향한 분노와 억울함뿐 아니라 홍익인간 전통에 뿌리를 둔 원칙이 자리 잡고 있었다. 그래서 모든 인간은 사회적 지위와 관계없이 천부적 가치와 영적 존엄을 지니고 태어났다고 주장했다.

3·1독립운동의 취지를 밝힌 독립선언문에는 평등과 자유, 양심 그리고 5천 년 한민족의 역사가 지향해 온 사명이 담겨 있다. 그 내용에 대한 민족

적 공감이 전국적인 시위와 자발적인 대규모 평화행진으로 이어졌던 것이다. 이것은 우리 민족의 본바탕에 이미 그러한 꿈과 이상이 담겨 있기 때문에 가능했다.

박종철 고문치사 사건은 6·10민주항쟁의 도화선이 되었다. 그는 1987년 1월 14일 공안당국의 고문을 받던 중 사망했지만 정부가 이를 은폐하려다 진실이 드러났다. 박종철의 사망은 많은 사람들을 거리로 불러냈다. 이러한 분노는 6월 9일 연세대학교 학생이었던 이한열이 시위 도중 최루탄에 맞고 7월 5일 사망하는 사건이 발생하면서 더욱 고조되었다.

걷잡을 수 없이 확산되어가는 민주화 요구에 굴복한 전두환 대통령은 한발 물러나, 개헌과 대통령 직선제 그리고 시민의 자유 회복을 약속했다. 이는 한국 사회에 진정한 의미의 민주주의가 뿌리를 내리는 분수령이 되었다. 6·10민주항쟁은 군사독재를 종식시킴과 동시에 사회 각층에서 자발적인 시민운동을 탄생시키는 계기가 되었다.

마침내 이 같은 대중운동을 기반으로 삼아 한국은 짧은 기간에 안정적으로 민주주의를 정착시켜 왔다. 비록 초기에는 급진주의적 학생들이 시위를 주도했던 것이 사실이다. 그러나 이후 대다수 한국인들의 보다 적극적인 참여가 이루어지면서 한국 사회는 안정적으로 균형이 잡혀 갔다.

2010년 12월 17일 튀니지의 모하메드 부아지지라는 청년이 노점상 허가를 받지 않았다는 이유로 판매하고 있던 청과물을 공무원에게 압수당하자 분신하는 사건이 발생했다. 이를 계기로 23년간 전제정치를 펼쳐온 벤 알리 대통령에 반대하는 봉기가 일어났고, 2011년 1월 4일 부아지지의 사망 10일 후에 벤 알리 대통령이 물러나면서 일명 '아랍의 봄'이 시작되었다.

'아랍의 봄'은 얼마 후 이집트와 예멘으로 확산되면서 무바라크 이집트 대통령과 살레 예멘 대통령을 권좌에서 몰아냈다. 리비아에서도 시위가 내전으로 확대되면서 결국 카다피 대통령이 사살당하고 42년 독재정치가 막을 내렸다. 시리아에서도 역시 대중의 시위에 이어 내전이 발발하고 정부군과 반군과의 공방이 지금까지 계속되고 있다.

지난 세기 도덕적 권위에 기초한 위대한 지도자들 가운데 대표적인 인물이 마하트마 간디다. 제1차 세계대전이 일어나기 전, 남아프리카 인도인 사회에서 변호사로 활약하던 청년 간디는 일등칸 표를 끊고 기차에 올랐지만 백인에게 자리를 양보하지 않았다는 이유로 역무원에게 구타를 당하고 기차 밖으로 끌려 내려갔다.

그는 21년 동안 남아프리카에 살면서 투표권을 비롯해 인도 출신 이민자들의 권리를 박탈하려는 정부에 대항하여 싸웠다. 1906년 트란스발 주정부는 백인에게는 적용하지 않으면서 인도계 주민들에게만 요구되는 지문등록법안을 통과시켰다. 간디는 그의 상징이 된 철학이자 전략인 '공정치못한 법률에의 비타협'과 '처벌 결과에 대한 비폭력적 수용'을 발전시켜나갔다.

타협을 거부하는 정부에 맞서 인도인들은 7년간이나 저항했다. 수천 명의 인도인들이 체포됐고 수백 명이 투옥됐다. 하지만 저항운동은 국제적인 지지를 촉발했고 영국과 인도의 압력에 굴복한 남아프리카 정부는 마침내몇 가지 양보안에 합의한다.

1914년 인도로 돌아간 간디는 이후 1948년 암살당할 때까지 남아프리카에서와 같은 방식으로 인도의 독립을 위해 투쟁했다. 그가 펼쳤던 선구적인 운동 방식의 배경에는 '사티아그라하'라는 영적 철학이 깊이 자리 잡고있다. '진리의 힘'을 의미하는 이 단어는 평화적으로 표현되는 진리의 힘이 궁극적으로 억압의 부당성과 잘못됨을 폭로할 수 있다는 확신을 함축하고 있다.

간디의 정의감은 영국의 식민통치를 종식시키는 것에만 국한되지 않았다. 그는 인도의 뿌리 깊은 신분제도 하에서 가장 낮은 계급인 '불가촉 천민' 에 대한 처우 개선에 사티아그라하에 입각한 원칙과 방법을 적용했고 이들을 '신의 아들' 이란 뜻을 가진 '하리잔' 으로 불렀다.

간디는 살아생전 남아프리카와 인도 당국으로부터는 물론이고 힌두교와 이슬람교를 믿었던 수많은 인도인들로부터 비난을 받았지만 오늘날 그는 세계인의 존경을 받고 있으며 산스크리트어로 '위대한 영혼의 소유자' 란 뜻을 가진 '마하트마' 로 알려져 있다. 그의 자서전 『진리와 함께 한 나의 실험 이야기(The Story of My Experiment with Truth)』에서 간디는 자신의 삶을 더 큰 이해를 향한 끊임없는 탐구의 여정으로 보았다.

나의 아버지 문선명 목사도 의심의 여지없는 영적 지도자다. 그분의 비전은 그가 관장하고 있는 단체를 포함해 일체의 종교적 장벽을 훨씬 뛰어넘는다. 이 비전은 하나님으로부터 부여받은 영적 원칙에 근거하여 종교, 민족, 국적의 구분을 초월해 세계 평화를 위한 초석이다. 나는 아버지의 그런 비전을 이어받아 발전시키는 데 일생을 바치겠다고 맹세했다.

1989년 동유럽 '벨벳' 혁명에서 활동가들은 복사기를 이용해 정보를 전달하고 시위를 알렸다. 같은 해 중국에서는 천안문 광장에 모인 학생들이 팩스를 이용해 그곳에서 일어나고 있는 상황을 세계로 전송했다. 지금은 인터넷, 스마트폰, 소셜 미디어의 부상으로 과거와는 비교도 할 수 없을 만큼 혁명적인 정보 전달체계가 갖추어졌다.

소셜 미디어의 출현은 모든 것을 바꿔 놓았다. 이제는 휴대전화가 있는 사람은 누구나 독자적인 뉴스 제공자가 되어 동영상과 사진, 사건 내용을 인터넷을 통해 세계 각지로 보낼 수 있게 되었다. 그래서 과거에는 나와 상관없는 일로 여겼을지 모르는 사회문제나 먼 나라의 이야기를 나와 직결된 문제이며, 내 이웃의 이야기로 받아들이게 만든다.

우리나라는 세계 최고의 인터넷 강국으로 소셜 미디어의 힘을 활용할 수 있는 최적의 요소를 갖추었다. 오늘날 온라인을 이용하는 사람은 주체적으로 자신만의 정보와 사회관계, 참여 영역을 갖고 있다. 이러한 입장에서 의욕적이며 나름의 이상을 가진 자라면 누구라도 사회에 긍정적인 영향을 미치고 이를 추동할 수 있다.

민족의 운명을 결정하는 책임은 어느 한 개인이나 정부, 혹은 국제사회에 떠넘길 수 없다. 한민족의 일원 모두가 강력한 영적 · 도덕적 힘을 발휘하고 한민족의 찬란한 미래를 건설하는 데 공헌할 수 있음을 자랑스럽게 생각하며 스스로 책임을 감당해야 한다.

우리는 비록 혼자서 세상을 바꿀 수는 없지만, '하나의 물결'은 얼마든지 만들 수 있다. 이 물결이 모이게 되면 변화의 쓰나미가 되어 세상은 바뀌는 것이다. 이 모든 변화는 우리 자신으로부터 시작된다. 이 점을 명심해야 한다.

NGO의 역할

시민사회단체는 단순한 정부의 보조기구가 아니라 건강하고 역동적인 민주주의의 근간이다. 이들은 사회적으로 중요한 목표를 성취할 수 있도록 시민들의 생각을 고취하고 에너지를 응집시켜서 각자의 공동체와 지역사회, 그리고 국가에 공헌하도록 만든다. 이를 통해 원칙은 실천으로 이어진다.

시민단체는 대부분 근본적이고도 도덕적인 원칙에 따라 행동하는 도덕적 목적을 가진 사람들에 의해서 만들어진다. 그리고 이들의 설립 동기는 대개 신앙에서 비롯되며, 사회의 불의에 맞서거나 타인의 필요를 충족시킬 것을 촉구한다. 시민단체는 근대 자유사회에서 삶의 한 특징이 되었다. 미국 민권운동을 비롯해 폴란드와 동독의 체제변환에서는 기독교가 중심이 되었다. 신앙은 강력한 추진력을 제공하지만, 타 종교나 사상을 배제하지 않고 좋은 목적을 위해 함께 일하도록 만드는 것은 공통된 희망과 비전이다.

북한 관련 활동을 벌이고 있는 남한 내 여러 NGO와 시민단체 가운데는 불교, 가톨릭, 개신교 단체들이 있다. 종교를 기반으로 하는 단체들이 북한 구호에 중요한 역할을 담당하는 것은 당연한 일이지만 서로 간에 공조가 반드시 필요하다. 나는 GPF 활동을 통해 그러한 공조를 이루어 내려고 노력해 왔다.

최근 들어 나타난 가장 인상적인 현상 가운데 하나는 세계적인 시민사회의 부상과 함께 도움이 필요한 곳이라면 장소에 구애받지 않고 달려갈 자세가 되어 있는 자원봉사자들이 늘고 있다는 것이다. 이렇게 된 데에는 정보 기술의 발전에 힘입은 바가 무척 크다.

그 결과, 오늘날에는 천재나 인재 가릴 것 없이 이에 대한 대응이 국제적으로 펼쳐진다. 2004년 22만 5,000명의 목숨을 앗아간 인도양 쓰나미, 2010년 아이티 대지진, 2011년 일본을 강타해 후쿠시마 원자로의 공포를 일으켰던 대지진과 쓰나미, 2013년 초 필리핀을 휩쓴 하이옌 태풍, 아프리카 남수단과 사헬지역의 기근 등 모든 재해에 지구촌이 함께 대응하는 모습을 보여주었다. 이때 민간기구들의 역할이 정부 원조를 능가했다.

이런 재앙들이 발생하면 국제적십자사, 옥스팜, 월드비전 같은 민간 구호기관들은 세계적인 연락망을 가동하고 각국 정부와 공동으로 구조활동을 조율한다. 또한, 수백만 명의 개인 봉사자와 기부자는 말할 것도 없고 수천 개의 소규모 NGO들도 각자의 전문 영역에서 힘을 보탠다.

일시적인 재해 구조 외에 NGO들은 지속성이 요구되는 문제에도 적극적이다. 식량, 주택, 보건, 빈곤, 교육, 환경 및 개발 과정에서 불거져 나오는 종합적인 문제 등이 그 주요 대상이다. 미국에만 150만 개의 NGO가 있으며, 인도는 그 숫자가 330만에 이른다. 시민단체 활동에 호의적이지 못한 러시아에서도 50만 개가 넘는 NGO가 등록되어 있다.

일부 NGO들은 정부가 생각하지 못할 만큼 사회적인 혁신을 선도할 목적으로 조직된다. 대표적인 예로 무하마드 유누스가 창설한 그라민 은행이 있다. 1970년대 후반 방글라데시 치타공대학 경제학 교수로 있던 유누스는 소액이지만 신용대출이 가능하다면 성장 잠재력이 있는 사회의 빈곤 탈출이 가능할 것으로 생각했다. 그는 마을공동체를 개발하는 방식과 무담보 대출을 연계했다. 이 제도에 대한 공로로 유누스 박사와 그라민 은행은 노벨평화상을 공동으로 수상했다.

한국 시민단체 활동이 일반 국민의 생활에서 차지하는 비중도 점점 커지고 있다.

나는 2001년 초에 서비스포피스(Service For Peace)라는 단체를 설립했다. 이 단체는 선진국의 젊은이들이 개발도상국이나 지국의 지역사회에서 자원봉사를 통해 평화를 실현하는 것을 목표로 한다. 이 단체는 한국자원봉사협의회 이사 단체로서 다른 NGO들의 활동을 지원하고 한국 내 자원봉사에 대한 인식을 개선하는 데 기여했다.

나는 2009년에 글로벌피스재단(Global Peace Foundation)을 설립했다. GPF는 '하나님 아래 한 가족'이라는 비전 아래 사회 혁신과 가치를 중심한 평화 실현을 추구한다. 우리의 목적은 이 비전을 실생활에서 실행 가능한 사례들로 만들어 냄으로써 궁극적으로는 인류가 직면하고 있는 심각한 어려움들을 근본적으로 해결하는 것이다.

나는 특별히 저개발국가에서 올라이츠빌리지 프로젝트와 인성·창의성 교육이 진행된 성과를 소개하고자 한다. 올라이츠는 아프리카와 아시아에서 아직 전기가 공급되지 않는 마을의 가정에 태양광 전등을 제공한다. 이것은 등유를 태우는 과정에서 발생하는 그을음이 없어 눈과 폐의 건강을 지켜주고 가난한 가정에 부담이 되는 연료 구입 비용이 안 들어가 재정적으로도 도움이 된다.

이 프로젝트는 단순히 물리적인 '밝음'만이 아니라 '희망의 빛'을 제공하며 마을 주민들의 삶을 변화시키고 있다. 아이들은 일몰 후에도 공부를 할 수 있게 되었고, 등유를 구입하던 돈으로 책과 학용품을 구입할 수 있다. 이는 평등한 교육의 기회를 제공함으로써 빈곤의 대물림에서 벗어날 수 있는 가능성을 제공한다.

아프리카 케냐 몰로 지구에서는 태양광 가로등이 설치된 후 마을의 치안이 현저하게 좋아졌다. 가로등 덕분에 야간 범죄가 대폭 줄어든 거리에서 주민들이 안심하고 이동할 수 있게 된 것이다. 주민들은 늘어난 활동 가능 시간을 활용하여 자체적으로 공동체의 문제 해결과 발전을 위한 모임을 시작할 수 있었다.

필리핀은 시험장으로서 스무 개 이상의 마을에 올라이츠빌리지가 설립되고 있으며 태양광 전등을 공급하는 것 외에도 저렴하고 간단한 식수 여과 장치와 연소 잔유물이 거의 발생하지 않는 조리용 스토브 등 적정기술을 활용한 생활 개선운동을 전개했다.

세계를 여행하며 강연할 때마다 나는 반세기만에 빈곤국을 탈피한 한국의 발전 경험을 통해 배울 점을 찾으라고 개발도상국들에게 강조한다. 가장 중요한 것은 주인의식을 갖고 '빈곤의 사고방식'으로부터 탈피해야 한다는 것이다. 그러면 자립심과 자존심이 고취되고 자연스럽게 남보다 뛰어나고자 하는 욕구를 불러일으킨다.

올라이츠빌리지 프로젝트는 현재 아시아의 필리핀, 인도네시아, 말레이시아, 네팔, 몽골과 아프리카의 케냐에서 진행되고 있으며, 나이지리아와 파라과이에서도 준비 중이다. 이 활동은 많은 단체들로부터 가난한 농촌 지역을 변화시키기 위한 효과적인 방안으로 인정받고 있다. 2013년에는 국경 없는 공학자회와 첨단융합기술연구소로부터 적정기술의 활용과 농촌 지역 삶의 개선에 기여한 가장 모범적인 실천사례로 뽑혔다.

'코리안 드림'에서 '하나님 아래 한 가족'으로

코리안 드림은 한민족의 역사적 체험을 통해 형성되어 왔다. 홍익인간을 중심으로 고난의 역사를 극복하기 위해 겪은 투쟁의 과정은 우리 민족에게 깊은 영적 깨달음을 가져다 주었고, 삶의 각 분야에서 지대한 영향을 미쳤다.

홍익인간의 이상과 우리의 영적 의식은 한국의 대가족이 제공하는 관계 속에서 가장 심오하면서도 실천적인 방식으로 나타났으며, 원칙과 가치가 심정 깊은 곳으로부터 표현되고 연장자의 본이 되는 모습을 통해서 다음 세대로 이어져 나갔다. 이것이 코리안 드림의 요체다.

홍익인간의 건국이념은 고난의 역사, 그리고 이타적인 생활 습관과 깊은 심정적 유대감을 길러준 대가족 문화를 통해 연단되며 한민족의 정체성으로 형성되었다. 우리의 대가족 문화는 덕성을 갖춘 개별적인 인간을 양성하고 미덕이 넘치는 가정을 구축하며 역사를 거쳐 도덕적인 국가의 바탕이 되어 왔다.

코리안 드림은 한반도의 통일을 이룩하는 데 그치지 않는다. 모든 인류를 위한 사상으로서 국가를 넘어 세계로 확장되어야 한다. 나는 홍익인간의 사상 위에서 한민족이 '하나님 아래 한 가족'을 실현하는 세계적인 지도국가가 되어 줄 것을 촉구한다.

나의 아버지는 평생 동안 한반도 통일과 새로운 국가 창조를 위한 일에 매진했다. 그는 북한의 흥남 노무자 수용소에 투옥되어 있다가 전쟁 중 유엔군에 의해 자유의 몸이 되었다. 그리고 1991년 김일성과의 역사적인 만남을 통해 북한 개방에 선구적 역할을 담당했다.

이 사건은 내가 기억하는 한 아버지의 가장 큰 유산 중 하나다. 오늘날 그 사명은 나의 일부가 되었고 아버지가 못다 이루신 민족의 운명을 실현하기 위해 내가 나선 것이다.

통일은 정부에게 모든 것을 일임하면 끝나버리는 단순한 정치나 경제의 문제가 아니다. 분단 상황이 지속될수록 북한 주민의 삶은 더욱 더 피폐해질 것이다. 이들은 남이 아니라 동일한 문화와 유산을 공유하고 있는 우리의 형제들이다. 이들의 비참한 처지를 해결하는 것이 대한민국 국민과 동포들이 해야 할 도덕적 의무이며 이는 코리안 드림을 구현함으로써 가능하다고 나는 확신한다.

역사적 상황에서 적용되어 온 홍익인간의 사상과 전통적 대가족 안에서 함양된 미덕은 코리안 드림의 핵심이 되었다. 그 꿈은 모든 한국인이 소망할 때 현실이 되며, 특히 가정 안에서 육성되고 사회로 확장되어 국가를 변화시킬 수 있다. 코리안 드림은 모든 한국인이 동참해야 하는 과업이다.

코리안 드림은 민족으로서의 기원과 공통의 정체성에 호소함으로써 66년 동안 고착화된 남·북한의 이념 갈등을 뛰어넘을 것이다. 우리는 정치 체제로서의 통합이 아니라 공통된 문화와 유산의 기초 위에 하나의 가족이 헤어졌다 다시 만나는 그러한 통일을 이룩해야 한다.

남북의 통일 과정에서 정부 대표만이 아닌 남·북한 주민 모두의 적극적인 참여가 요구된다. 우리는 자신의 정부만이 아니라 다른 정부와도 관계를 맺어야 한다. 시민단체와 NGO는 이를 실현할 수 있는 최선의 수단이다. 정부의 손길이 미치지 못하는 지역이나 문제에 관여할 수 있기 때문에 시민단체와 정부의 협력은 대단히 중요하다.

폭력의 순환 고리를 끊는 유일한 방법은 다름 아닌 보편적 진리에 근거한 영적인 비전과 가르침이라는 사실을 우리는 분명히 기억해야 한다. 지난 세기를 거쳐 오며 기본적인 인권이나 자유와 같은 사상을 인정하는 세계인의 의식이 어느 때보다도 고양되었다. 이러한 현상은 사회의 편견을 타파하고 보편적인 비전을 제시한 지도자들이 희생하고 승리한 결과였다.

참된 신앙인은 이 시대에 진정한 평화의 일꾼이 되기를 열망하고 있으며, 각 종교 창시자가 가르쳤고 모든 신앙인들이 공유하는 보편적 진리에 따라 그 가치를 구현하고자 노력하고 있다. 이러한 영적 지도자는 전통적인 종교 지도자의 역할을 넘어 기꺼이 창조주 하나님을 섬기고 전 인류에 봉사하는 사람이다.

인도의 간디, 미국의 마틴 루서 킹, 남아프리카의 넬슨 만델라처럼 탁월한 도덕적 권위를 가진 영적 지도자는 하나같이 인류 공통의 양심에 호소하는 보편적인 진리를 열망했다. 이들은 전 세계 각지의 공동체를 움직여 거대한 사회 변화를 가져오게 했다. 그리고 그 변화는 인도의 독립과 미국의 흑인 인권 회복, 남아프리카의 인종분리 정책의 종식을 가져다주었다.

우리는 진리를 사랑하는 신앙인으로서 하나님께서 모든 종교를 통해 역사하신다는 사실을 인식하고 상대방의 깊은 신념을 존중할 필요가 있다. 또한 우리의 특정한 신념체계를 타인에게 강요함으로써 인류 가족을 분열시키는 행위를 해서는 결코 안 된다. 우리는 힘을 합쳐 평화로운 이상 세계를 구현할 수 있는 실천적 방안을 함께 찾아보아야 한다.

인류를 묶어 줄 영적 비전

정체성에 의한 갈등이 창궐하는 21세기의 커다란 도전은 우리를 하나의 인류로 묶어줄 강력한 영적 비전을 요구한다. 그 비전은 '하나님 아래 한 가족'이다. 나는 전 세계에 이 비전을 전파하기 위해 글로벌피스재단(Global Peace Foundation)을 설립했다. 우리가 사명으로 삼고 있는 3대 주요 영역은 초종교, 가정 그리고 봉사다.

우리의 목표는 단순히 대화나 이해를 증진하기보다는 보편적 염원과 진리와 가치에 관한 공통의 장을 마련하고 여기에서 다양한 종교의 신앙인들이 함께 모여 세계 평화와 공영을 위해 협력할 수 있는 기본 틀을 형성하는 것이다. 배타적인 종교적 우월성은 문제를 해결하는 것이 아니라 문제의 일부가 되어 버린다.

종교적·민족적·부족적으로 분열되고 있는 세계에서 무엇보다 영적 비전이 시급히 요청된다. '하나님 아래 한 가족'은 바로 그런 비전을 제공하고 있으며 이 비전은 편견과 사심 없이 마음으로 받아들인 보편적 영적 진리가 거대한 사회변화를 가져오고 항구적 평화세계를 구축할 수 있다는 깨달음과 맞닿아 있다.

지금 한국은 역사적인 선택의 길목에 서 있다. 언제 다시 터질지 모르는 전쟁의 가능성을 안고 있는 현재의 분단 상황을 받아들이고 그대로 살 수도 있으며, 아니면 운명을 자각해 통일조국을 창조하고, 나아가 '모든 인류를 이롭게 하기' 위한 길을 선택할 수도 있다.

진정 우리가 가야 할 길은 우리의 운명을 받아들이고 홍익인간 이념에 기초한 새로운 국가를 만드는 일이다. 이 외에 다른 길은 없다. 우리 민족은 건국정신에 부합할 뿐 아니라 20세기 선조들이 그토록 갈망했으나 이루지 못했던 통일된 독립 주권국가를 마침내 실현할 수 있는 절호의 기회를 맞았다.

통일은 비극적인 냉전과 식민주의의 역사에 종언을 고하고 한민족의 역사와 세계사에 새로운 페이지를 장식할 것이다. 그리고 그 주인공은 '하나님 아래 한 가족'의 비전을 통해 세계 평화의 막을 열 한국의 리더십이다.

2. 신창민의 『통일은 대박이다』

통일을 외면해도 되나?

우리가 통일을 등한시하거나 외면한다면 통일은 불가능하다. 통일의 원동력은 남한에 사는 우리뿐이다. 따라서 우리가 통일을 원하지 않으면 시간이 아무리 흐른다고 해도 통일은 그냥 와 주지 않는다.

무엇보다 통일이 없으면 막대한 분단 비용을 끝없이 계속 치러야 한다는 점을 기억하자.

첫째, 첨예한 군사적 대치에 따라 과다한 군사비를 지출하게 된다. 우리는 오랫동안 GDP의 3% 내외에 달하는 군비 지출을 했다. 동시에 20대 초중반의 청년들이 군복무 때문에 인생에서 커다란 공백기가 생기게 된다.

둘째, 인간생활에서 의식주 문제가 해결되면 평화로운 세상에서 마음 편히 자유를 누리면서 인간답게 사는 것이 중요하다. 분단 상태에서는 너무나 많은 제약이 따라 붙고 구속을 받게 된다.

셋째, 국가가 분단되어 국력이 열세를 면하지 못하고 있는 상황에서는 강대국들의 영향력으로부터 자유로울 수 없다.

통일이 되면 통일 직후부터 10년 동안 총소득의 1%를 세금으로 부담할 때, 매년 11%의 실질소득 증대를 얻는다. 그 기간이 경과했을 때 실질소득이 약 2.6배로 늘어난다면 통일이란 경제적 면만 보더라도 아주 큰 이득이다. 1인당 소득 2만 7,000달러에서 시작하는 것이라면, 통일 10년 후에는 시작연도 불변가격으로 6만 9,000달러가 된다. 통일을 계기로 엄청난 경제성장과 번영, 그리고 평화와 함께 완전한 자주를 얻게 되어 세계에서 당당하게 부강한 선진국으로 자리매김할 수 있다.

일을 성취하기 위해서는 비용이 따른다. 우리가 남북 통일을 이루고자 한다면 이 역시 예외일 수 없다. 이를 위해서 당연히 비용을 치를 각오를 하지 않으면 안 된다. 우리가 당면하게 될 현실적 의미에서의 통일자금과 비용이라 함은 통일 직후 비상사태를 맞게 되면서 혼란을 극복하는 데 필요한 식량, 피복, 의약품 조달 등 긴급 상황에 대처하는 데 쓰일 위기관리 비용, 정치, 행정, 군사, 교육, 문화를 비롯한 여타 모든 분야에 있어서 제반 체계를 각각 일원화시키는 데 소요되는 제반체계 단일화 비용, 남북 지역 간 소득격차를 어느 정도 축소시킬 목적에 따라 소요되는 일정한 실물자본 조성을 위한 투자를 실행하는 데 들어가는 투자자금을 합한 것이다.

이 가운데 북측 지역의 실물자본 조성을 위한 투자를 중심으로 분석하면 통일 후 남북 간 소득조정 기간을 10년으로 하는 것이 적합하다는 판단 아래, 최신자료를 토대로 통일 소요자금을 추산한 결과를 보자.

남북 간 소득조정 연도를 2026년에서 2035년으로 보면 2011년 불변가격으로 1조 3,501억 달러, 남측 GDP 대비 비율 6.3%, 그 연도를 2031년에서 2040년으로 보면 1조 5,270억 달러, 6.3%, 그 연도를 2036년에서 2045년으로 보면 1조 7,611억 달러, 6.4%에 이른다.

이 점을 통해 첫째, 우리는 통일 비용을 감당할 수 있다. 둘째, 통일이 빠르면 빠를수록 절대액수에서 뿐 아니라, 통일 당시 GDP 대비 상대적 부담 비율에서도 유리하다.

통일 비용 최소화 및 통일자금 마련 방안

독일처럼 구체적 대비 없이 갑자기 통일한 경우 낭비도 많고 통일 비용이 턱없이 많이 든다. 우리의 경우 세심한 사전 준비로 혼란을 최소화하자. 필자는 통일 비용을 우리의 고유한 여건 속에서 최소화할 수 있는 방법을 찾아 따라가면서 그에 따르는 조건과 정책을 전제로 통일 비용의 크기를 산출한 것이 위의 액수다.

어느 시기에 통일이 되거나 위에 열거한 모든 경우의 비용과 자금을 포함하여 대략 GDP 대비 7% 정도의 액수가 소요되는 것을 알 수 있다. 이 가운데 2%는 소득조정 기간 동안 군비 감축으로, 1%는 국제금융기구로부터 장기 저리 차관으로, 나머지 4% 가운데 3%는 국채 발행으로, 마지막 1%는 세금으로 충당하는 방법을 택할 수 있겠다.

통일 비용 가운데 소요되는 투자자금 외의 다른 비용들, 즉 위기관리비용과 제반제도 단일화비용의 조달 방안에 관해서 간략히 짚어보자. 이 부분을 위주로 하는 통일 비용은 KDI에서 1992년에 최초로 추산했는데, 그 규모는 당시에 약 1,000억 달러 정도라고 알려져 있다. 그런데 이를 2011년도 달러가치로 환산하면 대략 1,700억 달러가 된다. 여기에 필자의 추산 과정에서 중복되는 부분을 제외시킨다면 이보다 더 작은 규모가 된다.

이를 위한 조달방법으로는 기존의 남측 정부예산의 경제사업비 가운데 매우 시급을 요하는 것이 아닌 지출은 이러한 용도의 통일 비용으로 우선 전용, 바이 코리안 정책에 부수되는 '특별기여금' 활용, 북측 지역의 소득이 증가되면서 최저생계비를 초과하여 일정 수준을 넘어서는 단계부터는 북측 지역 주민들로부터도 적정 수준의 소득세 징수, 여타 시급한 소요액은 별도의 단기 해외차관으로 우선 해결할 수 있음, 비상사태 초기에는 정부 비축미.

전반적으로 볼 때 통일 비용을 줄이고 통일로부터 얻는 경제적 이득을 높이는 데 핵심 근간이 되는 정책들은 통일 후 10년 동안 남북을 경제 분야에 있어서는 분리 관리, 한시적인 군비 감축, 바이 코리안 정책, 북측 토지 원소유주에게 현금 보상 및 북측 토지 등 부동산 국유제 유지 등이 중심이 된다.

통일 후 남북 지역 간 소득격차를 일정한 정도로 줄이는 경제계획을 실시한 다음 경제를 하나된 통일국가의 경제 틀로 통합한다는 것을 전제로 할 때, 우선 그 기간은 10년으로 하는 것이 가장 바람직하다. 이 기간 동안 북측의 1인당 GDP가 남측의 절반까지 따라오도록 한다. 그 다음 통합하는 것이 제반 관점에서 볼 때 적절하다.

이 과정에서 북측 주민들로 하여금 남측 주민들이 낸 세금으로 정부 이전지출을 통하여 생활하도록 도와주는 방식을 택해서는 안 된다. 물고기를 잡아주는 방법보다 잡을 수 있는 장비를 주고 기술을 가르쳐 주는 길로 가야 한다. 독일에서처럼 생활비를 보조해 주는 사회보장 방식으로 이전지출 위주로 한다면 우리 능력 범위를 벗어난다.

이와 같이 10년 동안 경제적으로 분리 관리하는 이유는 통일 시점에 북녘 주민들을 차별대우하기 위함이 아니다. 오히려 북측 주민들이 자존심을 지키고 자립할 수 있는 여건을 만드는 것이다. 분리 관리가 불가피한 이유는 다음과 같다.

첫째, 북녘 주민들은 너무나 오랜 세월을 고립된 환경 속에서 살아왔다. 그들이 각각 새로운 환경에 적응하도록 하는 것은 필요 이상의 힘과 노력이 들 수밖에 없다. 사실상 모든 면에서의 완전 적응이란 분단되어 있던 기간만큼 다시 필요할 수도 있다. 그들을 우선은 함께 모아 놓고 집단적으로 적응 훈련시켜 나가는 데서부터 출발하는 것이 효율적이다.

둘째, 통일 후 지역 구분이 없는 상황이라면 동일한 내용의 일에는 동일한 봉급을 지급해야 한다는 요구가 나타날 것이다. 그렇다면 생산성의 차이도 문제다. 또 그 위에 실제로 임금, 봉급 지급 총액이 실로 과다하게 되는 것도 통일 비용 부담을 고려할 때 현실적인 문제가 된다. 그리고 정도 이상의 임금, 봉급을 지급하게 되면 오히려 북측 근로자들을 해치는 결과가 되고 만다. 즉 그들이 생산한 것은 품질에 비하여 고가가 되므로 잘 팔리지도 않는다. 결국 공장이 문 닫게 되므로 실업자로 전락하도록 만들게 된다.

셋째, 남측 사람들과 구분 없이 바로 섞이게 되면 현실적으로 생산성에 있어서 격차가 나타날 수밖에 없다. 따라서 소득의 현격한 차이가 따른다. 자연적으로 1등 국민 그룹과 3등 국민 그룹이라는 차별화가 생길 수밖에 없다. 결과적으로 예상치 못한 열등의식과 사회적 갈등이 불거지게 된다.

남북 소득조정 기간을 통하여 통일로부터 얻는 이득의 크기를 극대화시키면서 동시에 통일 비용 절감과 조달에도 크게 기여할 수 있는 실로 대단히 중요한 정책으로 바이 코리안 정책을 놓쳐서는 안 되겠다. 우리가 통일을 완성하는 상황에 처하여 미국, 일본, 중국, 러시아 등 가까운 강대국들로부터 이해와 협조를 구하는 것이 필요하다.

북측 소득 수준을 10년 기간에 걸쳐 남한의 절반에 이르도록 하려면, 매년 남한 GDP의 대략 7%에 이르는 실물자본이 북측에 형성되어야 한다. 이 모든 것을 단순히 국제시장 기능에 맡겨놓을 것이 아니라 남한이 모든 것을 관장하고 제공할 수 있도록 하는 것이 바람직하다.

따라서 통일 이전에 주변 강대국들에게 우리의 특수한 사정을 이해시켜 나가면서 결정적으로 기회가 닥칠 때 필요한 협조를 얻는 것이 긴요하다. 통일 후 그들에게 무슨 물질적인 원조를 해달라는 것이 아니다.

그리하여 GDP 7%에 해당하는 실물자본 가운데 대략 80% 이상을 남한에서 생산 조달할 수 있게 되면 이는 GDP의 5.6%에 해당하는 실물생산량 증가를 의미하는 것이다. 이를 바탕으로 남한 경제는 급속한 경제성장의 길을 출발할 수 있다.

바이 코리안 정책에 따르는 생산 증가 5.6%에 부분적 군 병력의 산업 인력화에 따르는 생산량 증가, 그리고 추세적 성장 잠재력을 합산하게 되면, 통일 후 10년 동안 매년 11%라는 경이적인 경제성장을 이룩하게 되고, 당당한 일류 선진국 수준으로 도약한다.

통일 후 남북 소득조정 기간 동안 막대한 통일 비용을 충당해야 하는 입장에서 군비 지출을 GDP의 1% 이내에 머물도록 하는 것이 바람직하다. 여기에 있어서도 물론 미국을 위시하여 중국, 일본, 러시아 등 세계 강대국들의 이해와 협조가 필요하다. 이 정책이 가능할 때 통일 후 10년 동안 통일 비용 가운데 매년 대략 GDP의 2%에 해당하는 부분을 해결할 수 있다.

일본은 제2차 세계대전 후 미국의 보호 아래 자위대 유지 비용을 GDP 1% 선으로 계속 유지하여 왔음을 볼 때, 우리도 통일 후 우선 10년 동안만이라도 군비가 GDP 1% 선에 머물러도 누가 우리를 넘보지 않도록 미국, 일본, 중국, 러시아 등 강대국들의 협조를 이끌어내는 것이 필요하다.

통일이 대박인 이유

남측 입장에서 볼 때 통일에 따르는 모든 경제적 이득, 편익 내지 수익의 총 누적 합을 놓고 그 가운데 중요한 것들을 편의상 시기별로 나누어 정리하면 다음과 같다.

통일과 동시에 자동으로 소멸되는 각종 유무형 분단비용이 더 이상 발생되지 않는다. 바로 그 크기만큼의 이득이 생기는 셈이다.

통일 후 10년 동안 통일자금의 투입과 함께 북측 건설이 실현되면서 북측 주민들의 소득 향상과 함께 국부가 축적된다. 바이 코리안 정책 등에 따라 나타나게 될 남측 입장에서의 막대한 경제적 이득과 경이적인 경제성장을 얻는다.

북측 소득조정을 위한 10년 동안의 남북 지역 분리관리 결과로 북측의 1인당 생산수준이 남측 절반에까지 이르게 된다. 그 후 남북이 지역 구분 없이 단일 경제권으로 완전히 통합되는 상황에서 통일 후 합쳐진 인구와 국토 위에 전개될 통일한국의 이득 또한 크다.

구체적으로 살펴보면, 북측 지역의 상당한 지하자원을 비롯한 천연자원, 그리고 새로 합류하게 되는 노동력 등 생산을 위한 투입물 증가와 남북 간 보완성에 부수하는 생산량 증가와 시너지 효과, 대륙으로 향하는 육상통로 개통에 따르는 물류비용 절감, 그리고 그에 따르는 국제경쟁력 강화, 개별 생산 단위의 입장에서 생산비용을 감축시켜 주는 외부 효과 등 헤아리기 어려운 다양한 형태로 막대한 이득, 편익, 수익을 얻게 되어 있다.

첫째, 통일 후 10년 동안 북측 실물자본 형성 과정에 부수하는 경제적 이득을 구체적으로 살펴보자.

O 남측 입장

통일 후 북측 소득수준을 경제계획에 따라 향상시키는 과정에서 북측에 필요한 실물자본을 조성한다. 이 과정에서 남측은 소요되는 실물자본을 바이 코리안 정책에 따라 조달하면 특수효과 혜택을 보게 된다.

북측 자본재 조달을 위한 GDP 대비 7% 공급 가운데 약 80%에 해당하는 크기로 5.6%만 남측에서 공급할 수 있을 것이라 해도, 이에 더해 현역 병력 감축에 따라 생산인력으로 전환되는 데 따르는 생산 증가 2.4%와 남측 경제의 성장 추세를 약 3%라고 보고, 이들을 합치면 전반적으로 GDP 대비 약 11%의 경제성장이 나온다. 여기에 북측 지역의 지하자원을 비롯한 천연자원 활용에 따르는 남북 간 보완성 등 다양한 형태로 시저지 효과를 유발할 것이다.

이는 한국 경제가 또 한 번의 도약으로 차원을 달리 하는 장으로 진입한다는 것을 뜻한다. 통일편익 가운데 분단비용 소멸 부분은 도외시한다 치더라도 이 부문만 가지고도 통일에 소요되는 비용으로 계산되어 나온 약 7%보다 크다. 이는 연간 경제성장률 11%를 10년 이상 지속시켜줄 기회다. 통일은 우리에게 부담이 아니라 기회라는 점을 확실히 알려준다.

○ 북측 입장

통일 후 10년이 지나면 북측에서는 1인당 소득 수준이 1,000달러를 맴도는 가운데, 기아선상을 헤매는 상태로 출발하여 남측 주민 소득수준의 절반에 이를 것이다. 그 이후 남북을 통틀어 전반적인 소득 평준화 단계로 진입하게 되면 세계 최빈국의 일원으로부터 떳떳한 한국 국민으로 그들의 위상이 완전히 바뀌게 된다.

○ 통일한국 입장

통일 후 남북 지역 간 분리 관리를 성공적으로 마치고 전국적 경제 동질성의 단계로 진입하게 되면 그동안 같은 기간에 달성하게 되는 제 분야의 체계 단일화와 함께 명실공히 통일국가로서의 면모를 갖춘다.

둘째, 통일 후 10년 기간에 얻게 되는 이득을 포함하면서 그 후 지속적으로 얻게 될 이득들에 관해서 살펴보기로 한다.

○ 남측 입장

북측에 소요되는 실물자본을 바이 코리안 정책에 따라 조달하게 되는 과정에서 막대한 제반 이득을 얻는다. 남측의 경제성장 추세를 그대로 유지하면서 북측 지역의 산출량 증가를 통하여 규모가 커진 경제력을 형성한다. 확대된 영토와 합쳐진 인구 규모를 바탕으로 확실한 강대국의 모습을 갖춘다.

조정 기간을 경과하는 동안 남한의 총 산출량이 2.6배로 증가하는 양적 성장 과정과 동시에 기술 수준도 향상될 것이다.

통일은 '토지 국유화 형태의 토지 공개념'이 포함되는 제도를 전국에 걸쳐 시행할 수 있는 전무후무한 기회다. 북측에 사용권 제도를 바탕으로 하는 토지공개념 형태의 제도가 시행되면 장기적으로는 이를 남측 지역으로까지 확대 시행하는 정책이 요구된다.

대륙으로 연결되는 육상과 공중 통로가 열려 물류비용 절감으로 국제경쟁력 상승효과와 함께 교역 확대의 길도 열리게 된다.

○ 북측 입장

통일이 되면 북측 권력자들이 권력을 상실하게 되는 대신 북측 주민들은 물질적·정신적으로 인간다운 삶을 살 수 있다. 식량이 부족하여 생명을 잃을 수밖에 없는 인간으로서 더 이상 비참할 수 없는 생활수준으로부터 인간의 존엄성을 되찾고 인간다운 생활과 부를 누릴 수 있는 딴 세상 사람들이 되는 것이다.

이에 못지않게 중요한 변화는 인간으로서 당연히 가질 수 있는 자유를 되찾게 된다는 데 있다. 이 변화와 관련된 인구는 실상 통일한국 전체 인구의 3분의 1에 이른다. 그들은 세상 어디를 가더라도 한국 국민으로서의 품격 있는 대우를 받게 된다.

○ 통일한국 입장

통일 시점에 이르러 통일한국 입장에서는 국가가 분단 상태에 처함에 따라 발생하던 갖가지 불이익, 손해, 고통 등으로부터 해방된다. 한 걸음 더 나아가 통일을 마무리하는 과정에서 북측 자본 형성 과정과 맞물려 나오게 되는 특수효과에 따르는 경제성장과 국력신장의 실익을 얻는다.

통일된 국가를 이루면서 민족 내부 갈등이 종식되면 강력한 국가 경쟁력을 가지는 새로운 국가로 태어나게 된다. 동북아 지역에서 확실하게 부강한 나라, 살기 좋은 나라로 자리매김하게 될 것이다.

북한의 민심을 어떻게 끌어올 것인가

통일은 북측 주민들의 민심을 타고 오는 것으로 봐야 한다. 이러한 의미에서 북녘 민심에 초점을 맞추는 전략을 열거해 본다면 다음과 같다.

- 실용적인 힘, 즉 경제력 우위를 바탕으로 북측 주민들의 민심을 우리 편으로 끌어 오는 방법
- 개성공단 등 임가공 업체들을 통하여 시장경제의 우월성을 체득하도록 만드는 방법
- 금강산 관광 등을 통하여 남측 실상을 우회적으로 알리는 방법
- 기근, 재해 등으로 북측 주민들이 시달릴 때마다(그들이 감동할 정도로 후하게) 쌀을 비롯한 구호물자를 보내는 방법
- 북측 체제의 허구성을 알리기 위하여 풍선을 날려 북측 지역에 전단을 살포하는 방법
- 중국 동북3성 거주 조선족으로 우회하여 북측에 간접 전달 방식으로 우리들이 북측 주민들에게 보내는 진정성이 담긴 선의를 전달해 주고 정보를 확산시키는 방법
- 북측 지역에 전파 쏟아 붓기를 통하여, 인터넷, 인터넷 TV, 스마트폰 등 SNS 단말기, 라디오 단파 방송 등으로 북측 주민들에게 외부 세계의 실상을 실시간으로 생생하게 알려주는 방법
- 과학기술 교류 협력을 통하여 남북 지식인 간의 거리감을 좁히며 친밀감으로 다가가는 방법

우리는 하나다 — R이론을 중심으로

우리가 무력이 아닌 방법으로 통일을 이루어 내려면, R이론이 제시하는 바에 따라 정경분리 구도를 남북 관계 저변에 정착시켜야 한다. 그리고 북한 일반 주민들을 대상으로 민심을 끌어 오는 수순을 밟아나가야 한다.

필자의 R이론(Theory R: The Strategies for Korean Reunification)은 국제경제학 이론의 한 단면으로부터 출발한다. 즉 어느 사안에 있어서 필요한 정책 수는 최소한 정책 목표의 수만큼 되어야 한다는 것이다. R이론의 핵심 내용을 간단히 말하면 다음과 같다.

우리가 북측을 대함에 있어서 기본적으로 북한의 정권과 그 치하의 피지배층인 일반 주민들을 개념적으로 분리하여 상대방을 둘로 나누어 놓고 보는 것이다. 그리하여 각각의 상황에 맞도록 별도의 정책을 구사해야 한다. 2트랙 방식으로 하는 분리대응 전략이 필요하다. 이렇게 함으로써 통일을 앞당겨 달성하면서 자유민주와 시장경제체제 속에서 민족의 번영의 길로 들어설 수가 있다.

기회가 있을 때마다 오직 무력만 불뚝 내세우고 있는 북한 정권에 대하여는 무력남침을 하지 못하도록 철저하게 군사적 대비 태세를 갖추어야 한다. 어떠한 경우라도 북한 군부에 의하여 남한이 무력으로 압도당하는 일이 없도록 한다. 이 부분에 관하여는 국방을 담당하는 분야에서 추호의 빈틈도 보이지 않아야 한다.

한편, 북측 주민들에게는 따뜻한 동포애로 감싸 안는 포용력으로 대해야 한다. 북측 주민들이 실제로 피부로 느낄 수 있도록 우리가 할 수 있는 모든 노력을 기울이는 것이 필요하다. 심하게 오도된 방향으로 깊이 세뇌되어 있는 북측 주민들이 밝은 세상을 보게 되는 과정에서 탈세뇌가 이루어지게 한다. 결국 민심이 내적으로 우리 편으로 돌아서게 될 때, 북측 정권은 더 이상 버틸 힘을 잃고 말 것이다.

이 두 대상을 분리 대응하는 상황에서 서로 상충되는 문제가 생기는 경우에 부딪치더라도 주저하지 말자. 대세에 결정적인 지장이 없는 한 두 대상에 대응하는 전략을 각각 별도로 과감하고도 일사불란하게 구사하는 수밖에 다른 방법은 없다.

김 씨 왕조 대대로 그들 자신의 안위보다 중요한 것이 없다는 점을 우리 모두 알고 있다. 따라서 핵무기를 개발하는 과정에서 그들에게 돈이 부족해지면 부족한 만큼 북한에 아사자가 더 발생하지 않을 수 없었다는 점을 생각하자. 실제로 김정일이 핵무기에 모두걸기를 하고 있던 시기가 김영삼 대통령 재임 중이었다. 이 시기에 북한에서는 200만 명 넘는 아사자가 발생했다. '고난의 행군'이라 애매모호하게 이름을 붙이면서 개인적 이기주의에 충실했다. 그가 겉으로는 공산주의와 주체사상을 내세웠지만, 실제로는 자기 자신 하나의 절대권력 유지와 부귀영화가 더 중요한 것이었다.

대북 원조나 협력이란 북측 주민들에게 도움됨은 물론 동시에 북측 정권 유지에도 도움된다. 그러나 그것은 양날을 가지고 있다. 우선 당장은 북측 정권에게 다소 보탬이 되는 듯하다. 그러나 궁극적으로는 북측 정권 실체에 대한 허구와 허상을 실감하도록 만드는 계기가 되는 것이다. 내면적으로는 민심 이반으로 작용하는 효과가 더욱 크게 나타난다. 결국 북측 정권이 더 이상 지탱할 힘을 잃게 되는 결정적 역할을 하게 될 것이다.

북측 정권과 주민들을 분리 대응하기로 한다면 현실적으로 각각 어디에다 주안점을 두어야 하겠는가? 북측 정권과 북한군에 대하여는 지금까지 하던 방식에서 크게 벗어날 필요 없이 '눈에는 눈, 이에는 이'라는 식의 탈리오 법칙에 기초하여 군사 방어를 철저히 하는 것을 위주로 한다. 제반 도발 문제와 외교 문제들, 그리고 핵에 관련된 것들을 처리해 나가야 함을 당연하다. 핵무기를 내려놓아야 한다고 계속 목소리를 내야 한다.

여하한 경우에도, 특히 군사적으로 밀리는 사태가 벌어져서는 안 된다. 그렇다고 해서 우리가 북측을 군사적으로 압도하려 할 필요도 없다. 우리 입장에서는 군사적인 면에서 본다면 그저 지키는 것을 위주로 하고 거기에 그치면 족하다. 우리 군이 물렁하게 보이도록 해서는 절대로 안 된다.

북측 민심을 우리 편으로

북측 주민들을 대상으로 무엇을 해야 하는가? 한마디로 북측 민심을 우리 편으로 가져 오도록 모든 노력을 기울이자. 북측 정권은 북측 모든 주민을 위한 정권이 아니다. 김 씨 왕이라는 하나의 개인과 그 측근, 그리고 거기에 빌붙어 사는 소위 핵심분자들만을 위한 정권이므로 조속히 정리되는 것이 옳다. 이것을 나머지 2,300만 북한 주민들이 겁에만 질려 있지 말고, 솔직하게 다시 깨닫도록 하면서 북측 민심이 우리 편에 와서 서도록 만들어야 한다.

이를 위해서는 사전 정지작업이 필요하다. 우리는 R이론에 따라 북에 존재하는 대상을 2원화하여 2트랙 방식으로 나가야겠다. 우선 기본적으로 남북 경제교류협력은 수시로 변하는 정치상황과는 무관하게 경제논리에 따라서만 지속되어 나갈 수 있는 구도가 설정되어야 한다.

우리가 북측 민심을 어떤 방법으로 우리 편으로 끌어올 수 있는가. 필자는 그 해답을 북측에 대한 과감한 사회간접자본 시설 투자에서 찾는 것이 옳다고 본다. 따지고 보면 북측 지역 사회간접자본을 위한 투자는 통일 후 어차피 우리가 가장 먼저 해야 할 부분이다. 또한 통일 이전에는 눈에 보이지 않게 북측의 민심을 끌어 오면서 통일을 앞당기는 지대한 역할을 할 것이다. 사회간접자본 투자 형태를 갖게 될 경제협력은 지금부터 바로 시작해서 통일이 올 때까지 매년 남측 GDP의 1% 수준 규모로 하는 것이 효과와 부담 능력을 고려할 때 적절하겠다.

북측 지역이 필요로 하는 사회간접자본의 주요 부문으로는 도로, 철도, 항만, 공항, 발전시설, 송배전 설비, 방송통신 설비, 수도, 도시 가스, 지역 난방, 중화학공업 개발, 산림녹화 등을 우선 들 수 있겠다. 이러한 것들이 미리 시행되는 만큼 통일 비용이 분산된다. 자연히 통일 후의 부담은 그만큼 줄어든다.

사회간접자본을 건설하는 데 있어 유의할 점은 필요한 기자재 일체는 남한에서 생산하여 북측 지역에 공급하도록 하는 점이다. 여기에 부수하여 필요한 남한의 기술 지원도 가급적 동반되는 것이 좋겠다. 물론 이 과정에서 소요되는 단순 노동 부분은 북측 노동력으로 충당한다. 그 임금 수준은 개성공단 경우를 참고할 수 있다.

통일 이전에 북측에 사회간접자본 건설을 본격적으로 시작하기로 한다면 그 재원은 통일세(가칭 남북경협기금)와 통일국채의 형태로 한다. 세금은 남측 GDP의 0.25%, 그리고 국채는 0.75%에 해당하는 크기로 도합 GDP의 1%에 이르도록 한다. 이 자금 마련은 정부가 주관하여 조성하도록 한다. 집행은 정부나 정치권과는 무관하게 남북협력공사(가칭)를 공사 형태로 창립하여 시행한다.

우리 모두 힘을 합쳐 통일을 만들자

이제 우리는 모두 통일 무관심으로부터 벗어나자. 반공을 앞세워 지키기만 한다 하여 통일이 저절로 오는 것이 아니다. 우리 손으로 통일을 만들어야 한다. 이 세상 구석구석 어디를 둘러봐도 우리를 통일시켜 줄 이는 아무도 없다. 우리가 해야 된다. 북한 당국은 자격도 없고, 북녘 주민들은 능력도 없다. 결국 모두 남한 사람들의 몫이다.

통일을 무시하고 그냥 지내면 편할 것 같지만 사실 어마어마한 분단비용을 지속적으로 치르면서 살아야 한다. 우리는 이 불행과 질곡으로부터 벗어나야 하겠다. 더욱이 우리 후손들에게 대대손손 이렇게 대물림해 줄 수는 없다. 지금 생존해 있는 우리들이 해결해 주고 가야 한다.

우리 현실을 똑바로 보자. 우리는 충분히 통일 비용을 감당할 수 있다. 통일은 빠르면 빠를수록 돈이 적게 든다. 그리고 통일은 사실상 부담이 아니라 기회다. 그런데 대충 남는 장사 정도가 아니고 한마디로 대박이다. 유사 이래 가장 높은 경제성장률과 그에 따라 넘쳐나는 일자리가 우리를 기다린다.

우리가 통일이 좋다는 것을 확실히 알고 통일을 하기로 마음먹었다면, 무엇을 어떻게 해야 할까? 무력통일 방법은 배제할 수밖에 없다. 결국은 남한이 우월한 입장에 있는 경제협력의 길로 가자. 우리의 경제력을 바탕으로 북녘 주민들의 민심을 바른 길로 이끌어주는 방법이 통일에 이르는 최선이다.

김 씨 일가를 중심으로 하는 북한 통치 집단과 피지배 계층인 일반 주민들을 개념적으로 분리한다. 그리하여 북녘 주민들의 피부에 가서 닿을 수 있는 방법과 수준으로 그들에게 도움을 주자. 그래서 우리는 하나라는 남한 사람들의 진정성을 전하자. 그 과정에서 북한 당국 자체에 다소 이득이 되는 일이 있더라도, 그런 부분은 우리의 빈틈없는 국방력 자체로 해결토록 하자. 사소한 곳까지 신경 쓰다가 본체를 놓친다면 그처럼 어리석을 수는 없다.

이리하여 10년의 통일 마무리 작업 기간이 지나 제반 제도 단일화 작업까지 모두 마무리된다면, 통일한국 국민인 남과 북의 우리들은 강성한 나라에서 당당한 모습으로 모두 안정된 인생을 즐기면서 살아갈 수 있다. 또한 우리 각자가 자손만대의 후손들에게도 떳떳할 수 있다. 꿈같은 얘기로 들릴지 모르나 우리가 모두 합심해서 마음만 먹으면 얼마든지 해낼 수 있는 일이다. 우리 민족 모두에게 행운이 함께 하기를 빈다.

3. 이진삼의 『조국을 위하여』

육군사관학교에 입학하기까지

아버님은 1909년생으로 26세부터 광산 전문가로서 충남 청양군 장평면 화산중석 광산과 청양군 사양면 구봉광업소장으로 계셨으며, 33세인 1942년부터 36세인 1945년 8월까지는 황해도 송화에서 금광 소장으로 계셨다. 해방되면서 고향인 부여군 은산으로 귀향하시어 구봉광업소에서 1개 광구를 맡아 금광을 운영하면서 노다지를 발굴하여 부자가 되셨다.

금광은 인부들과 2종류의 고용관계가 있었다. 매일 정해진 인건비를 지급하는 관계와 성과에 따라 전체 소득의 반을 인부들에게 공동 배분하는 관계가 그것이다. 금을 캐지 못하면 인부들의 생활이 어렵다는 것을 아시는 아버님은 다른 광구와 달리, 성과와 관계없이 인건비의 4분의 1을 지급해서 인부들의 최저생활을 보장해 주었고, 일주일에 한 번은 근무 교대 후 막걸리와 돼지고기로 회식을 하였다.

종업원들의 소득이 증대하자 유능한 인부들이 몰려왔고 사고도 없었다. 점심식사 시간이 되면 "너는 객실에 가서 밥 먹어라. 내 도시락 가져와!" 하시면서 인부들의 보리밥과 강제로 바꾸어 드시는 것을 종종 보았다. 아버님의 이러한 행동은 군 생활을 하는 내게 은연중에 사표로서 자리 잡았다.

부모님의 바람은 내가 대전중학교에 입학하는 것이었다. 운동을 하느라 공부가 부족하고 나보다 공부를 잘하던 학생들도 떨어졌으나 나는 합격했다. 어찌됐든 부여 촌놈인 내가 당시의 대전중학교에 합격한 것은 지금의 미국 하버드대학에 들어간 것보다 더 큰 경사로 마을 전체가 떠들썩했다.

1950년 6월 25일 새벽, 북한의 기습 남침으로 전쟁이 발발했다. 학교에

휴교령이 내려졌고 중학교 2학년이던 나는 고향인 부여로 피란을 했다. 7월 중순이 되자 내가 사는 시골마을까지 인민군들이 밀어닥쳤다. 인민군은 마을을 점령 후, 유지들을 친일파, 악질 지주, 매판 자본가, 반동 관료배 등으로 규정하고 무자비하게 학살했다. 우리 가족은 마을에서 약 10km 떨어진 산속으로 숨었다.

그해 7월 말, 마을 곳곳에 붓글씨의 삐라가 나붙었다. "때려잡자 김일성! 물러가라 인민군! 대한민국 만세!" 마을이 발칵 뒤집혔다. 내무서원들은 눈에 쌍심지를 켜고 범인 색출에 나섰다. 그 바람에 나도 친구인 방대현과 함께 잡혀갔다. 여러 날 동안 내무서원으로부터 협박과 쇠좆매(수컷소의 말린 생식기)로 고문을 당하기도 했다. 결국 붓글씨를 써 보이고 전단지의 글씨와 같은 서체가 아니란 것을 증명하고 풀려날 수 있었다.

열다섯 살이 되었을 때 내게 구체적인 꿈이 생겼다. 전쟁이 일어나면 '아침은 개성에서, 점심은 평양에서, 저녁은 신의주에서' 먹겠다던 정부가, 실제로 전쟁이 일어나자 속수무책으로 당하고만 있었다. 이로써 막연했던 내 꿈은 구체화되었고, 그것은 육군사관학교에 입교하는 것이었다.

나는 대전중학교를 졸업하고 대전고등학교에 진학, 3학년이 되자마자 부여고등학교로 전학을 했다. 이유는 단지 축구를 하기 위해서였다. 공부보다는 운동을 좋아했고, 축구 선수로는 남들의 부러움을 살만큼 공을 잘 찼기 때문이다. 누구보다 운동을 잘하고, 또 열심히 하는 내 모습을 보며 선생님과 주위 어른들은 한결같이 '승부 근성이 있는 용감한 군인'이 제격이라고 말씀하셨다. 내가 군인이 될 것을 의심하는 사람은 아무도 없었다.

1954년 부여고등학교 앞에 있는 중정리에서 하숙을 했다. 다른 학생들은 집에서 학교까지 1시간 이상 걷거나 자전거를 타고 다녔지만, 나는 하숙을 하며 다시 내 자신에게 모험을 걸었다. 영어와 수학은 기초부터 다시 시작했고 국어, 영어, 수학, 과학, 역사 등 주로 육사 시험과목 위주로 집중,

몰두했다. 다른 사람은 주로 학교에서 가르쳐준 정답의 공부를 했지만, 나는 3군사관학교 기출 문제집을 구입해 공부하며 출제 문제에 대한 유형을 익혔다.

1954년 12월, 육사 입학시험에 응시했다. 충남지구 병사구사령부(지금의 병무청) 요원의 지원 하에 육사 교관들이 파견 나와 충남지역 응시자 시험을 실시했다. 1차 신체검사를 통과해야 2차 필기시험에 응시할 수 있었다. 나는 대전의 삼성초등학교에서 학과시험에 응시했다. 최종 3차는 태릉 사관학교에서 체력 검정으로 300m 달리기를 비롯하여 팔 굽혀 펴기, 쪼그려 뛰기, 허리 굽혔다 펴기, 철봉 턱걸이 등을 측정했고, 면접은 구두시험과 인물고사를 치렀다.

1955년 3월 1일 신문 가판대의 서울신문 광고란에 230명 중 충남지구 16명 합격자 명단에 13번째로 내 이름이 올라 있었다. 나의 눈을 의심하며 동명이인일 수 있다는 생각에 충남 병사구사령부로 달려가 생년월일을 확인했다. 전국의 내로라하는 인재들 틈에 내가 끼었다. 부여고등학교에서 5명이 응시하여 내가 합격했다.

부여에 도착했을 때는 벌써 학교 정문과 부여 곳곳에 '축 육사 합격' 포스터가 붙어 있었다. 발 달린 친구 선후배들이 모두가 찾아오고 부여고등학교는 축제 분위기였다. 우등생도 아닌 나의 육군사관학교 합격으로 부여군이 떠들썩했다. 혹시 빽으로 합격된 것이 아닌가 하는 소문도 있었다. 나 같은 촌놈에게 무슨 빽이 있었겠나.

나중에 안 사실로 나는 합격생 230명 중 159등으로 간신히 육사 문턱을 넘어선 거였다. 당시의 그런 나를 보고 장차 장군이 될 거라고는 어느 누구도 예상하지 못했을 것이다. 당시 우리 면에서 최고위직 군인이 육군 중위였기에 내가 예상하는 미래의 최고 계급은 중령이었다.

육사 생도 시절

육사에서 애초에 우등하겠다는 욕심이나 출세하겠다는 생각은 언감생심 가져본 적이 없다. 시골 촌놈이 육사의 교육을 받게 되었다는 감사함과 지금 해야 할 일은 군인으로서 임무수행을 하기 위한 노력이라고 여겼을 따름이다.

실제로 인류의 위대한 발전을 이끈 과학자 뉴턴과 아인슈타인, 그리고 스티븐 호킹 박사 등은 입을 모아 "군은 인내와 노력을 하지 않는 천재는 이 세상에 있어 본 일이 없다."고 했다. 명량해전을 승리로 이끈 이순신 장군에게 열두 척의 배가 있었다면, 내겐 군인으로서 소대장과 중대장의 임무수행을 위한 지식 함양에 슬기와 지혜를 모아 끈질긴 노력이 있었을 뿐이다.

지금처럼 당시에도 육사는 서울 출신 생도들이 대부분이었다. 그런데 서울 생도들은 어느 누구도 나를 자기 집으로 초대할 수 없었다. 서울은 6·25 폭격으로 폐허화되었고 생활도 나보다 어려웠다. 나는 생도 휴가 때마다 동기생들을 시골집으로 데려갔다. 그럴 때면 어머니는 닭을 잡는다거나 소고기와 생선 등 이런저런 먹을거리를 만들어주셨다. 거기에 아버님은 두둑한 용돈까지 쥐어주셨다.

1959년 광산을 하시는 아버님 덕분으로 비록 박봉의 월급이었시만 나는 소신껏 군 생활을 할 수 있었다. 당시 군에서는 군 간부들이 박봉에 시달리며 먹을거리인 주·부식을 빼돌리거나 산의 나무를 잘라 팔아먹는 비리가 적지 않았다. 젊은 장교들은 "썩어빠진 군 간부들이 군의 발전을 저해한다."고 개탄했다. 그런 이야기를 들을 때마다 나 스스로 다짐하고 또 다짐했다. '기필코 나는 깨끗하고 정의로운 참다운 군인이 되겠노라'고.

1955년 7~8월 무더위를 이겨내며 1학년 과정 기초 군사훈련을 받으면서 가장 중점을 두고 공들여 노력한 교육 중의 하나는 직각보행이었다. 생도들은 '그까짓 거 뭐 어려워' 하는 표정이었지만 실제로는 그 반대였다. 자기가 어떻게 걷는지는 모른 채 다른 생도가 걷는 모습을 보고 웃어대곤 했다. 로봇처럼 딱딱하게 걷는 생도, 엉덩이를 쭉 빼고 걷는 생도, 팔자로 걷는 생도, 가슴을 내밀고 걷는 생도, 턱을 흔들며 걷는 생도, 팔을 옆으로 흔들며 걷는 생도 등등. 그 중 압권은 같은 쪽의 손과 발이 함께 나가는 생도들이었다.

매일 하루에 한 시간 이상을 연습한 결과 한 달여가 지나면서 겨우 모양이 잡히기 시작했다. 사관생도의 보행은 항상 직행 혹은 직각이다. 앞으로 직진하다가 모서리를 돌 때도 절도 있게 직각으로 돌아야 하고, 식사할 때의 숟가락질 또한 일직선으로 들고 직각으로 꺾어 입에 넣어야 했다. 이는 육사 생도, 우리만이 할 수 있는 하나의 표식이었다. 제각각의 걸음걸이가 어느 순간 '나와 내'가 아닌 '우리'로 하나가 될 수 있었던 것은 군이라는 소속감이었다.

육사 교육 중 내 자신이 가장 크게 놀랐던 것은 '충성'의 개념이었다. 지금껏 내가 알고 있던 개념이 완전히 무너졌다. 유교 문화권에서 배웠던 한 개인에게 바치는 의미가 아닌, 국가에 바치는 것이 진정한 충성의 의미였던 것이다. 나는 황금이나 권력이 아닌 국가에 충성하려는 사생의 가치관, 필사즉생의 각오를 가져야 한다고 결심했다.

4학년이 되면서 5중대장생도 명을 받았다. 6·25전쟁을 겪은 생도대장 최주종 장군은 나의 생도 생활을 지켜보고는 "중대장, 대대장하면 잘할 거야."라고 치켜세우는 것을 주저하지 않았다. 나는 공부 잘한다는 소리는 듣지 못했으나 훈육관들로부터 '지휘관하면 잘할 것이다.'라는 말은 자주 들었다. 더욱 군인답기 위한 나의 노력은 그때부터 시작되었다.

나는 특기를 축구라 하고 육사에 들어왔으나 정작 축구부에는 가입하지 않고 태권도부에 들어갔다. 이유는 축구를 하게 되면 학과 공부를 따라갈 수 없어 퇴교 당할지도 모른다는 걱정에서였다. 나는 축구부 주장 12기 최병진 동기생이자 고향 선배 이규환의 도움으로 축구부에 들진 않았지만, 대대 대항 축구시합이 있을 땐 대표로 뛰어야 했다.

육사에 들어오기 전 이미 축구, 복싱, 기계체조 등 운동은 다른 사람이 1년을 해야 할 것을 나는 한두 달이면 따라잡았다. 보병학교 교관 시절 특공무술, 참호격투, 신총검술 등 교범 제작을 육군본부 명을 받아 창안하였다. 이런 이유로 특공대장을 시작으로 기동대장, 체육부대장, 공수특전 여단장, 그리고 체육청소년부 장관 등 체육과 관련된 직책을 맡게 되었다.

"이진삼 생도, 생도대 본부로 출두하라." 3학년이었던 1957년 9월, 나는 느닷없이 생도대의 호출을 받았다. 발단은 병과학교(보병학교) 7~8월 한계 군사훈련을 가던 중 용산에서 열차를 타고 광주로 이동 중 오락회를 했을 때 생도들과 함께 많은 노래를 불렀다. 4중대 훈육관이 우리가 탄 열차 칸으로 와 "누가 떠들었나?"라며 생도들을 훑어봤다. 생도들은 주눅이 들어 모두 입을 다물었다. 나는 자리에서 벌떡 일어나 "네, 제가 떠들었습니다."라고 대답했다.

나를 징계위원회에 회부한 훈육관은 나를 퇴교조치하겠다고 고집을 부렸다. 그 때였다. 육사 11기로 내가 속한 5중대 훈육관인 김기택 대위와 2중대 훈육관 안재석 대위가 반론을 제기했다. 판결은 위원장이었던 채영철 중령에게 넘어갔다. 드디어 그가 입을 열었다.

"열차 이동 중 오락회한 것을 소란 피웠다고 하는데 누가, 언제, 어디서, 무엇을, 어떻게, 왜, 육하원칙에 입각해서 말해봐." 4중대 훈육관이 우물쭈물하자 위원장 채 중령은 방망이를 세 번 내려치며 말했다. "적발을 위한 지적인가? 됐어." 그의 한마디로 상황은 종결됐다.

졸업을 앞두고 국내 저명인사들의 특별강연을 많이 들었다. 그중 백남권

(13대 교장, 소장) 교장의 초청으로 특별강연에 나섰던 김철안 여사의 말은 지금껏 죽비 소리로 생생하다.

"초등학교 나온 사람이 잘못되면 집안을 망치고, 고등학교 나온 사람이 잘못되면 사회를 망치고, 대학교 나온 사람이 잘못되면 나라를 망친다." 처음 김철안 여사의 강연을 들었을 땐 그저 그럴 수도 있겠다 싶었다. 하지만 곰곰이 생각해 보면 그녀의 말은 그때나 지금이나 세상을 향한 일침이자 일격이 아닐 수 없다. 많이 배우고 좋은 학교를 나온 사람이 잘못되면 나라를 크게 망쳐놓으니 말이다.

또 터키 대사였던 정일권(예비역 대장) 대사의 수양 강연도 기억에 남는다. "터키 대사로 재임하면서 막강한 우리 한국군이 있기에 외교무대에서 당당히 활동할 수 있었다. 이에 나는 우리의 미래를 짊어질 사관생도들에게 많은 기대를 하고 있다." 정일권 대사의 강연은 나로 하여금 국가에 충성하고 국민에게 봉사하는 참다운 군인의 삶에 대해 다시 한 번 생각하게 했다.

1959년 5월 27일, 드디어 졸업식 날이 밝았다. 이승만 대통령 내외분을 비롯해 3부 요인, 주한 외교사절, 장군, 내외 귀빈, 가족, 학생들이 운동장을 가득 메웠다. 이승만 대통령은 당부했다.

"육사의 교육은 군 지휘관을 양성하는 것뿐만 아니라 국가의 모든 분야를 책임질 지도자를 양성하기 위한 것이다. 명심하고 애국심을 발휘하는 훌륭한 지도자가 되어 달라."

국군 장교 시절

바다에 사는 수많은 물고기 중 유독 부레가 없는 물고기가 있다. 상어가 바로 그렇다. 부레가 없으면 물고기는 바다 밑바닥으로 가라앉기 때문에 잠시라도 멈춰 서면 바로 죽게 된다. 그래서 상어는 태어나는 그 순간부터 쉼 없이 몸을 움직인다. 그리고 몇 년 뒤 바다의 강자로 부상한다. 나 또한 마찬가지였다. 남보다 빼어난 사람이 아니었지만 군인으로서 임무수행을 위해 끊임없이 자맥질하는 삶을 살겠다고 결심하였다.

나는 보병이었다. 첫 부임지는 비무장지대 내 경계초소를 지키는 부대다. 부임 초기에는 난감했다. 6·25전쟁에 참전했던 선임하사관과 분대장, 그리고 일반 병들 중에 문맹자가 많아 소통이 어려웠다. 고민 끝에 얻은 답은 솔선수범. 매일 아침 적이 지켜보는 비무장지대 초소에서 권총 사격 연습을 하는가 하면 태권도 등 각종 훈련을 했다. 그러자 소대원들의 눈빛이 달라졌다. 솔선수범하는 소대장이란 점에 한껏 고취되어 부하들이 따랐다.

한번은 소대원 7명과 함께 비무장지대를 정찰하던 중, 병사 한 명이 용변을 보려고 미확인 지뢰 지대에 들어가다 발목지뢰를 밟았다. "쾅" 소리와 함께 병사의 온몸이 피투성이가 되었다. 나는 나도 모르는 사이 병사를 향해 걸음을 떼고 있었다. 그러자 다른 병사들이 내 앞을 가로막았다. "구해야 한다." 병사들의 팔을 뿌리치며 말하자 병사들은 이번에는 한 발짝 물러났다 막 한 걸음을 옮기려는 순간 발목이 절단된 병사가 소리쳤다. "소대장님, 지뢰 지대입니다. 들어오지 마십시오!"

나는 아랑곳하지 않고 대검으로 통로를 개척하며 7m를 들어갔다. 10m까지 접근한 나는 소대원들을 둘러보며 말했다. "살릴 수 있다. 안심해라." "조심하십시오. 소대장님!" 병사의 목숨은 구했으나 발목이 절단되는 안타까운 사고였다. 당시는 내 방식대로 솔선수범하는 것만이 정답이고 최선인 줄 알았다.

병영문화에 있어서 초급장교의 역할은 그만큼 막중하다. 무능한 지휘관은 전투에서 부하들을 많이 희생시킨다. 따라서 무능한 지휘관은 적보다 더 무섭다. 저 이름 모를 산과 들에서 적과 싸우다 쓰러질 적에 다친 상처를 싸매주며 물을 먹여 주고 시체를 거둬주는 전우를 생각하며 철석같은 단결을 하여야 한다. 이때에 전우 옆에는 부모님과 친구도 있을 수 없으며 오직 전우만이 있을 뿐이다.

6·25전쟁 당시, 프랑스 대대를 이끌고 한국 파병을 지원한 지휘관 랄프 몽끌라르 중령은 이전의 원래 계급은 중장이었다. 프랑스 대대를 이끌기 위해 스스로 중령으로 강등한 그는 프랑스군 1개 대대와 미 육군 2사단 23연대 전투단이 중공군 1만 8천여 명과 치른 치열한 지평리전투에서 유엔군의 승리는 전세를 역전시키는 계기를 마련했다. 대한민국과 국민을 공산주의자들로부터 지켜낸 인물이다.

기회가 주어진다면 나 또한 강등해서라도 소령, 중령 때의 경험을 살려 중령 대대장으로 전쟁에 지원하고 싶다. 강력한 리더십과 전투 경험을 살려 전쟁을 승리로 이끌 수 있다고 생각하고 있다. 가능하면 육군 준장으로라도 강등하여 육군사관학교나 3사관학교 생도대장으로 보직, 초급 장교들에게 지휘 통솔에 관한 교육을 하고 싶다.

수색중대에서 6개월쯤 되었을까. 양중호 사단장으로부터 군기 문란한 중사, 상사 교육을 맡으라는 명령을 받았다. 사단 내 780여 명의 하사관들을 2주에 50명씩 8개월에 걸쳐 사격을 비롯해 화기학, 소부대 전술, 지휘통솔학 등 보병학교에서 배웠던 과목을 중점적으로 훈련시켰다.

정신무장을 위해 한밤중에 고지로 뛰어가게 한다거나, 개울과 호수의 얼음물 속으로 뛰어들게 하기도 했다. 내가 솔선수범하니 하사관들을 불평 없이 따랐다. 내가 나타났다 하면 모든 하사관들이 벌벌 떨었다. 나로서는 군 생활 중 가장 힘들고 어려웠던 시간이었으나 25사단의 군 기강과 근무 자세 확립에 기여할 수 있는 기회를 주신 사단장님께 감사드린다.

25사단 하사관들의 군기를 잡았다는 소식을 들은 6군단장 소장 최홍희 장군으로부터 "25사단 이 중위, 군단 하사관학교에 와서 군단 내 하사관

태권도 교육을 하라."는 명령이 떨어졌다. 최 군단장은 태권도 제일주의자로 정평이 나있다. 내가 군단 내 유명 장교가 된 것은 내게 교육을 받았던 25사단 하사관들의 입소문 때문이었다. 내 교육이 "엄청 빡세다!"는 소문이 군단 내 다른 사단장의 귀에까지 들어갔다. 소문을 들은 각 부대 육사 선배들이 내게 격려와 찬사의 편지를 써 보내는 해프닝도 이어졌다.

6군단 하사관학교에서 임무를 마치고 25사단으로 복귀하여 수색중대 부중대장 임무를 수행하던 중 군단 주최 예하 각 사단과 직할부대 대항 운동경기에 25사단 대표 책임자로 선발되었고, 합숙훈련을 통하여 종합우승의 영광을 차지하였다.

동두천 소요산에서 선수를 위한 자축 파티가 사단 주요 지휘관 등이 참석하여 군악대의 사단가가 울려 퍼지면서 성대히 거행되었다. 선수 등은 포상 휴가를 받았다. 사단장은 본부 좌석 끝에 앉아 있는 나에게 "이 중위 육사 15기라고 들었는데, 중대장 해야지."라며 연대장들을 돌아보자 72연대장 김익설 대령이 "저의 연대에서 중대장 시키겠습니다."라고 말했다. "사단장님 저는 육사 졸업한 지 3년밖에 안 됐고, 중위라 안 됩니다."라고 하자 "무슨 소리야. 육사 4년에 3년이면 7년 아닌가? 충분해."라고 했다. 파티가 끝나자 72연대장이 말했다. "내 차에 타라. 나하고 같이 가자."

중대원들은 이름만 듣던 이 중위가 누굴까 호기심 어린 눈초리였다. 취임사는 간단했다. 나에게는 여기 서 있는 중대원과 국가만이 있을 뿐이다. 불가능은 없다. 우리 중대는 적 대대를 무력화시킬 수 있다. 무적의 11중대는 승리와 전진만이 있을 뿐이다. 함께 싸워 이기자.

11중대 선임하사관에게 다른 중대 선임하사가 물었다. "너희 호랑이 중대장 무섭지 않냐? 그런 중대장이랑 어떻게 근무하냐?" 그러자 11중대 선임하사가 대답했다. "야, 이 사람아. 호랑이가 제 새끼 잡아먹는 거 봤나?"

당시 연대본부나 연대장 숙소엔 목욕탕이 없었다. 목욕을 마친 후 나는 두 분과 함께 화교가 운영하는 동두천의 태화관을 찾았다. 주인은 만주 황포군관학교 출신의 화교였다. 그는 일행이 안으로 들어서자 윤필용 대령과 전두환 소령은 아랑곳하지 않고 다짜고짜 나를 향해 "대한민국 최고의 군인 이진삼 중위님, 어서 오십시오."라고 외쳤다.

이를 본 윤필용 대령이 말했다. "야, 이진삼, 동두천까지 인맥을 뻗어놨나?" 부하를 대함에 있어 권위를 내세우지 않으려는 그의 농담이었다. 그 자리에서 그는 "난 사실 전방 부대에 대해선 잘 몰라. 그러니까 이 중위가 자주 들러 자세한 얘기 좀 해주도록." 당부를 해왔다. 훗날 윤필용 대령은 나와의 첫 만남을 이렇게 표현했다.

"당신 말이야. 처음에 봤을 때, 눈에서 불이 번쩍번쩍 나더라. 내가 국가재건최고회의의 비서실장이었다고 하면 의기소침해지거나 잔뜩 주눅들 줄 알았는데 눈 하나 꿈쩍하지 않는 거야. 처음이야. 당신 같이 당당하고 할 말 하는 사람."

1963년 5월 4일, 동기생 24명과 함께 광주 상무대 보병학교로 명령을 받았다. 그러자 연대장 윤필용 대령은 "육군본부에 연락해 명령을 취소하겠다."고 나섰다. 그러나 나는 보병학교로 가겠다고 했다. 연대장은 나를 떠나보내는 것을 몹시 아쉬워했다. 그러면서 "그간 고생했다. 열흘간 휴가나 다녀오지."라면서 서울 가면 전두환, 노태우, 권익현, 정호용, 김복동 등을 만나볼 것을 권했다. 선배들은 입을 모아 내게 힘을 실어주었다.

육군본부의 정상문 대위로부터 보병학교로 전화가 왔다. 제1공수특전부대와 방첩부대에서 전입 상신이 왔다면서 내게 어디로 가겠느냐고 물어왔다. "둘 다 비정규군 아닙니까?" 나는 두 군데 모두 가지 않겠다고 대답했다. 하지만 내 의사와 상관없이 1964년 7월, 서울 통인동 방첩부대 본부로 명령이 났다.

내가 간 자리는 소령 자리였다. 말하자면 중위 계급으로 소령 자리에 갔다. 내가 맡은 방첩부대는 사령부 직할부대로 지휘할 병력이 모두 28명이었다. 이는 다른 지역의 방첩부대가 병력 3명을 데리고 소령이 지휘를 맡는 것과는 편성이 달랐다. 특수 임무 훈련교범도 없었다. 특공부대 임무인 역용공작 교재를 만들어 냈다. 전국 어디서든 적이 나타나면 출동명령이 하달되었다. 지휘관들에게 지휘 조언을 해주는가 하면 돌발 상황에는 직접 몸을 던져 적을 검거 내지 사살했다.

베트남 참전

베트남전쟁은 1955년 11월 1일에 베트남과 라오스, 캄보디아에서 시작됐다. 말하자면 제2차 인도차이나 전쟁과 다름없다. 1955년 11월부터 1975년 4월까지 20년이나 계속된 이 전쟁은 베트남민주공화국(북베트남)과 남베트남 민족해방전선(베트콩)이 합세하여 베트남공화국(남베트남)과 싸운 내전의 성격이 짙다. 반면, 한국을 비롯한 미국의 동맹국들이 남베트남을 지원하기 위해 개입, 이에 맞서 중국과 북한도 비공식적으로 각각 군을 파견, 북베트남을 지원함으로써 국제전 양상을 띠게 되었다.

1965년 9월 한국군은, 베트남전선으로 떠나기 위한 훈련에 들어갔다. 한국군의 베트남 파병은 이미 1963년 9월, 의무부대 130명, 태권도 교관 10명이 파견되는 것으로 시작됐다. 이후 1964년 3월, 공병 2천여 명의 비둘기부대가 추가 파견됐고, 1965년 7월, '전투부대 파견 동의안'이 국회를 통과해 10월 22일 전투사단으로서는 처음으로 육군 맹호부대 1진이 베트남에 도착했다.

한국 전투부대인 베트남 파병은 미군이 한국에서의 철수를 운운하는 민감한 사안과 경제사정이 매우 좋지 않을 때였다. 한국은 베트남 참전을 경제발전의 돌파구로 삼으려 했던 것이다. 전쟁에서 다소의 희생이 있더라도 국민들이 이를 감수하겠다는 마음으로 참전을 격려한 이유가 여기에 있다.

정부에서도 베트남전에 참전하는 장병들에게 진급과 보직의 우선권을 약속하며 독려했다. 뿐만 아니라, 브라운조약에 의해 미국 정부는 한국군 현대화 명목으로 10억 달러를 지원하고, 파월 장병들에게는 개개인의 월급 외에 전지 수당, 전사자 보상 등의 지급을 약속했다.

내가 베트남전에 자원을 했던 것은 정부가 약속한 진급과 보직의 우선권에 욕심이 있어서가 아니었다. '공산주의로부터 자유 우방을 보호하고, 국위를 선양하고, 경제적으로 발전을 도모한다.'는 국가가 내세운 목표를 위해서였다. 특히 우리가 공산군의 불법침략으로 위기에 처했던 6·25전쟁 당시 미국을 비롯한 모든 자유 우방 국가들이 막대한 희생을 무릅쓰고 우리를 도와 같이 싸워준 것을 알고 있었기에 우리와 같이 수난을 겪고 있는 우방을 돕는 것은 당연한 의무라는 생각이 들어서였다.

첫 파병 전투부대 맹호사단 방첩부대장 이상렬 중령이 갑자기 우리 특공부대장실로 찾아왔다.

"이 대위, 나와 함께 베트남 전선에 가지 않겠소? 이 대위, 우리 방첩대 요원으로 함께 갑시다!"

이 중령의 말에 "그렇습니까? 갈 사람이 없으면 제가 가겠습니다. 군인은 전쟁터에 가는 것을 두려워해서는 안 되지요."라며 나는 흔쾌히 대답했다.

월남에서의 보직은 맹호사단 기동대장 겸 100군수사령부 보안부대장으로 소령 직책이었다. 국내에서의 특공대장 경력을 고려하여 한국과 우방국의 VIP에 대한 경호 임무인 기동대장 직책과 월맹군과 베트콩 등 적의 정보를 수집하여 맹호사단에 제공하는 위험하고 어려운 직책이었다.

아내는 청량리 홍릉 특공대장실을 방문했다.

"애기 아빠 어디 있어요? 만나게 해주세요."

아내는 보좌관을 만나 내 거취를 물었고, 보좌관은 방첩부대 본부 인사과에 전화를 걸어 확인하고 내가 '어제, 인천을 출발해 부산으로 갔다'는 사실을 알려줬다. 사령부는 아내에게 야간열차를 이용하여 다음 날 새벽 부산역에 도착하도록 배려해주었고, 부산 방첩부대에서는 내게 연락해 부산 방첩부대장실에서 아내와 만나게 되었다.

내가 부산 방첩대장실로 들어서자 네 살된 아들이 아내의 치맛자락을 잡고 서 있었다. 아내는 나와 눈길이 마주치자 참았던 울음을 터뜨렸다. 울음을 삼키느라 아내의 어깨는 심하게 흔들렸고, 이를 본 아들이 영문도 모른 채 덩달아 울음을 터뜨렸다. 그런 아내를 위해 내가 해줄 수 있는 말은 아무것도 없었다. 아내는 내가 아무런 변명을 하지 않을 것을 알고 있는 듯 딱 한마디 던졌다

"운한 아빠, 임무 잘 마치고 돌아오세요."

아내의 그 말에 나는 안도의 숨을 내쉬었다. 장교의 아내다운 말이었다. 아들은 아내의 치맛자락을 붙잡고 걸어가다 뒤돌아서서 한 번 내게 손을 흔들어 보였다. 그런 아들과 아내의 모습이 사라질 즈음에서야 나는 울음을 터뜨렸다. 그마저도 한숨에 묻혀 소리로 만들어내진 못했다.

나는 최전선 전투부대에서 탄약부대에 탄피 반납과 포탄 수령차 왕래하는 GMC 2.5톤 포병부대 차량을 매일 접했다. 하루는 탄약 보급소로 향하는 뒤를 따라가 보았다. 2백m 규모의 계곡에 105mm, 155mm 탄피가 무질서하게 쌓여 있었다. 나는 군수사령관에게 건의했다. "사령관님, 탄약중대에 포탄피가 쌓여 있습니다. 한국으로 보냈으면 합니다. 서울과 춘천에 군 자녀를 위한 학교 건립기금으로 사용하면 훌륭한 학교를 세울 수 있습니다."

"한미 각서에 월남에 있는 물자는 편제 장비 외에는 한국으로 보낼 수 없다."는 이범준 군수사령관의 답변이었다. 내가 "탄피가 장비가 아니며 미국이 관심도 없는 폐품 아니면 소모품입니다. 압축하여 우리 해군 수송선 LST

로 운반했으면 합니다."라고 재차 요청하자 그는 내 얼굴을 쳐다보았다.

1966년 5월 출장차 귀국하여 방첩부대 본부에 들렀다. 노태우 중령은 "이진삼, 잘 왔어! 자네가 보낸 탄피 빵꾸났다. 미 국방성에서 우리 국방부로 탄피 수송 사실을 규명하라는 공한을 보내왔다."고 했다.

한국 국방부는 답변서에 "탄피는 장비가 아니고 소모품이다. 한미 MOU에 해당되지 않으며, 노천에서 부식되면 공해물질이다. 한국전에서도 전량 폐기처분한 사례가 있다."고 미국방성에 회신했다. 탄피는 군인 유자녀 중 고등학생 등을 위한 춘천 제1중고 건립재원으로 사용된다고 그 수익금의 사용처에 대해서도 설명했다.

미국은 한국군이 월남전에 참전하고 있는 상황을 고려하여 더 이상 문제 삼지 않았다. 국내에서는 이범준 군수사령관이 애국자로 알려졌다. 이 사령관은 "방첩대장 이진삼 대위가 애국자입니다. 제가 아닙니다."라고 육군 본부와 국방부에 보고했다.

나는 한국에서든 월남에서든 적과의 인연이 많다. 어느 날 마을 근처에서 적의 포가 발견됐다. 미군이 전방에서 그곳을 향해 포를 발사했고 나는 첩보를 위해 그곳을 방문했다. 막 지프차를 세우고 내리면서 보니까 마을이 조용했다. 내가 차를 등지고 한 걸음 떼려는 순간, 50m 전방에 검은색 옷을 입은 두 명이 논 가운데를 포복으로 접근하여 폭발물을 묻는 모습이 포착됐다. 순간, 베트콩이란 생각이 들었다.

그들의 뒤를 쫓아갔다. 그러자 둘은 급히 허리를 펴고 몸을 돌려 부비트랩을 설치하고 줄행랑을 쳤다. 나는 전력으로 그 둘의 뒤를 바짝 쫓아 붙었다. 그 중 한 놈의 목을 비틀어 거꾸로 돌려 세우고는 두 팔을 뒤로 꺾고 총과 수류탄을 빼앗았다. 사단 MIG로 그들을 인계했다. 이 소식이 사단에 알려지자 장교들이 너도나도 처음 잡은 베트콩 구경을 오는 진풍경이 벌어졌다. 1966년 2월 파병 후 베트콩을 생포한 공로로 화랑무공훈장을 받았다.

대북 응징 보복 작전

나는 약속대로 1년 만에 베트남에서의 일정을 마치고 귀국했다. 윤필용 사령관은 내게 1년 전 맡았던 특공대장 임무수행을 다시 하라는 명령을 내렸다. 나는 완강히 거절했다. 하지만 "현재 김 소령은 부하 지휘를 잘 못한다. 간첩 잡는 일은 아무나 할 수 있는 게 아니다."며 내게 복귀하도록 했다. 나는 아무런 이의 제기 없이 군이 원하는 곳으로, 1년 전의 간첩 잡는 그곳으로 갔다.

다른 대원들은 도시에서 사복 입고 근무하며 정보, 보안, 행정 근무로 편안하게 지냈지만, 나는 기껏해야 한 달에 열흘 남짓 가족을 만날 정도로 험하고 위험한 임무를 수행했다. 고생하는 부하들 곁을 떠날 수 없었던 것은 그들의 애국심에 불타는 눈동자를 잊지 못하기 때문이다.

1967년 3월, 김일성은 제4기 15차 전원회의를 열었다. 그 자리에서 5·16 이후 남북 간 경제력 차이가 벌어지자 '한국 정부를 전복하는 데 역량을 집중, 무장공비를 침투시켜 민심을 교란하라.'는 지령을 전군에 하달하였다. 이후 북한은 무장공비를 침투시켜 주요시설을 파괴하고 민심을 교란시키는 데 총력을 기울였다.

휴전선 인근 아군과 미군의 GP가 수시로 습격당했고, 중동부 전선에선 공비 무리가 우리의 전방 사단으로 침투, 양민을 학살하고 태백산맥을 타고 북한으로 돌아가는 일도 있었다. 그런가 하면 21사단 부연대장 김두표 중령과 두 딸 그리고 그의 처형을 살해하는 등 공비들은 군인과 일반 국민을 가리지 않고 무자비한 만행을 저질렀다.

내가 대북 응징보복작선을 결심하게 된 것은 우리 군의 존재 목적은 물론 군의 자존심 문제였다. 그 길로 내가 간 곳은 서빙고분실이다. 그곳에는 북한 특수부대 출신들로 검거 또는 자수한 공비들이 수용돼 있었다. 공비

9명 중 면밀한 심사 끝에 백태산(26), 박상혁(19), 김의행(26), 이기철(27) 네 명을 선발했다. 많은 시간을 함께 훈련하면서 작전수행 준비를 차곡차곡 했다. 권총을 빼앗기면 자살할 생각으로 대원들 몰래 권총 하나를 더 준비했다.

내가 제일 먼저 한 것은 나와 그들 간의 신뢰를 쌓은 일이었다. 2차 세계대전 당시 일본의 폭격기 조종사들처럼 말이 좋아 가미카제 특공대지 죽으라는 것 이상도 이하도 아니었다. 마찬가지로 공비들 또한 북한으로 살아서는 돌아갈 수 없는 임무를 받았던 것이다. 어쨌든 나는 정보사령부 모 처장을 만나 훈련복 다섯 벌과 각종 장비를, 제1공수특전부대에서 훈련복 다섯 벌과 모래주머니 열 개를 구했다. 곧이어 대원들을 이끌고 우이동 계곡으로 갔다.

나는 우선 8kg 분량의 모래주머니는 양쪽 발목에 차도록 했다. 이는 곧 우리가 휴대할 총, 실탄 등 개인장비의 무게와 비슷했다. 삼복더위에 기습적으로 장맛비가 이어졌다. 우리는 날씨를 아랑곳하지 않고, 빗물에 젖은 모래주머니와 전투화로 질퍽대는 산비탈의 악조건 속에서 산꼭대기까지 같은 길을 수없이 오르내렸다. 입에서 단내가 날 만큼 고단한 훈련이었음에도 그들은 훈련하는 이유나 목적을 묻거나 따지지 않았다.

그들을 2칸 조그만 집으로 초대했다. 두 남매와 임신 8개월째로 접어든, 배가 불룩한 나의 아내를 소개했다. 진심은 통했다. 몇 순배의 잔이 돌고, 상 위의 음식을 몇 번이나 다시 채우는 사이 분위기가 한껏 고조되었다. 아내가 남매와 함께 빈 주전자를 들고 문을 나설 무렵, 나는 그들에게 핵폭탄을 던졌다. "우리는 쳐들어간다. 북으로!"

어느 누구도 언제, 어디서, 누구를, 어떻게, 왜를 묻지 않았다. 아찔했다. 혹시 기밀이 누설되었나 하는 생각으로 혼란스러웠다. 어렵사리 입을 때 다들 알고 있었는지를 물어도 대원들은 좀체 말문을 열지 않았다. 한참을 뜯들인 후 하는 소리가 "짐작했다"였다.

우이동 계곡으로 다시 향했다. 무엇보다 맹렬하고 무자비한 돌격 구호가 필요했다. '돌격 앞으로'는 한마디로 공격 개시를 뜻한다. 돌격 시 함성 또한 중요하다. 적의 사기를 꺾고 아군의 사기를 북돋아 주기 때문이다. 나는 대원들에게 "박살내자!"는 구호를 주문했다. 대원들은 일제히 "박살내자!" 함성과 함께 돌진하며 서서 쏴 자세를 했다.

3주 동안 매일같이 8시간의 훈련을 끝내고 나면 나는 물론 대원들의 몰골은 알아볼 수 없을 만큼 흙투성이가 되곤 했다. 나는 그들을 데리고 계곡 상류로 갔다. 누가 먼저랄 것 없이 모두가 앞다퉈 발가벗고 물속으로 뛰어드는 모습은 어린아이들과 같았다.

적정과 지형지물에 따른 위장, 포복, 약진, 참호 구축 훈련은 생존과 직결되는 훈련이다. 그 중 참호 구축 훈련은 가장 중요하다. 야전삽의 작업량과 피해는 반비례한다. 방어할 때뿐 아니라 공격할 때에도 삽은 휴대해야 한다. 상황에 따라 개인호로 전환할 수 있어야 하기 때문이다.

작전에 앞서 적을 보는 훈련, 견적훈련을 위해 강원도 원통면 날근터로 향했다. 북한군 제13사단장 장사청을 살해하는 게 목표이며, 침투하기 위해선 아군 7사단 쪽 북방한계선을 넘어 북한강 지류인 금성천을 건너야 했다. 아군 GP에서 내려다본 북녘은 조용하고 평화로웠다. 솟아난 산봉우리들 사이로 굽이쳐 흐르는 강, 시야에도 잡히지 않는 끝 모를 계곡들로 둘러싸여 있다.

나는 아무것도 모른 채 곤히 잠들어 있는 아내와 자식들을 내려다봤다. 잠이 오지 않았다. '저승사자', '호랑이', '독종' 등 내게 붙여진 별명은, 군인에게 있어서 국가가 위태로울 때 자기의 생명을 요구받는 순간이 가장 행복하다는 '군인으로서의 나'를 평가하는 말이다. 작전 투입 1주일 전 촬영한 사무실 사진과 유서를 가족에게 전달하기 위해 썼다. 맺혔던 눈물이 백지 위로 뚝뚝 떨어졌다. 그 눈물에 잉크가 번졌다. 구겨버리고 다시 마음을 가다듬고 써내려갔다.

16:00경, 우리는 다시 한 번 더 침투할 지형을 관찰했다. GP 사이의 거리는 600m에 불과하다. 우리에게 주어진 임무는 적 비무장지대에 잠복 중인 민경대원을 사살한 뒤, 적 13사단장 장사청과 정치부 사단장을 살해하고, 적 통로 상 부비트랩 등 장애물 설치 및 군사정보 수집 등이었다.

북편에 첫 발을 디딘 곳은 양지마을이란 곳이었다. 22:00경 462고지 우측 능선을 통과, 그곳의 11시 방향 약 300m 이격 지점 최상단에 적의 GP 811이 위치해 있다. 전진하여 금성천 언저리에 도착해 포복자세를 취했다. 00:10경, 금성천 도하지점에 도착, 튜브를 몸에 끼고 강을 건넜다. 00:50경, 대안에 도착, 튜브를 은닉하고 11시 방향으로 1시간 가량 행군, 능선을 타고 적의 13사단 쪽으로 향했다. 13:50경 "뉘기야?"하는 반응과 함께 북한군 하나가 다가왔다. 백태산의 단도가 적병의 목울대를 쳤다. 동시에 또 다른 북한군 병사들이 다가왔다. 대원들의 PPS-43 소제 기관단총 60여 발이 난사되었다. 방어용 수류탄 6발과, 반 탱크 수류탄 1발도 투척됐다.

살아남은 적 2명이 골짜기로 달아나며 20여 발의 사격을 가해왔다. 나는 퇴각명령을 내렸다. 14:00경, 적병의 매복이 예상됐던 지점을 무사히 통과했다. 14:40경, 마침내 금성천 어귀에 도달할 수 있었다. 후방에서 총소리가 들렸다. 셋은 동시에 움직여 튜브를 꺼내 물속으로 뛰어들어 잠수했다. 총알이 날아들었다. 천만다행으로 급류를 극복, 도하했고 적의 총소리도 그쳤다. 15:30경, 군사분계선을 넘어 212 GP 좌전방으로 복귀했다.

2차 작전은 적의 사단장 살해는 현실적으로 어렵다고 보고 목표를 수정했다. 잠복초소, 병력 집결지, 북방한계선 일대의 경계 실태, 금성천 및 적 13사단 지역 등을 정찰한 뒤, 적 807 GP의 기습에 목적을 두었다. 19:00경, 안내장교 1명, 병사 5명과 작별, 나를 포함한 4명이 북상했다. 23:50

경, 도하 지점인 새말과 피루개 사이에 위치한 소성동에 도착, 만 17일만에 또다시 금성천에 이르렀다. 03:00경 다시 포복을 개시했다.

05:00경, CT 865 445 지점을 통과하는데 길 막바지 부근에 수저통 모양의 목함지뢰가 있었다. 제일 먼저 이를 발견한 백태산이 "뜨로찔!"을 외치면서 일행은 옆으로 피했고 당황한 이기철이 옆으로 엎드린다는 것이 그만 목함지뢰를 덮쳐버리고 말았다. 그런데 터지질 않았다. 백태산은 조심스레 다가가 덮친 수저통 모양의 지뢰를 침착하게 빼냈다. 만약 터졌다면 이기철은 말할 것도 없고 우리 모두는…. 대원들은 초주검이 되었다.

08:00경, 9시 방향, 불과 100m 거리에서 적의 행렬이 포착됐다. 나는 서둘러 적과 반대 방향으로 하산할 것을 지시했다. 09:00경, 은신했던 곳을 출발, 침투로를 따라 하산하여 적의 13사단 지역 정찰엔 실패했지만, 퇴각하는 길에 적의 807GP를 습격할 목적으로 능선을 따라 다시 행군했다.

그러나 퇴각을 결심할 수밖에 없었다. 우리의 1차 작전 후 적들이 곳곳에 파놓은, 지름 2m에 깊이 3m 정도의 함정들과 그 지역 일대에 매설해놓은 지뢰 중 대인 지뢰 7발을 제거하고 70m 가량을 전진했다. 04:00경, 은닉해 두었던 튜브를 꺼내 금성천을 건넜다. 초소에 있던 북한군이 사격을 가해왔으나 물속으로 잠수하면서 도하, 무사히 귀환할 수 있었다.

1967년 10월 18일 3차 작전지역을 강원도 지역에서 경기도 지역으로 바꿨다. 1, 2차 작전으로 강원도 지역은 장애물과 적의 경계가 한층 강화됐다고 판단했기 때문이다. 17:00경, 아군 28사단 169GP에 도착했다. 나는 유서와 자른 손톱 그리고 사진 한 장이 든 봉투가 반으로 접혀 끼어 있는 지갑을 GP 소대장에게 맡겼다. 19:20 도강, CT 219 223 대안에 도착했다. 야전삽으로 땅을 판 뒤 도하 장비를 묻고 포복으로 갈대밭까지 접근하여 전방을 관측한 결과, 우리들이 있는 위치에서 60여 m 전방에 적의 경계초소가 보였다.

백태산이 교통호 벽에 붙어 적 1명을 단도로 처치하는 사이, 김의행은 초소 안의 초병을 끌어안고 뒹굴었다. 엎치락뒤치락하는 사이 백태산의 날카로운 칼날이 적의 목을 찔러 피바다가 되었다. 백태산이 통신선을 자른 뒤, 나를 향해 손을 흔들었다. 02:00경, 후방 소로를 따라 적 689GP에 기습적으로 접근, 내무반 문을 열고 수류탄 투척(8발)과 기관단총 사격으로 적 689GP를 완전 파괴하고 적 20여 명을 사살했다. 폭발 소리와 화염으로 낮같이 주위가 환하게 비쳤다. 나는 세 발의 권총 사격으로 철수 신호를 보냈다.

02:00경, 예정된 집결지에 도착 확인한 결과 김의행이 도착하지 않았음을 알았다. 수류탄을 투척하고 계획된 우측으로 피하지 않고 좌측 방향으로 피해, 길을 잃어 적이 쏜 총에 맞아 숨진 것으로 판단했다. 06:10경 군사분계선에 도착, 아침 안개를 이용하여 임진강을 도하했다. 07:00경, 침투했던 통로를 따라 아군 169GP로 복귀했다. 김의행의 죽음, 초소에 도착하고서야 비로소 참았던 울음이 터졌다.

"대장님, 제가 죽었어도 그리 우시겠죠!" 김의행의 죽음에 오열했던 나를 향해 백태산과 이기철이 던진 말이다. 나는 약속대로 윤필용 사령관에게 건의하여 그들을 불기소 처분하고 정착금도 지원해주고 직업도 알선해주었다.

1967년 10월 24일 오전 11시, 나는 방첩부대장 윤필용 장군과 함께 김교련 대령이 작성한 보고서를 지참, 청와대를 찾았다. 박 대통령은 웃으며 내 어깨를 툭 쳤다. 박 대통령은 테이블 서랍에서 봉황이 그려진 두툼한 봉투 하나를 꺼내들었다. 빳빳한 500원 권 지폐가 빼곡하게 들어 있었다. 뒷면에 '대통령 박정희'라고 적혀 있었다.

"감사합니다. 각하."

두 손으로 봉투를 받은 나의 정복 상의 견장을 손으로 다독이던 박대통령은 되뇌듯 "앞으로도 군 생활 잘해서 장군돼야지."하고는 윤 장군에게 "특별한 관심 갖고 이 대위 잘 돌봐줘요."라고 당부했다.

보안부대 8년

평화는 목표이며 전쟁은 수단이다. 올바른 정치 지도자는 국군이 생명을 바쳐 나라를 지키겠다는 각오를 갖도록 북돋아주는 것이다. 1969년 4월 17일, 소령 진급 6개월 17일 만에 중령 보직인 8사단 보안부대장으로 발령받았다. 사고로 결원된 8사단에 김재규 사령관의 지명 보직이었다. 8사단 보안부대가 주둔한 곳은 포천 일동 지역으로 군인은 물론 군내 간첩 침투, 민간인까지 신경 써야 했다.

부임하자마자 제일 먼저 했던 일은 부대 장병들의 정신교육이었다. 나는 전투부대를 위해 봉사하는 보안부대가 되게 하겠다고 다짐했다. 1969년 9월, 16연대의 한 병사가 탄약고에 들어가 총을 들고 2명의 병사를 사살하고 난동을 부린다는 보고를 받았다. 공비를 잡던 경험으로 도주로를 차단하고 병사의 심리 상태를 이용, 정신적인 안정을 기다리며 식사 등을 넣어주었다. 인천에 거주하는 병사의 어머니를 3시간 만에 모시고 와 마이크를 들고 10분간 병사를 설득한 끝에 스스로 총을 놓고 자수, 탄약고를 나오도록 했다.

진종채 사단장이 나를 찾는다 해서 갔다. 그날 저녁, 연대장 일동을 대전옥으로 소집하고 내게도 참석할 것을 권유했다. 그리고 연대장들을 향해 "새로운 보안부대장이 인민군 잘 잡는다고 소문났더니만 아군도 잘 잡네." 하며 호탕하게 웃었다. 이후, 사단장이나 연대장들은 서울로 외박을 나가게 되면 나에 대한 칭찬을 아끼지 않았다. 나는 보고만 받아도 될 사람이지만 부대에 문제가 발생하면 대대장과 연대장들을 직접 찾아가 문제를 같이 해결하였다.

부사단장 문왕상, 연대장 김영동, 윤대영, 배성순, 오철, 김상은, 장기오, 이덕만 대령, 그리고 수많은 선배 사단참모와 대대장들과 인간적으로 가까이 지내며 지휘통솔, 전투력 증강에 대한 토의를 하였다. 선배들로부터는 육군대학 교재를 받아 공부도 열심히 했다. 보안부대를 떠나 육군대학을 졸업하고 대대장 준비를 하였다.

백석주, 진종채, 장봉천 등 세 분을 사단장으로 모시면서 세 분 모두 특징 있는 장군으로 나에겐 아주 좋은 기회였다. 나는 사단장을 자주 만나 "모든 지휘관과 참모들이 열심히 한다."는 말을 전했다. 내 말에 사단의 사기가 충천했다. 보안부대장 소령 한 사람의 말이 그렇게 중요한 줄 몰랐다.

1970년 보안사령부에서는 전국의 각 부대를 상대로 책과 가방을 판매한 일이 있었다. 전 장병 특히 하사관 이상 간부에게는 의무적으로 구매하도록 각 보안부대장들에게 지시 하달되었다.

정신전력에 관한 책이었는데 나는 이에 동조하지 않았다. 정신전력은 각 부대 지휘관과 정훈참모 소관이었다. 나는 사단에 파견된 보안 반장들에게 "강매하지 말고 이권에 개입하지 마라. 사단 정훈참모 소관이지 보안부대 소관이 아니다. 정상적인 업무 이외는 관여치 마라."고 지시하였다. 우리 보안부대가 책장사를 할 수는 없기 때문이다.

보안사령부에서 구매를 지시한 내용이 어느 기관을 통해 박정희 대통령에게 보고되었다. 김재규 보안사령관이 박 대통령에게 불려갔다. "보안사령부 임무가 무엇인지 알고 있어요? 옛날 특무대나 방첩대처럼 장병들을 괴롭히는 일을 해선 안 되지요." 보안사령부와 업자와의 합작 일명 책가방 사건이다.

사령관은 나에게 면담 지시를 내렸다. 그는 대통령과의 면담 내용을 들려주며 내가 책사건과 무관한 것을 보고받고 말했다. "인사군기가 문란한 데 인사과장을 해야겠어. 그리 알고 있어." "아닙니다. 저는 대대장 나가겠습니다." "1년 하고 대대장해도 되잖아."

1970년 10월 15일, 소령으로 8사단 보안부대장에서 보안사령부 인사과장으로 명령을 받았다. 1972년 보안사 인사행정과장으로서 군기반장의 역할한 것을 끝으로 나는 이미 계획했던 대로 대대장으로 나갔다. 인사행정과장으로 근무하는 10개월 동안 나는 군 내부의 조직·편성과 지휘관들 각자의 특성 중 장점을 배웠고, 지휘통솔법과 지휘관 참모들의 보좌 방법 등군 지휘와 관련된 많은 것들을 배울 수 있었다. 육군 소령 계급에 걸맞지 않은 많은 경험을 할 수 있었던 기회였다.

장군의 길

육군대학 33기로 입학한 나는 150여 명 중 2등을 했다. 졸업 1개월 전부터 아홉 군데에서 대대장으로 요청했다. 서울 지역을 벗어난 8사단 21연대 3대대장으로 지원하였다.

1980년 1월 나는 장군이 되었다. 5·17 이후 민정당을 창당하면서 충남부여 출신인 나를 민정당 충남도당위원장 겸 국회의원에 출마할 후보로 추천했다. 그러나 나는 이를 완강히 거절하고 국가보위비상대책위원장이었던 전두환 장군을 찾아갔다.

"목숨 바쳐 충성하는 군인으로 남겠습니다."

"맞아, 동기생 중 1차로 장군이 되었는데 군대에 그대로 있어."

1980년 7월, 사격지도단장을 마치고 9공수특전여단장으로 보직받은 지 28개월 후인 1982년 12월 소장으로 진급, 동기생 중 유일하게 사단장으로 보직받았다. 참모총장 황영시 장군은 사단장 결정이 되자 총장실로 나를 호출하였다.

"총장님, 대한민국 전방 중 가장 힘들고 오지인 험한 사단으로 보내주십시오."

나는 가장 험한 21사단을 희망하였다. 재차 강력히 요청하자 황 총장은 신치구 장군에 이어 나를 21사단장으로 발령했다. 2년 1개월 동안 나는 전면이 제일 넓고 험준한 산악사단에서 혼신의 노력을 했다.

양구 지역 죽곡리 산골에 위치하고 있는 이 산악사단은 6·25전쟁 당시 격전지로서 펀치볼 전투를 비롯하여 해병대의 도솔산, 피의 능선, 가칠봉 전투 등 전쟁사에 길이 남을 수많은 전적비가 세워진 최전방 산악으로 피아 간 치열한 격전지다. 한국 전사에 길이 남을 한국군과 미군이 북괴와 중공군 간 악전고투했던 속칭 김일성, 모택동, 스탈린 고지를 앞에 둔 백석산, 문등리, 사태리 계곡, 대우산 등도 있다.

취임식에서 나는 백두산부대의 전통과 동부 최전선 부대의 중요성을 강조하고 최강의 산악전투부대로 육성할 것을 다짐했다. 사단장으로 부임하자마자 적 침투에 철저히 대비했으며 무엇보다 적의 전면전에 대비한 산악, 야간, 동계, 근접 전투훈련을 강화하였다.

1983년 5월 7일, 휴전선을 넘어 북한 13사단 민경대대 참모장 신중철이 귀순해왔다. 현역 참모장의 귀순은 휴전 후 처음이었다. 그는 "김일성 부자의 계속되는 전쟁준비에 따른 고달픈 군 생활과 남한의 발전상을 알고 귀순했다."는 진술과 함께 "북괴군이 사단 관할구역 내에서 땅굴을 파고 있다."는 귀중한 정보를 주었다. 땅굴 탐사에 대한 나의 집념은 더 강해졌다. 대대적인 땅굴 탐사작업을 강행했다. 30여 곳에서 시추작업을 벌였으나, 험한 지형과 기술상의 어려움으로 성과를 올리지 못했다.

땅굴에 대한 집념으로 21사단장 2년간 기초를 다지고 떠났다. 중장으로 진급, 특전사령관을 사양하고 21사단을 관할하는 3군단장으로 1987년 1월 부임하여 땅굴 발견 작업을 계속하였고 1989년 3군단을 관할하는 1군사령관으로 부임, 1990년 3월 3일 끈질긴 노력과 집념으로 제4땅굴을 발견하였다.

내가 초급장교인 대위와 소령 시절 많은 적을 잡은 내용이 언론에 노출된 후, 장군이 되어 전방 지휘관으로 보직될 때마다 북괴는 확성기 방송을 통해 노골적으로 '남반부 장병을 괴롭히는 이진삼'이라며 입에 담지 못할 욕을 퍼부었다. 그럴 때마다 우리 장병들도 대응방송을 했다. 휴전선에서는 북한군이 종종 아군을 향해 총격을 가하는 일이 있었다. 그런 일이 벌어지면, '사단장인 내가 책임 지겠다.'며 몇 십 배의 대응사격으로 북괴군의 기를 꺾어 놓았다.

3군단은 강원도 원통, 설악산과 한계령 쪽 강을 따라 합강에서 12km 동남쪽에 기린면 현리라는 곳에 위치해 있다. 전방 GOP 사단으로 사단과 사단이 있고, FEBA 사단이 있다. 군단장으로 부임하면서 제일 먼저 가진 생각은 실전 경험이 없는 우리 군의 전투 수행능력을 배양할 수 있는 훈련방법을 시험하는 일이었다. 과학화한 사격장과 훈련장이 절실했다. 다행히 군단장을 마치고 참모차장이 되어서 겨우 예산을 확보해 땅을 매입할 수 있었다.

현재 그곳은 '철정 과학화 훈련장'이란 이름으로 실전 경험이 없는 우리 군이 실전을 방불케 하는 전투훈련을 함으로써 전투준비태세 완비에 역할을 해내고 있다. 이를 둘러본 외국의 많은 군 관계자들은 선진화된 우리 훈련 시스템을 높이 평가했다. 군 임기 중 해낸 보람 있는 일 중의 하나다.

3군단장 시절, 팀 스피릿 훈련을 참관했던 노태우 대통령이 창군 미 2사단장이었던 펠리스 소장에게 "여러분의 창군 군단장 이진삼 장군은 내가 연대장 때 대대장이었고, 공수여단장 때는 나의 참모장이었다."고 말하자 미 2사단장은 "우리 모든 장병들은 그를 Tiger General Lee(호랑이 장군)라 부른다."고 말해 그 자리에 있던 모두가 박수를 치며 웃은 적이 있었다.

1989년 4월, 참모차장의 자리에 보직된 지 9개월 만에 노태우 대통령은 나를 대장으로 진급시켰다. 나는 21사단장과 3군단장을 역임했기에 1군사령부에 가서 연계된 업무(땅굴)을 결말내겠다는 비장한 각오가 있었다.

연중무휴 작업과 주야간 작업을 하는 대신 인력은 3배 이상 보충하도록 했다. 혹한기 난방시설을 포함 특식을 제공하도록 명령하는 등 최고의 관심 지역화하였다. 우선은 지금껏 시추한 후 방치하고 있는 시추공들을 정비하여 관찰토록 했다. 시추공이 흙으로 덮이면 그 안에서의 변화, 수위 변동 등을 관찰할 수 없기 때문이다.

육군본부를 방문, 산악지형인 동부에 시추기 지원을 요청하였으며 매주 일요일 오전에는 2개 시추지역을 방문, 독려하면서 사기를 앙양시켰다. 그 다음으로는 청음 집중 분포지역인 2개 지역을 중심으로 시추하도록 했다. DMZ 및 철책선 근무요원의 관측 및 청음활동을 강화하는 한편 적의 예상 출구에 대한 수색도 철저히 실시하도록 하였다.

시추 간격을 10m 이내로 좁히고, 시추공 심도를 증가하는 한편 청음요원의 교육과 전방 지역 주민 홍보도 실시했다. 청음 분석 자료를 참고하여 비교 분석, 탐지일지를 기록함으로써 청음 시간과 횟수를 그래프로 만들어 분석했다.

1989년 12월 24일, 여섯 번째 시추공 작업에 들어갔다. 드디어 대통령과 약속한 대로 군사령관 부임 8개월 12일 만에 결과가 나왔다. 시추 슬라임 물이 지상으로 분출되지 않고 지하로 빠져나갔다. 시추기 압력 게이지가 떨어지면서 시추기 로드가 가볍게 낙하했고 동시에 시추기 해머 타격소리가 약해지면서 시추공을 통하여 공기가 분출되었다. 마침내 4~6번 공이 적의 땅굴에 적중한 것이다. 시추공에 카메라를 달아 투입하니 레일, 침목, 쇠파이프, 벽면에 빨간 페인트의 '조국통일, 수령님 만세'가 보였다.

시추 지점으로부터 불과 남쪽 22m 지점에서 적 땅굴의 막장이 끝나는 것을 확인했다. 남방한계선까지 2,052m를 파 내려왔다. 기존 시추지역에서 과감하게 74m를 추진하여 시추공 탐사를 하지 않았다면 1989년 12월 24일 01시 29분 크리스마스에 제4땅굴은 발견할 수 없었을 것이다.

목표는 달성하기 어려우나 위대한 것이다. 노력 앞에 불가능은 없다. 수많은 역경과 고충이 닥칠지라도 이를 극복해내고야 말겠다는 끈질긴 노력의 결실이다. 그 무엇과도 바꿀 수 없는 땅굴 발견의 소원이 성취되었으니 훌륭한 휘하 장병들에게 공을 돌리고 싶다. 말보다는 실천, 계획보다는 결과다.

장군 11년만인 1990년 6월, 제28대 육군참모총장으로 임명되었다. 육군사관학교에 입교한 지 36년만이었다. 군인 특히 육군의 핵심 간부는 야전성 있는 지휘관이어야 한다. 군인들이 야전지휘관 경력을 자랑스럽게 여기고 야전 지휘 능력이 탁월한 군인이 발탁되는 풍토가 조성되어야만 군이 강해진다는 사실을 누누이 강조하였다.

나는 대통령에게 건의, 공정한 인사를 위하여 진급제도를 바꿨다. 모든 계급의 진급심사는 1심제도를 3심제로 변경하고 진급서열 추천제도, 특정인의 인맥 등을 심도 있게 분석, 청탁자를 탈락시켰다. 기득권을 배제하고 해당자는 누구든지 객관성 있게 능력을 평가받도록 하였다.

1990년 9월, 육군대학 초도 순시차 방문했다. 교관들을 대상으로 칠판에 '교육지상'을 적어놓고 '부대의 우열은 간부의 우열에 비례한다. 국가의 흥망은 군 간부에 좌우된다.'를 시작으로 교육 지상주의를 강조하며 교육 훈련을 강조했다.

"나는 오늘 이 자리에서 우리 육군 전 교육기관에 지시한다. 앞으로 모든 계급 진급은 서열 없이 육본 중앙 기록카드 심사로 결정한다. 우수 집단인 고관들이 다수 진급할 수 있는 기회를 주겠다."

내 말이 떨어지자 모든 장교가 자리에서 일어나 환호성과 함께 "총장님

파이팅!"을 연거푸 외쳤다. 상상 그 이상의 반응이었다.

나는 자청해서 1991년 12월 6일 육군참모총장 전역식을 마치고 군을 떠났다.

또 다른 시작

1991년 12월 16일 노태우 대통령은 나를 체육청소년부 장관으로 결재했다. 다음 날 체육청소년부 장관으로 부임했다. 제일 먼저 내건 목표는 전국 각지의 생활체육 활성화와 청소년 육성 시설의 확대였다. 노태우 대통령은 1992년도 동계와 하계 올림픽에서의 국위 선양과 국민 생활체육, 그리고 청소년 육성에 대한 중요성을 강조하면서 적극적으로 지원하였다.

히딩크 감독은 월드컵 대표선수를 선발할 때 학연, 지연에 관계없이 선수를 선발했기 때문에 성과를 거둘 수 있었다. 나 역시 마찬가지였다. 공정한 선수 선발만이 동계올림픽에서 성과를 거둘 수 있다고 믿었다.

1992년 7월, 제25회 스페인 바르셀로나에서 열린 하계올림픽에서는 황영조 선수가 마라톤 종목에서 우승을 하며 금 12개, 은 5개, 동 12개 등 총 29개의 메달을 획득했다. 169개 참가국 중 세계 7위의 성과를 올렸다. 무엇보다 일본을 제압함으로써 아시아권의 체육판도를 바꿔 놓았다.

1993년 2월 25일, YS가 제14대 대통령에 취임했다. 취임하자마자 3월 8일, 김영삼 대통령은 임기를 9개월여 남겨놓고 있는 김진영 육군참모총장과 서완수 기무사령관을 전격 해임하는 것을 시작으로 군부터 숙청한다면서 지휘관들을 제거했다. 전직 고관대작들을 향해 사정이라는 미명 하에 칼을 마구 휘둘러댔다.

1993년 7월 5일자 중앙일보 3면에 '5공 후반 군 특수부대에서 민간인 정치 테러단 운영'이라는 기사를 내보내는 것으로 시작하여 7월 6일자 조선일보 기사에서는 '5공 시절 군 특수부대 정치공작 관여, 테러단 일원 김형두 씨 폭로'를 다루었다. 7월 15일자 기사에서는 '이진삼 전 사령관 정보사 테러 관여, 보안사 전 처장 지령, 한진구 씨 진술, 검찰 수사 요청'이 실리더니 7월 31일자에는 '이진삼 씨 오늘 영장, 정보사 테러, 검찰 소환 타 기관 공모 추궁'의 기사가 실렸다.

과연 내가 국민을 위해 목숨 걸고 지키려던 민주주의 국가인가. 하지만 소용없는 일이었다. 일단 잡아넣기로 맞춘 정치검사의 시나리오 앞에 한 사람의 진실된 목소리는 공허한 메아리에 지나지 않았다. 명백한 증거도 없었다. 맞았다는 진단서도 없었다. 더구나 테러를 당했다는 측에서는 당시에 고발조차도 하지 않은 사건을 7년이 지나서 말도 안 되게 엮는 꼴이라니, YS 권력의 정치보복이었다.

도피한 피의자 2명을 조사하지 않은 상태에서 재판할 수 있는가. 사건의 핵심 당사자들의 형량에 비해, 증거와 죄가 없는 내게 씌운 죄목은 중죄에 해당했다. 집으로 돌아왔지만, 반쯤 넋이 나간 듯했다. 국가에 대한 강한 배신감을 느꼈다. 가슴 속 뭔가가 불덩이처럼 치밀어 올랐다. 밤에 잠도 이루지 못했다. '이 나라에 과연 정의가 있단 말인가!'

1995년 8월 15일, 나는 사면을 받았다. 정의롭게 공직 생활을 했다. 죄가 있다면 공산주의와 싸운 것이다. 하늘을 우러러 땅에 맹세하건대 나는 이 세상에 태어나 내 할 일을 다 했다. 다만 응어리가 있다면 내 조국과 가족들이다. 죽기 전에 반드시 이 응어리를 풀고야 말겠다.

위장병으로 고생하던 사랑하는 아내는 2003년 6월, 미국에서 췌장암이라는 최악의 진단을 받았다. 이듬해인 2004년 6월 10일 오전 8시, 투병하던 아내가 미국 병원에서 생을 마감했다. 죽은 아내와 함께 10일 야간 한국행 비행기에 올랐다. 아내의 장례식장에 천성관 검사가 나타났다. 그를 보는 순간, 피가 거꾸로 솟구쳤다. 나는 인사 대신 천 검사의 배를 주먹으로 내질렀다. 천 검사는 도망치듯 빠져나갔다.

2008년 4월, 1993년 2월 체육청소년부 장관을 그만 둔 지 15년 만에 18대 부여·청양군 국회의원에 당선되었다. 결정적으로 국회의원이 되려고 했던 것은 잃어버린 국방 10년과 지역 발전 때문이었다. 18대 국회 내내, 나의 상임위 활동은 국방위원회였다. 한 번 꺼낸 말은 시정될 때까지 계속해 바로 잡으려 했다. 2010년 2월, 여야 간 극한 대립으로 갈등을 빚고 있을 때 나는 주도적으로 앞장서 아프간 파병 동의안에 대해 국방위원회 통과를 이끌어냈다.

이어 백령도와 연평도 등 서해 5도의 아군의 포병 진지에 대하여 날개진지를 구축하는 등 확실한 보강대책을 조속히 마련하고 허술한 방공호를 보강하여 군과 민간인을 최대한 보호할 수 있도록 공사를 독려하는 등 예산결산위원으로 국방예산을 증액하였다.

국방개혁 2010에 52만 명의 육군을 37만 명으로 줄이고, 복무기간을 24개월에서 18개월로 단축한다는 계획에 적극 반대하여 21개월로 결정했다. 북한에 대해 방어능력을 갖추려면 우수한 장비 확보는 물론 최소 100만 명 이상의 군 병력을 강조했다.

전쟁을 준비하지 않는 자들이 입으로만 강조하는 평화는 구두선에 지나지 않는다. 적의 도발에 우리는 당하기만 했다. 응징 보복은 고사하고 싸울 의지와 준비 태세조차 하지 않는 우리를 누가 돕겠는가. 베트남전의 교훈을 잊지 말아야 한다.

국민은 군인이 용감하기를 바란다. 전쟁에서 승리하기를 원한다. 국가의 존망을 책임진 간부들의 의지가 필요하다. 북괴의 무력 적화통일의 강령 앞에 평화통일을 말하는 현실이 안타깝다. 강력한 응징만이 적의 도발을 억제한다.

참고 문헌

단행본

● 고려대학교민족문화연구소 편, 『한국문화사 대계 1』, 고려대학교민족문화연구소 출판부, 1964

● 곽태환 외, 『한반도 평화체제의 모색』, 경남대학교 극동문제연구소, 1997

● 구영록, 『한국의 통일정책』, 나남, 1993

● 국토통일원, 『남·북한 관계 자료집』, 통일문제, 1986

● 길영환, 『남·북한 비교정치론』, 문맥사, 1989

● 김운태, 『해방30년사』, 성문각, 1975

● 김진명, 『예언』, 새움, 2017

● 김학준, 『반외세 통일논리』, 형성사, 1980

● 김화섭, 『동북아시아 경제권』, 산업연구원, 1992

● 노길명, 『한국의 신흥종교』, 가톨릭신문사, 1988

● 동북아연구회, 『국민의 정부 대북 포용정책』, 밀레니엄북스, 1999

● 민병천, 『신통일론』, 고려원, 1992

● 새뮤얼 헌팅턴(이희재 역), 『문명의 충돌』, 김영사, 1997

● 서대숙 편, 『한국과 러시아 관계(평가와 전망)』, 경남대학교 극동문제연구소, 2001

● 서대숙 외, 『정상회담 이후의 북한(남북 관계의 변화와 전망)』, 경남대학교 극동문제연구소, 2002

● 『세계기독교통일신령협회』, 성화사, 1964

● 송건호 외, 『한국민족주의론』, 창작과 비평사, 1982

● 신채호, 『조선상고사』, 종로서원, 1948

●아놀드 조셉 토인비(홍사중 역), 『역사의 연구 1, 2』, 동서문화사, 2016

●서남동, 『전환시대의 신학』(한국신학연구소), 1982

●오사청, 『감룡경 진의』, 광업서국, 1993

●외무부, 『외교백서』, 1992

●육군사관학교, 『한국전쟁사』, 일신사, 1988

●이기백, 『한국사신론』, 일조각, 1967

●이기백, 『한국사의 재구성』, 일조각, 1991

●이승철, 『유럽공동체론』, 문성사, 1990

●이인제, 『통일은 경제다』, 북앤피플, 2014

●이태호, 『압록강변의 겨울—납북 요인들의 삶과 통일의 한』, 다섯수레, 1991

●장명봉, 『한민족공동체 통일방안』, 국토통일원, 1989

●정구복, 『한국인의 역사의식—고대편』, 한국정신문화연구원, 1989

●정용석, 『분단국 통일과 남북 통일』, 나남출판사, 1992

●조정원, 『남ㆍ북한 통합론』, 희성출판사, 1993

●진단학회, 『한국사 1~7』, 1959~1965

●진성계 편, 『김정일』, 동화연구소, 1990

●채수명, 『다음 세기 내다보기』, 해돋이, 1998

●최대권, 『통일의 법적 문제』, 법문사, 1990

●클라우스 슈밥(송경진 역), 『제4차 산업혁명』, 새로운 현재, 2016

●통일부, 『2000년 북한개요』, 1999

●『통일사상』, 통일사상연구원, 1975

●편집국 편, 『한국의 신흥종교』, 현대종교사, 2002

●평화문제연구소․한스자이델재단 편, 『변화된 세계 새로운 통일론』, 평화문제연구소, 1994

●피터 현, 『북한기행』, 한진출판사, 1980

● 한국독립운동사연구회 편, 『한국민족운동사연구 1』, 지식산업사, 1986

● 한림대학교 아시아문화연구소, 『조선공산당문건자료집』, 한림대학교 출판부, 1993

● 한영우 외, 『한국사 특강』, 서울대학교 출판부, 1990

● 한정일, 『한국 정치발전론』, 전예원, 1982

● 한정일, 『현대사조와 한국사회』, 형설출판사, 1986

● 함택영 외, 『김정일 체제의 역량과 생존전략』, 경남대학교 극동문제연구소, 2000

● 황선명, 『민중종교와 권위신앙』, 주류트랙트시리즈, 1982

● 황인태, 『통일정책론』, 국제평화연구소, 1995

논문

● 게오르기 F. 쿠나제, "한반도 통일(현실주의와 이상주의)", 『국제정세』 제17권, 1990

● 권태영, 김계영, "독일통일의 교훈과 한반도 통일", 『국방논문』, 1992 겨울

● 길정우, "통일한국, 구상의 몇 가지 근거와 전망", 『사회평론』, 1993. 4

● 김근식, "연합제와 연방제의 공통성 인정—통일 접근방식과 평화공존에 합의", 『아태평화포
   럼』 제39호, 2000. 7

● 김동춘, "남·북한 이질사회의 사회학적 고찰", 한국 국제정치학회 1997년 통일학술회의
   발표 논문, 1997. 10

● 김세원, "남·북한 경제통합의 전망과 과제", 『사회과학과 정책연구』제13권 제3호, 1992. 6

● 김학준, "민족공동체와 남·북한 체제연합연구", 통일원, 『통일문제연구』제1권 제3호, 1989
   가을

● 류길재, "대북 화해협력정책 3년 평가와 향후 과제", 민주평통통일연구회, 『제5차 정책포럼
   자료집』, 2001. 2

● 리창근, "과학기술 중시 로선을 틀어쥐고 나가는 것은 강성대국 건설의 중요한 담보", 『경

제연구』, 2000. 1

●민병천, "평화통일의 요인과 조건", 『국민윤리연구』제16호, 국민윤리학회, 1983

●박관용, 『한민족연합제 통일방안시안』, 한국정치학회, 『통일의 이론과 정책 방향』, 1989. 2

●박종범, 『현실주의적 측면의 한반도 통일전략구성에 관한 연구―핵억제 · 체제전환 · 국제에

너지활용 전략을 중심으로』 조선대학교 대학원 박사학위 논문, 2016. 8

●배찬복, 『남 · 북한의 정치사회화에 관한 분석』, 고려대학교 박사학위논문, 1988

●이서항, "남북정상회담 이후의 국제환경 변화에 새패러다임", 『국가전략』 제6권 제3호,

2000

●최수영, "북한의 경제회복 전략과 남북경협", 『통일경제』, 2000. 1-2

●홍순직, "김정일 총비서의 신사고와 북한의 개혁개방", 『통일경제』, 2000. 3-4